LES TUEURS DE LA RÉPUBLIQUE

DU MÊME AUTEUR

La République du copinage, Fayard/Les Liens qui libèrent, 2011.

Dans le secret des présidents. CIA, Maison-Blanche, Élysée : les dossiers confidentiels, 1981-2010, Fayard/Les Liens qui libèrent, 2010.

Des secrets si bien gardés. Les dossiers de la Maison-Blanche et de la CIA sur la France et ses présidents, 1958-1981, Fayard, 2009.

L'Espionne. Virginia Hall, une Américaine dans la guerre, Fayard, 2007.

Députés sous influence. Le vrai pouvoir des lobbies à l'Assemblée nationale, avec Hélène Constanty, Fayard, 2006.

Les Empoisonneurs. Enquête sur ces polluants et produits qui nous tuent à petit feu, Fayard, 2005.

Les Parrains corses. Leur histoire, leurs réseaux, leurs protections, avec Jacques Follorou, Fayard, 2004.

La Traque fiscale, Albin Michel, 2000.

L'Acrobate. Jean-Luc Lagardère ou les armes du pouvoir, avec Alexandra Schwartzbrod, Seuil, 1998.

L'Anti-Drogue, avec Bernard de La Villardière, Seuil, 1994.

Citizen Bouygues, avec Élisabeth Campagnac, Belfond, 1988.

Vincent Nouzille

Les tueurs de la République

Assassinats et opérations spéciales des services secrets

Fayard

© Librairie Arthème Fayard, 2015.
ISBN : 978-2-213-67176-5
Couverture : © Antoine du Payrat

Prologue

La liste de Hollande

La liste est ultra-secrète. François Hollande la garde précieusement non loin de lui, dans son bureau du palais de l'Élysée. Elle contient les noms des personnes dont l'élimination a été secrètement approuvée. Selon les circonstances, il peut s'agir d'assassinats ciblés confiés à des soldats, des agents des services secrets français ou de pays amis. Dans le langage codé des professionnels du renseignement, on appelle cela les « opérations Homo », pour homicide. Depuis son élection, François Hollande assume le rôle sans sourciller, même si l'expression « opération Homo » reste taboue.

Comme chef des armées, le président de la République approuve régulièrement le déclenchement de frappes ou le déploiement de troupes sur les théâtres extérieurs, que ce soit au Mali, en Centrafrique ou au Moyen-Orient. Mais il s'agit là de tout autre chose, qui dépasse la notion de guerre traditionnelle. Ce sont des actions moins visibles, souvent clandestines, visant à « éradiquer » des réseaux considérés comme dangereux et à exécuter des ennemis présumés de la France. Les conflits larvés et la lutte contre le terrorisme ont pris des formes aussi occultes que radicales. Aujourd'hui, François Hollande dispose des outils nécessaires pour ce type de missions. Et, d'après les différents témoignages que j'ai pu recueillir, ces outils servent. Le Service Action (SA) de la Direction générale de la sécurité extérieure (DGSE) et les commandos des forces spéciales des armées n'ont, aux dires des connaisseurs, jamais été autant sollicités. Ils le sont de manière combinée ou complémentaire, sachant que les frontières entre l'action clandestine et l'action militaire visible sont désormais plus poreuses, puisque les conflits se prolongent sous des formes non conventionnelles face à des ennemis insaisissables.

Certes, officiellement le président de la République répugne encore à utiliser directement des drones armés, comme le font systématiquement les Américains dans le cadre du programme controversé d'assassinats ciblés lancé par le président George W. Bush et élargi par son successeur, Barack Obama, qui aurait tué plus de trois mille personnes en dix ans. Mais les armées françaises ne sont pas très loin de leur emboîter le pas : à Niamey, au Niger, par exemple, elles utilisent des drones de reconnaissance pour repérer les cibles, puis envoient des avions de combat pour les détruire, avec l'aval de l'Élysée. Le résultat est presque similaire, sans que le pouvoir s'en vante publiquement. De plus, François Hollande n'hésite pas, quand il en a besoin, à demander l'assistance des Américains, avec lesquels les Français, durant la guerre d'Afghanistan, ont commencé à traquer ce qu'ils appellent dans le langage militaire les High Value Targets (HVT), ou « cibles de haute valeur ». Français et Américains travaillent ainsi main dans la main à partir de leurs bases respectives de Djibouti pour « opérer » dans la corne de l'Afrique et à partir de celles du Niger pour frapper dans le Sud sahélien.

Un président belliqueux et des conseillers faucons

François Hollande décide seul de ces opérations exceptionnelles – une fermeté qu'explique son tempérament. Contrairement à certains jeunes de sa génération, il s'est débrouillé pour effectuer son service militaire, en 1977, comme aspirant au 71e régiment du génie, à Oissel, alors qu'un premier examen médical l'en avait dispensé à cause de sa myopie. C'est en faisant ses classes à l'école militaire de Coëtquidan qu'il a rencontré plusieurs de ses fidèles amis, comme Michel Sapin et Jean-Pierre Jouyet, futurs condisciples à l'ENA. « François était particulièrement résistant. Il ne craignait pas les marches forcées[1] », a confié le premier au *Nouvel Observateur*. Féru d'histoire et de commémorations militaires, François Hollande, qui a été lieutenant de réserve, comme Jacques Chirac, a toujours suivi de près les affaires de défense et de renseignement. Détail méconnu : jeune chargé de mission à l'Élysée sous François Mitterrand, il dévorait déjà les rapports de la DGSE.

Hollande a aussi grandi dans la culture de la Ve République, assumant l'héritage gaullo-mitterrandien de la dissuasion nucléaire et les attributs du pouvoir solitaire des présidents. Impassible, il ne semble pas trembler lorsqu'il s'agit d'employer la force. Il a décidé, début 2013, que la France ne devait plus payer de rançon pour libérer des otages, quitte à les sacrifier. Cette règle inédite – qui a toutefois rapidement connu des exceptions – tranche avec la politique suivie ces dernières années de manière officieuse. Plus atlantiste et plus déterminé que ses prédécesseurs, il a aussi été profondément déçu que Barack Obama renonce au dernier moment, en septembre 2013, à s'engager aux côtés de la France pour punir la Syrie après la découverte de l'usage d'armes chimiques par le régime de Bachar el-Assad.

Son bellicisme emprunte curieusement au vocabulaire de l'ancien président américain, George W. Bush, notamment quand il parle de guerre globale contre le terrorisme pour justifier sa posture. L'absence de nuances dans les propos et le ton martial employé l'apparentent, de manière étonnante, aux faucons néoconservateurs de l'administration Bush, qui voulaient venger les attentats du 11 septembre, mener une croisade contre Al-Qaïda et remodeler le Moyen-Orient à leur façon. Mais certains membres de son entourage avancent d'autres explications. « À défaut de popularité et de résultats au plan intérieur, Hollande veut au moins se construire une image de vrai chef de guerre », suggère un habitué de l'Élysée. « Il est surtout sous l'influence de quelques diplomates néoconservateurs et de généraux va-t-en-guerre », ajoute, un peu inquiet, un ancien pilier du Quai d'Orsay qui le connaît bien.

---

1. Voir Sylvain Courage, « Quand Hollande était bidasse », *Le Nouvel Observateur*, 28 janvier 2013.

De fait, le président ne partage sa liste de cibles qu'avec une poignée de proches qui le conseillent et savent se taire, trois personnes principalement : son chef d'état-major particulier, le général Benoît Puga ; son ministre de la Défense, Jean-Yves Le Drian ; et le directeur de la DGSE, le diplomate Bernard Bajolet. Un trio de « faucons » au tempérament trempé.

Les épaules carrées, des traits à la Lino Ventura, les cheveux ras et le verbe rare, le général Puga, soixante-deux ans, est un militaire chevronné, expert des interventions musclées, puisqu'il a notamment servi au Liban, au Tchad et en ex-Yougoslavie. Il a aussi, en mai 1978, sauté avec les légionnaires du 2ᵉ REP sur Kolwezi, au Zaïre, lors d'un raid visant à sauver des milliers d'Européens des massacres perpétrés par les rebelles katangais. Passé par les postes clés de général commandant les opérations spéciales, de sous-chef opérations à l'état-major des armées et de directeur du renseignement militaire (DRM), cet ancien parachutiste conseillait déjà Nicolas Sarkozy à l'Élysée depuis 2010. François Hollande a décidé de le conserver comme chef d'état-major particulier, fonction qu'il doit occuper jusqu'en 2015. À ce titre, il supervise toutes les opérations militaires et rend compte au président, chaque jour, du détail des dossiers sur la base de renseignements qui lui sont fournis par les états-majors, la DRM et la DGSE. Adepte des opérations commandos, le général Puga a noué une relation privilégiée avec l'amiral William McRaven, le très puissant commandant des forces spéciales américaines, qui a propulsé ces dernières au cœur du dispositif de lutte contre le terrorisme avant de quitter son poste fin août 2014.

La liste de cibles est aussi examinée à la loupe à l'hôtel de Brienne, siège du ministère de la Défense, occupé par Jean-Yves Le Drian. Ancien maire de Lorient et ancien président du conseil régional de Bretagne, hollandiste de la première heure, ce Breton a repris la main sur les opérations militaires et les affaires de renseignement. Ces dernières années, celles-ci avaient un peu échappé au ministère au profit de l'Élysée et du chef d'état-major des armées. Le contexte de la guerre au Mali a modifié la donne. Avec son hyperactif directeur de cabinet Cédric Lewandowski, Jean-Yves Le Drian s'est imposé comme un partisan de la manière forte, faisant même un peu d'ombre à certains généraux, dont Benoît Puga.

Troisième personnalité dans le secret : Bernard Bajolet, le directeur de la DGSE. Après avoir été ambassadeur dans des pays sensibles comme la Jordanie, la Bosnie-Herzégovine, l'Irak et l'Afghanistan, ce sexagénaire à la fine barbiche, réputé pour son parcours hors norme et son style peu conventionnel, a inauguré la fonction de coordonnateur national du renseignement à l'Élysée sous Nicolas Sarkozy en 2008. Il a quitté ce poste en 2011, estimant qu'il n'avait pas assez d'influence. Fin connaisseur des arcanes du pouvoir et des terrains de guerre, il a été nommé à la tête de la DGSE par François Hollande en avril 2013. Il y pilote près de cinq mille personnes, allant des as de la cyberguerre aux agents du SA, lesquels sont essentiellement des militaires formés aux opérations clandestines de tout type, y compris les assassinats ciblés. Homme de confiance, Bernard Bajolet dispose d'un contact personnel avec le président de la République, n'hésitant pas à le joindre plusieurs fois par jour si nécessaire. Quitte, parfois, à court-circuiter le général Puga et l'actuel coordonnateur national du renseignement, l'ancien préfet de Corrèze Alain Zabulon. De toute façon, François Hollande prend connaissance de toutes les notes qui lui parviennent, de son coordonnateur comme des services.

Venger les morts d'Uzbin

Immédiatement après son élection, François Hollande commence à se muer en chef d'orchestre des guerres secrètes. Malgré sa promesse de retirer les troupes françaises d'Afghanistan, c'est dans ce pays qu'il frappe en premier. En haut de sa liste figure, en effet, le mollah Hazrat. Ce commandant local taliban est considéré comme le principal organisateur de l'embuscade qui a coûté la vie à neuf soldats français et en a blessé une vingtaine d'autres dans la vallée d'Uzbin, le 18 août 2008. Cette attaque avait été la plus meurtrière pour les militaires français présents en Afghanistan. Nicolas Sarkozy s'était aussitôt rendu sur place, et une cérémonie poignante avait été célébrée aux Invalides en hommage aux victimes. Alors sous-chef opérations à l'état-major des armées, le général Puga s'était juré de traquer les commanditaires de cette embuscade. Quelques jours après, des bombardements de l'OTAN avaient détruit des villages environnants, censés abriter des caches de Talibans, causant des dizaines de morts et de blessés. Mais le responsable présumé, le mollah Hazrat, restait introuvable.

François Hollande est bien décidé à venger les morts d'Uzbin. Début septembre 2012, le mollah Hazrat est repéré dans la province de Laghman, à l'est de Kaboul. Des consignes sont transmises à la Force internationale d'assistance et de sécurité (FIAS), qui opère en Afghanistan sous la bannière de l'OTAN. Le bombardement a lieu le dimanche 9 septembre : le mollah Hazrat est tué sur le coup, ainsi qu'un certain Shakir, un autre chef insurgé. Certes, le mouvement taliban se régénère aussitôt, mais la France a appliqué la loi du talion.

Ces représailles approuvées en haut lieu sont indirectement confirmées en février 2013 par Ange Mancini, successeur de Bernard Bajolet au poste de coordonnateur national du renseignement à l'Élysée, lors de son audition devant la commission de la Défense nationale et des Forces armées à l'Assemblée nationale. Le député centriste Philippe Folliot se félicite que la France ait « traité » les derniers commanditaires de l'embuscade d'Uzbin : « Nos ennemis doivent savoir que jamais la France ne fera preuve de la moindre faiblesse face à ceux qui attentent à la vie de nos soldats et de nos ressortissants. » Ange Mancini ne dément pas. Il se contente d'ajouter : « Vous avez raison, il est bon que ceux qui, partout dans le monde, pourraient être concernés sachent que la France réagira toujours à une agression contre l'État ou ses ressortissants[1]. »

---

1. Audition d'Ange Mancini, coordonnateur national du renseignement, commission de la Défense nationale et des Forces armées, Assemblée nationale, 5 février 2013. Source : Assemblée nationale.

PROLOGUE

Frappes télécommandées en Somalie

Quelques semaines après l'opération d'Afghanistan, François Hollande donne son accord pour que la DGSE effectue un raid de « vive force » en Somalie afin de tenter de libérer son agent Denis Allex, retenu en otage depuis trois ans et demi par le groupe islamiste des Shebab. Malgré une préparation de plusieurs mois, l'assaut périlleux, donné dans la nuit du 11 au 12 janvier 2013 près du village de Bulomarer, se solde par la mort de Denis Allex et de deux des membres des commandos parachutistes du SA, touchés par des tirs nourris des Shebab, plus nombreux que prévu. Les autres doivent leur salut à l'appui aérien des hélicoptères Tigre et d'un *gunship* américain, un avion C-130 équipé de canons, venu à la rescousse. Selon des témoignages concordants, plus de soixante-dix miliciens somaliens ont été tués lors des affrontements. Contrairement à la version officielle, plusieurs dizaines de civils sont également décédés durant le raid, principalement victimes d'un « nettoyage » nocturne effectué par les commandos français, pour préserver l'effet de surprise, sur la dizaine de kilomètres du parcours les menant à la maison où était détenu l'otage.

L'Élysée ne veut pas rester sur cet échec. À Perpignan, où il est venu assister à une cérémonie en hommage aux morts de la DGSE, François Hollande assume l'opération et promet, *mezzo voce*, une réplique. Des instructions sont données aux services français pour pister le chef des Shebab, Mokhtar Abu Zubeyr – de son vrai nom Ahmed Abdi Aw Mahamud Godane –, jugé responsable de la mort de Denis Allex. Lui et ses hommes sont suivis à la trace. Selon *Le Point*, qui révèle l'information, François Hollande a explicitement demandé à la DGSE de « dégommer » Ahmed Godane[1]. Un ordre qui accrédite la résolution du président sur ces sujets. Les

---

1. Jean Guisnel, « François Hollande a ordonné l'exécution du chef djihadiste somalien Ahmed Godane », *Le Point*, 12 septembre 2014.

Américains, qui offrent de leur côté une récompense de 7 millions de dollars pour tout renseignement permettant la capture de Godane, participent à la traque, en vertu d'un accord passé entre François Hollande et Barack Obama fin 2012. Ahmed Godane est aussi considéré comme le chef d'orchestre de l'attaque contre le centre commercial Westgate à Nairobi, au Kenya, qui a fait soixante-huit morts en septembre 2013. Son bras droit, Ahmed Mohamed Amey, expert des attaques suicides au camion piégé, est tué par un missile américain en janvier 2014 près de Barawe, bastion islamiste situé dans le sud du pays.

Finalement repéré, Godane, d'ordinaire discret et très prudent, est pulvérisé dans sa voiture le 1er septembre 2014, dans la même région, par des missiles tirés par des drones Predator et des bombes larguées par des chasseurs américains. Les autres passagers du véhicule connaissent le même sort. Selon des sources proches de la DGSE, après un travail de terrain minutieux et de multiples recoupements, ce sont les services français qui ont fourni la localisation de Godane au Pentagone, lequel a exécuté selon ses plans la sentence souhaitée à l'Élysée. Les responsables présumés des trois morts de la DGSE ont été châtiés.

Décapiter les réseaux terroristes

Ces assassinats ciblés n'ont pas toujours les représailles pour seul motif. Aux yeux du président Hollande, la poussée djihadiste au Sahel suffit à les légitimer. Au moment du déclenchement de l'opération Serval au Mali, en janvier 2013, le ministre de la Défense, Jean-Yves Le Drian, parle d'« éradiquer » les groupes islamistes. En réalité, lors du Conseil de défense qui avalise le lancement de l'opération, le 11 janvier, François Hollande indique aux responsables militaires qu'ils doivent « détruire les réseaux terroristes » en les désorganisant, en cassant leurs infrastructures logistiques, mais surtout en les décapitant. Il s'agit donc de tuer les chefs, pas de les capturer.

PROLOGUE

Une décision difficilement avouable publiquement, d'où la discrétion entourant ces exécutions singulières. La stratégie est notamment explicitée quelques mois plus tard dans une note publiée par un *think tank* lié au ministère de la Défense : la « décapitation », qui signifie la « neutralisation de leaders clés », consiste à « priver une entité de son organe de décision ou de ses centres nerveux en vue d'obtenir une paralysie fonctionnelle générale ou partielle[1] ».

Ces opérations secrètes sont confiées principalement aux forces spéciales françaises présentes dans la région depuis 2008. En leur sein, une Escouade spéciale de neutralisation et d'observation (ESNO) a été créée pour identifier et frapper des cibles en quelques heures, avec l'aide d'experts en imagerie et de tireurs d'élite des commandos marine[2]. La DGSE et la DRM sont priées de partager leurs informations sur les fameuses High Value Targets. Les listes des chefs djihadistes d'Al-Qaïda au Maghreb islamique (AQMI) et de ses alliés du Mujao (Mouvement pour l'unicité et le jihad en Afrique de l'Ouest) et d'Ansar Dine sont actualisées. De puissants moyens d'écoutes sont déployés pour les repérer.

Outre les six cents à mille combattants djihadistes tués pendant l'opération Serval, les têtes commencent à tomber parmi les HVT. Entre le début 2013 et la mi-2014, selon des sources proches des états-majors et à la DGSE, plus d'une quinzaine de HVT ont été éliminées au Mali sur ordre de l'Élysée. C'est ce qu'a confirmé Marc Pimond, directeur adjoint du

---

1. Philippe Gros, Jean-Jacques Patry et Nicole Vilhoux, « Serval : bilan et perspectives », Fondation pour la recherche stratégique, note n° 16/13, juin 2013.
2. L'Escouade spéciale de neutralisation et d'observation (ESNO), issue de l'expérience de la guerre en Afghanistan, a été initiée en 2013 par les commandos marine de Penfentenyo et de Montfort, basés à Lorient. Composée de binômes ou de petits groupes, elle vise à « renseigner pour détruire » grâce à des moyens de communication sophistiqués et au recours au tir d'élite de haute précision (TEHP). Elle est destinée essentiellement aux opérations de contre-terrorisme. Voir Alain Monot, « La marine aux grandes oreilles », *Cols bleus*, janvier 2014.

renseignement à la DGSE : « Avant, on faisait des fiches sur Al-Qaïda ; maintenant, on traque et on neutralise[1]. »

Le 12 janvier 2013, des bombes guidées au laser, larguées par des chasseurs français, tuent les numéros deux et trois d'Ansar Dine dans la ville malienne de Douentza[2]. Figurant sur la liste des HVT, le leader de la mouvance, Iyad Ag Ghali, longtemps considéré par les Français comme un interlocuteur touareg crédible, en réchappe. Sa maison à Kidal est ciblée par un bombardement français fin janvier, sans succès. Le 2 février, une frappe aérienne élimine une autre HVT, non identifiée, dans des baraquements situés aux environs du Tigharghar, au cœur de l'Adrar des Ifoghas, le massif montagneux du nord-est du Mali où se sont repliés des djihadistes.

Le suivant sur la liste est Abou Zeid, de son vrai nom Mohammed Ghediri, l'un des chefs les plus influents d'AQMI, qui détient alors des otages français. Localisé dans la même région, semble-t-il grâce à des interceptions téléphoniques, il meurt le 22 février 2013 avec de nombreux membres de sa brigade, la *katiba* Tarik Ibn Ziyad, probablement à la suite d'un raid aérien français. Accessoirement, Abou Zeid était considéré comme le commanditaire de l'assassinat de l'ingénieur français Michel Germaneau, enlevé au Niger en avril 2010. La France continue de régler ses comptes... Un autre pilier d'AQMI, le Mauritanien Mohamed Lemine Ould El-Hassen, chef de la *katiba* Al-Fourghan, est tué au même moment lors d'affrontements avec les forces spéciales françaises dans la zone du Timétrine.

Au cours des mois suivants, les assassinats ciblés se poursuivent, en marge des opérations militaires classiques. Des listes de chefs djihadistes à abattre sont ainsi transmises aux soldats français et maliens dans le cadre d'une opération antiterroriste baptisée Hydre, déclenchée en octobre 2013. Un nom

---

1. Christophe Cornevin, « DGSE, au cœur de nos services secrets », *Le Figaro Magazine*, 11 juillet 2014.
2. Voir Jean-Christophe Notin, *La Guerre de la France au Mali*, Tallandier, 2014, p. 207.

de code révélateur de la difficulté à éradiquer la nébuleuse djihadiste, qui ne cesse de se transformer.

Certaines des figures recherchées passent entre les mailles du filet, probablement en se réfugiant dans le Sud libyen avec des centaines de leurs affidés. C'est le cas bien connu de Mokhtar Belmokhtar, surnommé « le Borgne », un dissident d'AQMI longtemps rival d'Abou Zeid et l'instigateur de la prise d'otages de janvier 2013 dans le complexe d'In Amenas, en Algérie. Plusieurs de ses proches sont toutefois éliminés par les forces françaises, avec l'accord de l'Élysée : son lieutenant Abou Moghren Al Tounsi, fin septembre 2013 ; ses fidèles Fayçal Boussemane et Al-Hassan Ould Al-Khalil, en novembre 2013 ; son beau-père, Omar Ould Hamaha, dit « Barbe rouge », en mars 2014 ; Abou Bakr Al-Nasr, dit « l'Égyptien », spécialiste des armes, en avril 2014[1]. D'autres dirigeants du Mujao et d'Ansar Dine sont également « neutralisés ».

Autant de noms qui ont pu être rayés de la liste secrète. Mais, parallèlement, celle-ci s'allonge régulièrement. Les militaires comme les agents de la DGSE sont mobilisés pour la compléter. AQMI et les mouvances djihadistes n'ont pas disparu. Ils se déplacent et se recomposent. Leurs hiérarchies se renouvellent. De nouveaux fronts s'ouvrent au Moyen-Orient, par exemple en Irak ou en Syrie.

Visiblement, François Hollande n'a pas d'états d'âme concernant cette liste et les opérations qu'elle implique[2], rappelant ainsi un certain Guy Mollet : ce dirigeant socialiste, président du Conseil sous la IVe République, appelé au pouvoir en 1956 pour mettre fin au conflit en Algérie, y envoya davantage de conscrits et y multiplia secrètement les opérations Homo. D'ailleurs, la détermination de François Hollande ravive bien des souvenirs dans les milieux militaires et du renseignement. « Franchement, nous n'avions pas vu cela depuis

---

1. Nathalie Guibert, « L'armée française a tué un haut cadre d'Al-Qaïda au Sahel », *Le Monde*, 10 mai 2014.

2. Sollicitée à plusieurs reprises par l'auteur en novembre 2014, la présidence de la République n'a pas répondu.

la guerre d'Algérie[1] », confie, surpris, un haut gradé dans le secret des opérations. Un étonnement que partage un ancien chef du Service Action de la DGSE, ajoutant : « Un président qui assume des opérations comme cela, c'est rare[2]... »

Cela faisait des années que les assassinats de ce type n'avaient pas fait l'objet de consignes aussi claires. Mais, en vérité, ils n'ont jamais cessé.

---

1. Entretien avec l'auteur, juin 2014.
2. Entretien avec l'auteur, août 2014.

Introduction

Côtés sombres

C'est l'un des secrets les mieux gardés de la République : en son nom et sur ordre des plus hautes autorités politiques, la France s'est livrée à des assassinats ciblés et à d'autres opérations très spéciales visant à éliminer certains de ses ennemis. Si elles ont été récemment remises au goût du jour, ces opérations ont toujours existé. Simplement, il ne fallait pas en parler. Officiellement, les opérations Homo n'existent pas. Et les sanglantes guerres secrètes menées à l'étranger ne sont pas forcément revendiquées. Pourtant, depuis la naissance de la Ve République en 1958, tous les présidents, chacun à sa manière, ont recouru à ce type d'action, même s'ils s'en sont défendus. Accorder ce permis de tuer fait partie de leurs prérogatives. C'est leur domaine très réservé.

Ces ordres reposent en effet sur un secret absolu, partagé par un comité restreint de responsables – généralement, le directeur de la DGSE, le chef d'état-major particulier du président et le chef d'état-major des armées quand les soldats sont engagés. Même les ministres de la Défense ne sont pas toujours dans la confidence.

La France dispose de tueurs qui peuvent être mobilisés à tout moment pour ces missions. Des équipes spécialisées du Service Action (SA) de la DGSE s'y entraînent en permanence. Une cellule ultra-secrète baptisée Alpha, dont nous allons raconter l'histoire, a même été créée au milieu des années 1980 pour mener des opérations Homo dans la plus parfaite clandestinité. Elle a servi à plusieurs reprises. Et ce dispositif demeure opérationnel.

Au sein des armées, les forces spéciales ont gagné, ces dernières années, de plus en plus d'influence, empiétant progressivement sur les plates-bandes du SA. Sous la direction du Commandement des opérations spéciales (COS), des commandos d'élite se sont habitués à des interventions « chirurgicales », souvent en marge de conflits déclarés. On les évoque dans les termes les plus flous : on parle ainsi d'« opérations de nettoyage » ou de « neutralisation » des « cibles de haute valeur » – les High Value Targets (HVT). Un langage policé qui masque des actions sanglantes. Et, quand la France ne veut pas se mouiller ou n'a pas les moyens d'intervenir directement, elle recourt à des tiers, qu'il s'agisse de mercenaires, de supplétifs locaux ou de services étrangers.

« Nous ne sommes pas des barbouzes »

Ces opérations secrètes ont poursuivi, au fil des décennies, des objectifs divers. Au début de la Ve République, il fallait éliminer des marchands d'armes qui soutenaient la rébellion du FLN (Front de libération nationale) pendant la guerre d'Algérie. Aujourd'hui, particulièrement depuis le 11 septembre 2001, on lance des représailles et, surtout, on traque des chefs de « groupes terroristes armés » dans une nouvelle guerre interminable contre des ennemis moins visibles. Autant de motifs qui peuvent paraître justifiés aux yeux des décideurs à l'heure où les menaces grandissent et où les adversaires – les extrémistes djihadistes, par exemple – semblent ne reculer devant aucune violence.

De fait, qu'elles soient préemptives ou réactives, ces opérations répondent largement, selon leurs commanditaires, à une logique apparemment légitime. Interrogé en février 2013 par la commission de la Défense nationale et des Forces armées de l'Assemblée nationale, le préfet Érard Corbin de Mangoux, alors patron de la DGSE, l'exprime en ces termes : « La DGSE dispose d'une capacité d'action clandestine et d'entrave ; cette dernière vise à empêcher la survenance d'un événement non désiré par tout moyen, y compris militaire. Le service est soucieux du respect de la légalité, et je m'attriste des allégations de la presse lorsqu'elle nous qualifie de barbouzes. Nous sommes

INTRODUCTION

des agents de l'État agissant sous les ordres de l'autorité politique pour la défense des intérêts de la République[1]. »

Des propos calibrés, mais en partie inexacts. Car il est rare que la DGSE opère à l'étranger dans une parfaite légalité ; c'est même le plus souvent le contraire. Ses agents, par définition, agissent dans la clandestinité, et fréquemment dans des conditions dangereuses, au péril de leur vie.

L'application d'un « droit de représailles »

De plus, la DGSE ne se contente pas d'« entraver ». Certaines de ses missions consistent à appliquer la loi du talion. « C'est un principe intangible, commun à tous les services secrets, explique l'un de ses anciens responsables. Si on vous fait quelque chose, on répond, on traque les responsables pendant trente ans s'il le faut. On a un droit de poursuite pour faire expier les coupables, en les arrêtant ou en les tuant[2]. »

Claude Silberzahn, directeur de la DGSE de 1989 à 1993, l'a reconnu dans ses écrits, évoquant un « redoutable privilège » : « Le "droit de mort" des services spéciaux existe bel et bien […]. C'est un élément de stabilité dans le monde que ce droit suspendu au-dessus des têtes de certains "tueurs", et notamment de celles de terroristes. Il est important de faire planer cette éventualité, même si la pratique n'en est pas quotidienne. » Il ajoute que les services « dignes de ce nom » n'y ont recours qu'avec « une extrême parcimonie et dans des conditions très précises[3] », notamment hors de leur territoire national.

Le Mossad – les services secrets israéliens – pratique cette loi du talion depuis longtemps, tout comme l'ont fait, en leur

---

[1]. Audition du préfet Érard Corbin de Mangoux, directeur de la DGSE, devant la commission de la Défense nationale et des Forces armées de l'Assemblée nationale, 20 février 2013. Source : Assemblée nationale.

[2]. Entretien avec l'auteur, avril 2013.

[3]. Voir Claude Silberzahn, avec Jean Guisnel, *Au cœur du secret. 1 500 jours aux commandes de la DGSE, 1989-1993*, Fayard, 1995, p. 244-245.

temps, les services secrets soviétiques. Les Américains sont entrés dans la danse, de manière plus massive, après les attentats du 11 septembre 2001. Plus timorés, les Français ont longtemps craint que les représailles n'aient plus de conséquences dommageables que d'avantages. Ainsi, en 1977, Valéry Giscard d'Estaing a refusé de donner l'ultime feu vert à l'élimination de Carlos, qui avait tué deux policiers français à Paris deux ans plus tôt. Son successeur, François Mitterrand, a, lui, autorisé l'opération, mais sans parvenir à ses fins. Le terroriste a finalement été enlevé au Soudan en 1994 par les services français, qui l'ont ramené devant la justice.

Par ailleurs, si Mitterrand a bien ordonné des représailles après une série d'assassinats et d'attentats au Liban, au début des années 1980, l'échec de certaines de ces opérations, joint au scandale provoqué en 1985 par le sabotage du *Rainbow Warrior*, le navire de Greenpeace, par la DGSE, l'a rendu plus circonspect. Par la suite, il a continué de donner son aval pour des opérations Homo, mais sans toujours l'assumer. « [Ces opérations] étaient proscrites sous Mitterrand, témoigne le général François Mermet, directeur de la DGSE de 1987 à 1989. Mais on était un peu dans le non-dit. C'est-à-dire qu'il ne fallait pas lui demander. On pouvait peut-être le faire, mais sans le solliciter. Mitterrand était relativement insaisissable, ce qui rendait notre situation inconfortable[1]. » Une analyse que partage un de ses anciens collaborateurs militaires à l'Élysée : « Mitterrand n'était pas contre les opérations clandestines, mais il était sur la ligne du "pas dit-pas vu-pas pris"[2]. » Au cours de ses deux mandats, entre 1981 et 1995, cette position floue a conduit certains directeurs de la DGSE à ordonner des exécutions sans toujours en référer à l'Élysée.

Pour sa part, Jacques Chirac est resté très précautionneux dans ce domaine. Il a plusieurs fois répété son opposition aux opérations Homo, et il doutait des capacités des services secrets français à les mener à bien. Cependant, toute règle comporte

---
1. Entretien avec l'auteur, avril et septembre 2014.
2. Entretien avec l'auteur, avril 2013.

des exceptions. Ainsi, Jacques Chirac préférait parfois s'en remettre... aux Américains. Paradoxalement, sa prudence s'est renforcée après le 11 septembre 2001. « Il craignait des attentats et des engrenages. Par conséquent, nous sommes un peu restés les bras ballants face au terrorisme, sans pouvoir répliquer[1] », explique un ancien cadre de la DGSE.

Il a fallu attendre l'élection de Nicolas Sarkozy – partisan plus résolu des opérations clandestines, s'appuyant surtout sur les forces spéciales –, puis celle de François Hollande, pour que les inhibitions au sujet de la politique de représailles soient levées. Un expert de la lutte antiterroriste commente : « Contrairement aux Américains, qui frappent aveuglément, en France nous sommes plus mesurés. Nous ne le faisons que sur ordre, avec des règles précises d'engagement, afin d'éviter de tuer des femmes et des enfants dans une voiture, par exemple[2]. »

Théoriquement, les rétorsions sont dosées. « Je n'étais pas favorable à une réplique immédiate, plutôt à une vengeance mûrement préparée, se souvient un directeur de la DGSE qui a été en poste dans les années 2000. Les auteurs d'assassinats, d'attentats ou de prises d'otages doivent savoir que nous ne les laisserons pas impunis. La réplique peut venir à tout moment, surtout quand ils ne s'y attendent pas[3]. »

Basses besognes au nom de la France

À cette loi du talion, que l'opinion publique peut admettre, les présidents ont ajouté d'autres motifs pour déclencher des opérations secrètes meurtrières. Nombre d'entre elles sont menées par des agents dévoués, mais pour des mobiles troubles et avec des moyens contestables : complots pour tuer des chefs d'État étrangers, assassinats d'opposants de régimes amis, coups de

---

1. Entretien avec l'auteur, juillet 2013.
2. Entretien avec l'auteur, avril 2013.
3. Entretien avec l'auteur, mars 2013.

main répressifs apportés à des despotes, élimination massive de rébellions, contre-terrorisme sanglant, soutien secret à des criminels de guerre, emploi de mercenaires sulfureux...

Au nom de la défense de ses intérêts, la France commandite, ou appuie, de basses besognes inavouables. Certaines sont sous-traitées, d'autres tacitement autorisées, au risque d'en perdre le contrôle. Charles de Gaulle et Georges Pompidou ont couvert d'implacables opérations en Algérie et en Afrique, y compris des assassinats politiques. Valéry Giscard d'Estaing voulait faire liquider le leader libyen Mouammar Kadhafi. François Mitterrand a commandité un attentat à Beyrouth. Sous Chirac, on a envoyé des mercenaires pour sauver des dictateurs sur le continent noir. Nicolas Sarkozy a mené une guerre clandestine en Libye, parallèlement à l'opération militaire officielle. François Hollande a déployé ses soldats pour conduire avec succès l'opération Serval aux côtés d'une armée malienne soupçonnée de nombreux abus. Et il s'accorde parfois avec les Américains pour recourir à des « drones tueurs » responsables de dommages collatéraux.

Les présidents ont souvent fermé les yeux sur ce qui se passait en coulisses. Autrefois, les dérapages étaient couverts par un secret bien commode. Aujourd'hui, celui-ci reste un indispensable paravent pour les services de renseignement, mais ces derniers, soumis aux feux croisés des médias, sont plus exposés. Le contrôle parlementaire et le débat démocratique imposent aussi une plus grande régulation de leurs activités. En outre, la militarisation croissante des opérations, liée à la multiplication des conflits, augmente les risques et soulève des questions sur leur pilotage.

D'ailleurs, la répartition des rôles entre la DGSE, théoriquement chargée des missions clandestines, et les forces spéciales, responsables des opérations plus visibles, n'est pas toujours très nette. On a vu des agents de la DGSE débarquer en Somalie en tenue de combat et, à l'inverse, des soldats des forces spéciales opérer en civil en Libye parce que l'Élysée voulait garder secrète leur présence. Un rapport du Sénat de mai 2014 a suggéré, dans l'objectif de conforter la position des militaires, de réunir tous les commandos sous la responsabilité du Commandement des opérations spéciales (COS), ce qui impliquerait qu'une partie des sept cents agents du Service Action rejoignent les quelque trois mille membres actuels des forces spéciales[1]. Or, sans refuser la coopération, la DGSE, défendant l'autonomie de son action clandestine, renâcle à lâcher les troupes paramilitaires de son SA.

Une raison d'État à géométrie variable

De fait, la République a souvent besoin de beaucoup de bras pour intervenir secrètement. Mais elle prend alors le risque qu'ils s'emmêlent dangereusement. Ainsi, le SA, sur décision gouvernementale, a prêté la main à des offensives militaires controversées, comme celles de l'UCK, les nationalistes kosovars, au Kosovo en 1999. Ses agents ont alors failli se heurter… à des soldats français. « Nous avons eu quelques accrochages violents avec l'UCK, et nous ne savions pas qu'il aurait pu y avoir des camarades du SA avec les rebelles que nous affrontions, se souvient le colonel Jacques Hogard, qui commandait le groupement des forces spéciales françaises sur place. C'est incompréhensible, et cela aurait pu mal tourner, avec des échanges fratricides et des pertes de part et d'autre[2]. » Les forces spéciales françaises devaient préparer l'arrivée de la brigade française Leclerc, tandis que les agents du Service Action aidaient l'UCK à évincer les forces serbes du Kosovo.

La raison d'État est souvent schizophrène. Elle peut même, telle une girouette, changer de direction en fonction des vents. La DGSE a notamment combattu secrètement la Syrie et la Libye, avant de collaborer avec leurs services de renseignement, puis

---

1. « Le renforcement des forces spéciales, avenir de la guerre ou conséquence de la crise ? », rapport des sénateurs Daniel Reiner, Jacques Gautier et Gérard Larcher, 13 mai 2014. Le Sénat évoque aussi le contexte de « disette budgétaire » pour justifier ce rapprochement.
2. Entretien avec l'auteur, juillet 2014.

de recommencer à les affronter à partir de 2011. Il est également arrivé que la France abandonne ceux qu'elle avait naguère utilisés pour ses basses œuvres. Ainsi, pendant la guerre d'Algérie, le SDECE (Service de documentation extérieure et de contre-espionnage), ancêtre de la DGSE, a lâché des alliés qui avaient servi, un temps, ses noirs desseins. En 1979, Valéry Giscard d'Estaing a coupé les ponts avec la rébellion angolaise de l'UNITA, qui avait pourtant, quelques mois plus tôt, mené des représailles au Zaïre pour le compte des Français. Fin 1995, Jacques Chirac a envoyé ses commandos d'élite aux Comores pour « neutraliser » le mercenaire Bob Denard, lequel avait auparavant conduit de nombreuses missions sous la tutelle des services secrets français.

Toutes ces histoires secrètes, racontées ici pour la première fois par leurs principaux protagonistes, posent autant de questions sur la face la plus obscure du pouvoir.

1

Les lourds secrets de la guerre d'Algérie

« Une effroyable dérive… » Constantin Melnik, conseiller du Premier ministre chargé des affaires de renseignement à l'époque de la guerre d'Algérie, n'a jamais caché les remords qui l'ont longtemps taraudé. Ceux de n'avoir « pas pu ou su empêcher les violences d'État », dont il n'aurait découvert que tardivement l'ampleur. Les secrets qu'on lui aurait « soigneusement cachés » concernent les opérations Homo, les exécutions que le SDECE – le service de contre-espionnage extérieur – a menées à grande échelle durant cette période sanglante, de 1954 à 1962[1].

Ses regrets paraissent fondés. Et les doutes ne sont plus permis. À côté de la guerre que l'armée livrait aux indépendantistes algériens, le pouvoir politique a bien ordonné la mise en œuvre par les services secrets d'une stratégie de contre-terrorisme ciblant notamment des représentants du FLN et les trafiquants d'armes qui les approvisionnaient.

Combien de personnes ont été victimes de ces assassinats ciblés ? Faute de documents et d'archives probants, il est difficile de donner un décompte exhaustif. Constantin Melnik a parlé de près de cent quarante victimes pour la seule année 1960. Au total, le bilan dépasserait les deux cents exécutions. Ce chiffre m'a été confirmé par d'anciens membres du Service Action, qui se souviennent que le bilan de ces « faits d'armes »

---

1. Voir notamment Constantin Melnik, *De Gaulle, les services secrets et l'Algérie*, Nouveau Monde Éditions, 2010, ou encore *Espionnage à la française. De la guerre froide à l'Algérie et au terrorisme international*, Ellipses, 2012. Constantin Melnik est décédé le 14 septembre 2014.

était régulièrement évoqué lorsqu'ils s'entraînaient dans les centres de Cercottes, près d'Orléans, ou de Perpignan[1].

D'anciens tueurs, que j'ai pu rencontrer, sont même allés plus loin : le récit qu'ils m'ont fait de certaines de leurs opérations atteste leur caractère répété et planifié. « Les opérations Homo étaient décidées à Matignon, qui transmettait les consignes au SDECE. Mais c'est Jacques Foccart, à l'Élysée, qui tirait les ficelles[2] », m'a ainsi expliqué, en 2012, Raymond Muelle, un des ex-cadres du SA, qui a lui-même participé à plusieurs de ces exécutions.

Objectif : semer la terreur

Le contexte de l'époque est exceptionnel. Avant que le général de Gaulle ne revienne au pouvoir, en mai 1958, les gouvernements de la IVᵉ République paraissent tétanisés face à la montée des « événements » en Algérie, où la guerre et les attentats font rage. Aux moyens classiques des armées s'ajoute rapidement l'emploi intensif du 11ᵉ Choc, le bras armé du SDECE, dont la devise est « Qui ose gagne ». Fondé en 1946, installé à Mont-Louis, dans les Pyrénées, à Perpignan et à Collioure, ce « bataillon de choc aéroporté », dit 11ᵉ Choc, rebaptisé ensuite 11ᵉ demi-brigade parachutiste de choc, a déjà œuvré en Indochine. Il y fournissait notamment des cadres au Groupement de commandos mixtes aéroportés (GCMA), rompus à la contre-insurrection. Il est dirigé d'une main de fer par le lieutenant-colonel François Decorse. « C'était un polytechnicien brillant, se souvient Jean Prévot, l'un de ses membres, parachutiste passé par le GCMA. Nous l'appelions de son nom de code, Anatole. Il était très charismatique et très inventif en matière d'opérations[3]. »

---

1. Entretiens avec d'anciens agents du SA, juin 2012-décembre 2013.
2. Entretien avec l'auteur, 9 mai 2012. Raymond Muelle est décédé le 10 novembre 2013. Voir aussi le chapitre suivant.
3. Entretien avec l'auteur, 17 juillet 2012.

Dès la fin de 1954, le 11ᵉ Choc, véritable force spéciale, est déployé en Algérie au sein du Groupement de marche n° 11, composé de cinq cents hommes très actifs dans les opérations de « pacification » en Kabylie. Un Groupement léger d'intervention (GLI), commando spécial d'une quarantaine d'hommes dirigé par le capitaine René Krotoff, est créé. Cet ancien patron du centre d'instruction du SDECE à Cercottes sera tué dans une embuscade en mars 1956. Le 11ᵉ Choc installe également des antennes spécialisées dans plusieurs villes. Son but : semer la terreur dans les rangs du FLN. En effet, les « paras » du SDECE sont chargés de mener une contre-guérilla « non conventionnelle ». Ils envoient des commandos dans les zones frontalières, voire dans les pays voisins, infiltrent des réseaux, coupent les voies de communication, conduisent des missions Arma visant à anéantir des dépôts d'armes, mais aussi des opérations Homo et d'autres attentats[1]. Par exemple, un poste de radio piégé par le SDECE est parachuté, le 15 mars 1956, dans une région des Aurès contrôlée par le chef FLN Mostefa Ben Boulaïd. Ce dernier récupère l'engin, qui explose quelques jours plus tard lorsqu'on tente de l'allumer, provoquant la mort de Ben Boulaïd et de trois opérateurs. « On nous a également missionnés pour détruire le PC de la *wilaya* [région] IV, et nous avons mené ce combat avec succès durant un mois », explique Jean Prévot. Tous les hommes défendant ce PC sont tués.

Pleins pouvoirs et manipulations

Début 1957, lors de la « bataille d'Alger », les parachutistes du général Jacques Massu, qui ont obtenu les pleins pouvoirs de police, reprennent en main la capitale. Les équipes de Paul Aussaresses, cofondateur du 11ᵉ Choc, multiplient les arrestations, les actes de torture et les exécutions sommaires. « Il était

---

1. Voir Erwan Bergot, *Commandos de choc « Algérie ». Le dossier rouge*, Grasset, 1981 ; et Roger Faligot et Pascal Krop, *La Piscine. Les services secrets français, 1944-1984*, Seuil, 1985, p. 165-170.

rare que les prisonniers interrogés la nuit se trouvent encore vivants au petit matin. Qu'ils aient parlé ou pas, ils étaient en général neutralisés[1] », avouera le général Aussaresses. Le SDECE est, lui aussi, mobilisé. Le général Raoul Salan, commandant en chef des forces françaises en Algérie depuis fin 1956, crée un Centre de coordination interarmées (CCI) qui supervise les questions de renseignement. En son sein, une section A est chargée des opérations sous la houlette du lieutenant-colonel Decorse. Le 11ᵉ Choc est donc sous double commande : celle du SA du SDECE, dirigé par le colonel Robert Roussillat, et celle de la section A du général Salan.

Parmi les équipes du 11ᵉ Choc figure notamment un jeune lieutenant de vingt-six ans, Alain de Gaigneron de Marolles, futur patron du SA sous l'ère Giscard. En Algérie, en 1957, il s'occupe de l'opération Olivier, qui vise à soutenir un maquis anti-FLN. Le SDECE mise sur le chef indépendantiste dissident Mohammed Bellounis, lequel, au sein du MNA (Mouvement national algérien), livre une guerre farouche contre le tout-puissant FLN[2]. Les débuts sont prometteurs, avec des ralliements massifs de maquisards. Mais le FLN reprend l'offensive. Il tend aux groupes du MNA des embuscades meurtrières au cours desquelles plusieurs officiers du 11ᵉ Choc sont tués. Devenu de plus en plus embarrassant pour le SDECE, Bellounis est finalement abandonné par les Français. « Mettez fin à l'expérience Bellounis », ordonne le général Salan à ses parachutistes. Le dissident meurt au combat le 14 juillet 1958. Avec lui disparaît le plan des services secrets visant à créer une « troisième force ». Une autre tentative sera menée en 1960 par le SA, en lien avec l'Élysée : elle a pour objectif de manipuler le Front algérien d'action démocratique (FAAD), mais s'achève en octobre 1961 par un brutal lâchage français et par

---

1. Voir Général Aussaresses, *Services spéciaux. Algérie 1955-1957*, Perrin, 2001, p. 153.
2. Voir Roger Faligot, Jean Guisnel et Rémi Kauffer, *Histoire politique des services secrets français. De la Seconde Guerre mondiale à nos jours*, La Découverte, 2012, p. 185 *sq*.

un bain de sang dans les rangs des militants du FAAD, dont la plupart sont exécutés par le FLN.

Malgré certains échecs, le bilan du 11ᵉ Choc en Algérie n'est pas négligeable, selon Raymond Muelle. « De 1958 à 1960, résume-t-il, de très nombreuses opérations ont été menées à bien : destructions de postes radio, de dépôts d'armes et de locaux ; minages d'itinéraires ; attaques de formations ; manipulations de ralliés ; intoxications ; neutralisations d'individus. Elles ont été exécutées soit à la demande des autorités, soit avec leur accord sur proposition de la section Action. Quelques-unes [les opérations Homo] ont été confiées à la section A et menées sur le territoire algérien[1]. »

*Pour les opérations Homo,
on outrepasse les consignes*

Les opérations Homo du SDECE sont, on le voit, monnaie courante de l'autre côté de la Méditerranée. Officieusement, des consignes ont été édictées à leur sujet. En 1957, Guy Mollet, président du Conseil, a donné son feu vert à ces assassinats ciblés. Le général Paul Grossin, le nouveau patron du SDECE, un officier franc-maçon proche des socialistes, aurait alors posé des conditions : ces opérations devraient être commandées par le pouvoir politique, n'être menées qu'en temps de guerre, jamais sur le territoire français et seulement sur des citoyens étrangers. En revenant aux commandes en mai 1958, le général de Gaulle a sans doute repris à son compte ces directives générales.

En réalité, ces lignes rouges sont allégrement franchies. À cette époque, l'Algérie fait encore partie du territoire français et ses habitants ne sont pas des citoyens « étrangers ». De plus, les autorités militaires décident des actions sans en référer

---

1. Voir Raymond Muelle, « Le 11ᵉ Choc pendant la guerre d'Algérie », in *Les Forces spéciales : concept et histoire*, actes du colloque du Centre d'études d'histoire de la défense, 11 et 12 juin 2001, Cahiers du CEHD, 2007.

automatiquement au gouvernement. Lorsque, en décembre 1958, le général Maurice Challe remplace le général Raoul Salan comme commandant en chef des forces armées en Algérie, la contre-guérilla prend de l'ampleur. Challe initie de lui-même certaines opérations Homo. « Challe n'avait pas froid aux yeux, se souvient Raymond Muelle, alors actif sur le terrain. Il était très déterminé à agir, ouvert aux initiatives. Il y avait par exemple un sénateur musulman qui était protégé par Jacques Soustelle, ancien gouverneur de l'Algérie, et par certains élus à Paris. J'ai expliqué au général que cet homme figurait sur nos listes de cibles. Challe m'a répondu : "Eh bien, flinguez le sénateur", et c'est ce que nous avons fait. Pendant la période Challe, nous avons réalisé environ cent cinquante opérations, mais toutes n'ont pas réussi. Son successeur, le général Jean Crépin, était plus prudent. C'était un militaire plus classique, qui ne voulait pas de vagues. »

Des listes secrètes validées à l'Élysée

Avant même son entrée en fonction, le général Challe a pourtant dressé des listes de cibles hors d'Algérie : une trentaine de noms, dont des trafiquants d'armes allemands et suisses, des personnalités étrangères pro-FLN, des leaders algériens installés au Maroc, en Tunisie ou en Allemagne. Les listes seront amendées au fil du temps, certains noms étant rayés, d'autres ajoutés. Chaque cible fait l'objet d'un épais dossier de renseignement établi par le SDECE, qui a constitué une petite cellule *ad hoc* appelée Brain Trust Action. L'un de ses membres, le colonel Le Roy-Finville, témoignera du caractère ultra-sensible de ces informations : « Chaque dossier est prêt à servir. Il n'en existe qu'un seul par opération prévue. Cet exemplaire unique circule de main en main à l'intérieur du Brain Trust Action. Il est interdit de prendre des notes. Toute communication à ce sujet doit être verbale. De même, le feu vert nous parviendra de la War Room de Matignon sous forme orale. Dans nos archives, pas une seule note d'opération, pas un seul papier, ne doit faire référence sous quelque forme que ce soit, même en code, à ces arrêts de mort prononcés à huis clos par les plus hauts responsables de l'État[1]. » Après chaque opération Homo, le dossier est brûlé.

Cette guerre secrète est pilotée à l'Élysée par un homme clé : Jacques Foccart. Conseiller à la présidence de la République, cet ancien résistant gaulliste et réserviste du 11e Choc devenu l'homme du renseignement et des réseaux africains valide les cibles. Véritable patron occulte des services, il est en contact direct avec Michel Debré à Matignon, le général Paul Grossin à la direction du SDECE et le colonel Robert Roussillat, qui dirige le SA. Lors des conciliabules sur les futurs objectifs des opérations Homo, Jacques Foccart prend soin d'écarter Constantin Melnik, le conseiller du Premier ministre, officiellement chargé des affaires de renseignement. « Je n'avais que la production écrite de Grossin, confie ce dernier, et je m'occupais du maintien de l'ordre et des trafics d'armes[2]. » De plus en plus isolé, Melnik se méfie du caractère « ondoyant et énigmatique » de Foccart, qu'il considère comme l'âme damnée du Général et le « gourou » d'un service qui est aux mains de « parachutistes exaltés ». Au cœur du pouvoir exécutif, les batailles d'hommes font rage.

Signé « La Main rouge »

Au bout de la chaîne, les exécutants du SA se débrouillent avec ces ordres informels, mais fermes, venus d'en haut. Le 11e Choc sert de bras armé pour la majorité des missions effectuées sur le territoire algérien[3]. Une poignée de réservistes, pour la plupart d'anciens combattants reconvertis dans le civil,

---

1. Voir Philippe Bernert, *SDECE, Service 7. L'extraordinaire histoire du colonel Le Roy-Finville et de ses clandestins*, Presses de la Cité, 1980, p. 268.
2. Entretien téléphonique avec l'auteur, 3 mai 2012.
3. Certains de ces exécuteurs se retrouveront, après la guerre, au sein d'une association, dite « des ex-Invisibles ».

complètent ce dispositif. Ils sont mobilisés de manière régulière en plusieurs groupes, chargés du renseignement, de la sécurité et des exécutions elles-mêmes. « Le Service Action était autonome pour organiser ces opérations, raconte Raymond Muelle. Nous avions nos équipes de faux papiers, pour nos identités fictives. Généralement, l'équipe de reconnaissance était composée d'un homme et d'une femme pour mieux passer inaperçue, comme s'il s'agissait de touristes en voyage à l'étranger. Moi, je travaillais souvent seul. Un jour, je devais faire passer un Beretta et deux chargeurs en Suisse pour une mission. Nous ne pouvions pas utiliser la valise diplomatique. Dans le train, j'ai donc planqué le pistolet sous la couchette de mon voisin de wagon-lit. Quand il est parti, j'ai collé le Beretta dans mon dos pour passer la frontière et la douane. »

Le SDECE imagine un plan de diversion destiné à maquiller les opérations Homo en règlements de compte perpétrés par une mystérieuse organisation secrète, la Main rouge, qui serait tenue par des colons ultras. Celle-ci est d'abord apparue au Maroc et en Tunisie comme la signataire de quelques actions d'éclat, dont l'assassinat du syndicaliste tunisien Farhat Hached, le 5 décembre 1952, ou la fusillade de Casablanca, le 11 juin 1955, dans laquelle a trouvé la mort Jacques Lemaigre-Dubreuil, homme d'affaires et patron libéral du journal *Maroc-Presse*, proche des nationalistes marocains de l'Istiqlal.

Parmi les tueurs professionnels de la Main rouge figure notamment Antoine Méléro, dit Tony, un policier pied-noir basé à Casablanca, au physique trapu de sportif et au sang-froid redoutable. Lors d'une entrevue où je pus l'interroger sur son passé, Antoine Méléro me confirma : « Nous étions une vingtaine de gars sûrs, avec des spécialistes du renseignement, une équipe de protection et le Service Action, chargés des opérations Homo décidées à Matignon. J'ai commencé en Afrique du Nord, avant d'agir plus largement quand cela bardait en Algérie[1]. »

---

1. Entretien avec l'auteur, 11 février 2004. Rapporté dans Jacques Follorou et Vincent Nouzille, *Les Parrains corses*, Fayard, 2004. Voir

La Main rouge devient une signature commode. Sa légende se propage dans les médias, bientôt alimentée par les étranges confessions d'un dénommé Christian Durieux, un jeune enseignant corse. Celui-ci affirme ouvertement être l'un des chefs de cette organisation, multipliant les déclarations fracassantes dans les journaux et les conférences de presse[1]. Un livre rédigé par un romancier d'espionnage, Pierre Genève, et publié par une obscure maison d'édition retrace l'épopée de la Main rouge, tout en justifiant les attentats. En réalité, tout est « fabriqué » par les experts en propagande du SDECE, qui avancent ainsi masqués.

Des cibles aux quatre coins de l'Europe

Avec l'embrasement algérien, le SA étend son rayon d'action. Il envoie toujours ses tueurs pour des missions ponctuelles en Algérie, en Tunisie et au Maroc, mais traque aussi sans relâche, aux quatre coins de l'Europe, les dirigeants et les avocats du FLN, y compris des citoyens français sur le territoire national, ainsi que des marchands d'armes et des pourvoyeurs de fonds du parti indépendantiste algérien.

L'un des premiers trafiquants visés se nomme Wilhelm Beissner. Cet ancien responsable des services de sécurité du IIIe Reich en Yougoslavie expédie vers l'Algérie, *via* l'Irak, des cargaisons de fusils anglais et de mortiers. Informé que de mystérieux ennemis, issus de la Main rouge, le filent depuis des mois, Beissner balaie les avertissements, parlant de « mauvais roman[2] ». Un jour de 1957, sa voiture explose près de son domicile munichois. Il a les deux jambes arrachées et ne doit sa survie qu'à une opération miraculeuse.

---

aussi Antoine Méléro, *La Main rouge. L'armée secrète de la République*, Éditions du Rocher, 1997.

1. Voir notamment Roger Faligot et Pascal Krop, *La Piscine, op. cit.*, p. 201 *sq.*

2. Rapporté dans Erwan Bergot, *Commandos de choc « Algérie »*, *op. cit.*, p. 121.

La crainte de la Main rouge se répand alors parmi les marchands d'armes. La proie suivante s'appelle Otto Schlüter. Ce commerçant, officiellement propriétaire d'une boutique d'articles de chasse à Hambourg, est soupçonné par le SDECE, et par les services secrets ouest-allemands (Bundesnachrichtendienst, ou BND), d'être l'un des principaux pourvoyeurs du FLN. Ses bureaux ont déjà été piégés en septembre 1956, et l'un de ses adjoints a trouvé la mort. Le 3 juin 1957, Otto Schlüter sort de chez lui, Loogestieg, à Eppendorf, et prend place dans sa Mercedes avec sa mère et sa fille. Lorsqu'il tourne la clé de contact, le véhicule est pulvérisé par une explosion. L'équipe du SDECE, dont fait partie Antoine Méléro, a fixé sous le plancher de la voiture une charge de plastic avec des billes d'acier. Gravement blessé, le trafiquant a toutefois la vie sauve, de même que sa fille, mais sa mère décède. L'enquête de la police allemande se perd dans les sables. En octobre 1958, Schlüter échappera à un autre attentat maquillé en accident, l'un de ses pneus ayant éclaté alors qu'il conduisait à plus de cent quarante kilomètres à l'heure.

Le FLN comprend le message : il se tourne vers d'autres trafiquants. Parmi eux, Marcel Léopold, un citoyen suisse qui a fait fortune dans les bordels et les fumeries d'opium près de Pékin. L'arrivée au pouvoir de Mao Tsé-toung lui a valu quelques années de prison. En 1954, il est expulsé de Chine et se lance dans le trafic d'armes depuis son domicile, cours de la Rive, à Genève. Le SDECE dispose d'un gros dossier sur lui. Sur plusieurs photos, on le voit porter des costumes de belle coupe, malgré ses cent vingt kilos. Les tueurs de la Main rouge passent à l'action le matin du 19 septembre 1957, alors que « Monsieur Léopold » regagne son appartement. Dans l'ascenseur, un jeune homme tire sur lui à bout portant une fléchette meurtrière grâce à une sarbacane d'acier de trente centimètres équipée d'un percuteur. Cette arme a été mise au point par les services techniques du SDECE, où travaille notamment le capitaine Jeannou Lacaze, futur patron du SA et futur chef d'état-major des armées. Surnommé « le Sorcier aztèque », c'est un spécialiste des explosifs de toutes sortes.

Puis c'est au tour d'un autre fournisseur du FLN, Georg Puchert, de subir les foudres de la Main rouge. Cet Allemand originaire de Lettonie, surnommé « Captain Morris », a bâti sa réputation dans la contrebande de cigarettes américaines, avant de s'orienter vers les armes, transportées grâce à une flottille de navires basée à Tanger. Son réseau est infiltré par des agents du SDECE, membres du Service 7, une cellule s'occupant des filatures, des effractions et des faux papiers, dirigée par le colonel Le Roy-Finville[1]. Au fil des mois, certains de ces bateaux chargés d'armes explosent inopinément, comme la *Bruja Roja* et le *Typhoon* au large de Tanger, l'*Atlas* à Hambourg ou encore l'*Allahira* en Belgique. Ces avertissements ne ralentissent pas le trafic de Puchert. Dans la soirée du 2 mars 1959, à Francfort, où il est rentré, une équipe du SA fixe une bombe remplie de billes d'acier sous sa Mercedes 190. Le lendemain matin, Puchert meurt dans l'explosion de sa voiture.

Les trafiquants d'armes ne sont pas les seules victimes des opérations Homo signées « La Main rouge ». Ainsi, l'avocat kabyle Aït Ahcène est exécuté à la mitraillette près de Bad Godesberg le 5 novembre 1958. Porteur d'un passeport diplomatique tunisien, il était basé en Allemagne pour assurer le contact entre le FLN et des fabricants d'armes qui l'alimentaient en carabines Mauser, pistolets-mitrailleurs, canons antichars et bazookas soviétiques. Quelques mois plus tard, l'un d'entre eux, Ernst-Wilhelm Springer, est prévenu par un mystérieux correspondant de la Main rouge qu'une bombe a été placée dans le moteur de sa voiture et qu'il ferait mieux de cesser son petit commerce avec ses amis algériens. Inquiet, le trafiquant change de clientèle.

Il ne fait pas bon être avocat du FLN à Paris

À Paris, la traque des soutiens du FLN devient une véritable obsession, comme le rappelle Raymond Muelle : « Michel

---

1. Voir Philippe Bernert, *SDECE, Service 7, op. cit.*, p. 192 *sq.*

Debré, à Matignon, a fait savoir qu'il fallait s'en prendre au collectif des avocats pro-FLN. J'ai dit qu'on allait commencer par Jacques Vergès. Nous l'avons surveillé, mais l'opération n'a pas pu se faire à cause d'une panne de voiture[1]. »

La cible suivante a moins de chance. Il s'agit de Moktar Ould Aoudia, fils d'un ancien combattant, élevé chez les Pères blancs, marié à une Française et avocat à Paris. Comme ses sept collègues du collectif, il a reçu des menaces de mort par un courrier anonyme signé « La Main rouge ». Il est finalement exécuté le 21 mai 1959 par un commando du SA dont fait partie Raymond Muelle[2]. L'agent d'exécution – on l'appelle E1 dans le jargon du SDECE –, cachant son arme dans un porte-documents, est entré dans un immeuble du passage Feydeau, est monté jusqu'au troisième étage, et s'est posté devant le bureau de Me Ould Aoudia. Lorsque celui-ci en est sorti vers 19 h 35, deux détonations ont retenti ; l'avocat s'est effondré. Le tireur s'est empressé de visser une casquette sur son crâne pour changer d'apparence, puis a regagné la rue et sauté dans la Peugeot 203 venue le chercher. Il n'y a eu aucun témoin.

Avec l'aval du pouvoir politique et de leurs supérieurs, les tueurs ont donc frappé sur le territoire métropolitain, au cœur de la capitale, contournant les consignes générales édictées pour ce type d'opérations. Le 26 mai, la Main rouge envoie même de nouvelles lettres anonymes aux sept autres membres du collectif. Numérotées de 2 à 8, elles ne portent que ces deux mots sinistres : « Toi aussi[3]. »

La Ve République est en guerre. Les services secrets n'ont plus de limites.

---

1. Entretien avec l'auteur, 9 mai 2012.
2. Voir le récit dans Raymond Muelle, *La Guerre d'Algérie en France, 1954-1962*, Presses de la Cité, 1994, p. 141-146.
3. Voir les témoignages de Raymond Muelle et de Jacques Vergès dans le documentaire *Histoire des services secrets français*, de Jean Guisnel et David Korn-Brzoza, France 5, 2010.

De Gaulle lui-même n'est pas à l'abri

Lorsque les généraux Challe, Salan, Jouhaud et Zeller tentent leur coup de force à Alger en avril 1961, le SDECE est divisé. Des membres du SA, dont nombre d'officiers du 11e Choc, ne cachent pas leur sympathie pour les putschistes, puis pour l'Organisation armée secrète (OAS), fondée dans la clandestinité par les ultras de l'Algérie française pour mener le combat et éliminer le général de Gaulle, considéré comme le bradeur de l'empire. À l'opposé, une frange de soldats légitimistes soutient la politique algérienne du Général, prélude à l'indépendance. Entre les deux factions, le fossé se creuse.

Tandis que des tueurs du SDECE poursuivent les opérations Homo, d'autres rejoignent l'OAS, qui multiplie les attentats et les exécutions sommaires. Certains affiliés à l'organisation clandestine livrent la guerre aux barbouzes recrutés par le pouvoir pour la frapper. Le système mis en place par le SDECE s'emballe et devient incontrôlable. Des sicaires officient de tout côté. L'attentat à la photocopieuse piégée qui, le 29 janvier 1962, détruit la villa Andréa, à Alger, où se sont installés les barbouzes pro-gaullistes, est imputé aux équipes de l'OAS, aidées par certains exécuteurs du SDECE.

Raymond Muelle, quant à lui, est arrêté fin 1962 pour complot contre la sûreté de l'État. Il est soupçonné d'avoir voulu assassiner de Gaulle. « On me pensait dangereux, explique-t-il aujourd'hui. À juste titre, car je savais faire et j'étais spécialiste de ce type d'opérations. Mon intention était clairement de tuer de Gaulle, qui nous avait trahis. Grâce à un détonateur à distance, je devais faire exploser une boîte à lettres dans une gare au moment où de Gaulle accueillait des chefs d'État africains. Mais, comme j'ai été obligé de demander des renseignements à un ami de la Préfecture de police sur les horaires et l'itinéraire de De Gaulle, le secret a été éventé. Faute de preuves, je n'ai écopé que de deux ans de prison avec sursis. Partout ailleurs, il y a eu une épuration drastique des services[1]. »

Jugé peu sûr par le pouvoir gaulliste, le 11ᵉ Choc est sur la sellette. Le lieutenant-colonel Decorse est écarté. Le colonel Pierre de Froment, qui succède au colonel Robert Roussillat à la tête du SA, se veut prudent. Fin 1963, il demande la dissolution officielle du 11ᵉ Choc. Quelques-uns de ses cadres rejoignent le Centre national d'entraînement commando de Mont-Louis, tandis que d'autres sont mutés dans des unités militaires ou démissionnent de l'armée.

L'ère des tueurs lâchés à travers l'Europe est censée s'achever avec la fin de la guerre d'Algérie. Le secret doit désormais recouvrir d'un voile épais ces basses œuvres de la République qui ont fini par devenir trop gênantes, et qui ont même failli se retourner contre leur commanditaire.

Mais certains tueurs ont gardé intacts les souvenirs de leurs opérations...

---

1. Entretien avec l'auteur, 9 mai 2012.

2

Moi, Daniel, ancien tueur du SDECE

Au-dessus de la cheminée, une arme est posée, comme un bibelot qui aurait pris la poussière. Un revolver antique à la crosse élimée. « C'est un souvenir, marmonne Daniel en le montrant du doigt depuis le fauteuil où il est installé. Je l'ai piqué à quelqu'un qui voulait ma peau[1]. » L'arme n'a plus servi depuis longtemps. Les cartouches ont disparu. « Tant mieux, car, certains jours, je n'ai pas le moral, je pourrais être tenté d'en finir. » Veuf depuis quelques mois à l'époque où je le rencontre, ce pied-noir nonagénaire sait que le cours des choses peut basculer à tout moment et se cherche d'ultimes raisons pour rester sur le pont.

Il fait très chaud en ce jour de l'été 2012 où je lui rends visite dans sa grande maison, nichée dans un coin tranquille de la banlieue de Perpignan. Daniel demeure assis au frais dans son salon, tous volets fermés. Ses yeux s'embuent parfois de larmes qui brillent dans la pénombre. Il peine à masquer sa douleur. Sa solitude lui pèse. Il n'a jamais été du genre bavard ni démonstratif. Plutôt un roc muet. Et il n'a pas su trouver les mots pour dire à ses proches ce qu'a été sa vie. Les portes de sa mémoire sont restées hermétiquement closes sur ses activités passées, qu'il n'aime toujours pas se remémorer. « Je n'ai jamais parlé à mes enfants de ce que j'ai fait, et je pense qu'ils m'en veulent encore aujourd'hui – autant de mes silences que des longues absences passées. Ce que je vais vous dire, je ne l'ai dit à personne. » Ses secrets sont comme des pierres : froides et lourdes à porter.

---

[1]. Entretien avec l'auteur, 17 juillet 2012. Le prénom a été changé. Daniel est décédé en juin 2014.

Le tueur le plus sollicité du service

C'est un de ses amis, un ancien officier du SA qu'il a connu pendant la guerre d'Algérie, qui m'a introduit auprès de lui. « C'était l'un des meilleurs », m'a-t-il expliqué avec un ton de profond respect. Sur sa recommandation, Daniel a accepté de me parler.

« C'est vrai, j'ai fait des bricoles durant sept à huit ans », me dit Daniel lors d'un de nos premiers échanges. Des « bricoles » – une curieuse expression pour minimiser le sujet. En réalité, pendant le conflit algérien, il a été l'un des tueurs les plus utilisés par le SDECE pour les opérations Homo, ces exécutions ciblées décidées en haut lieu. « Je crois être le réserviste qui a été le plus sollicité, reconnaît-il. Je n'en savais rien, ce sont des camarades qui ont commandé le Service Action après qui me l'ont dit. »

Rien ne laisse deviner un si étrange destin chez cet homme claudicant aux traits secs et aux longues mains abîmées. Toutefois, Daniel a été fait commandeur de la Légion d'honneur pour ses faits d'armes d'ancien combattant et ses « services » rendus à la République. La décoration lui a été remise en 2012 par un ancien patron du SA. Il lui est arrivé d'être invité à déjeuner ou à dîner par des officiers du Centre parachutiste d'instruction spécialisée (CPIS) de Perpignan, l'un des bras armés du SA. On a aussi fait appel à lui, ces dernières années, pour qu'il évoque son expérience devant des recrues du SA. « Je ne leur disais rien de précis, ou alors je ne parlais que des missions qui ont échoué, ce qu'on appelle les cas non conformes. »

Daniel n'a jamais fait le compte de ce qu'il nomme ses « bricoles », et dont il est le seul à connaître tous les détails. « Peut-être vingt, trente, quarante ou cinquante. Je ne sais pas, je ne sais plus, confie-t-il. Je partais pour une mission, parfois pour plusieurs. Il n'y avait pas beaucoup de monde pour faire cela. Je crois que, pour le Maghreb, le service devait avoir deux ou trois réservistes. On m'appelait peut-être parce que j'avais certaines qualités... » Des qualités de tueur ? Daniel garde le silence un long moment, avant de poursuivre : « Peut-être un petit peu de courage et... beaucoup d'inconscience. Aller faire le con pour pas un rond, il fallait le faire. Cela ne se ferait pas maintenant. Cela peut s'appeler des qualités ou des défauts. Les qualités, c'était de ne pas être attiré par l'argent et d'être courageux. Le défaut, c'était d'être indiscipliné, ce qui m'a parfois nui. Mais j'étais jeune, j'avais trente ans, je ne voyais pas le danger. »

« Quand cela me plaisait, j'y allais... »

En vérité, comme tueur secret de la République, Daniel a le profil idéal. Pied-noir né en Algérie, il parle un peu l'arabe, l'espagnol et l'allemand. Pendant la Seconde Guerre mondiale, il a fait le coup de feu dans les bataillons de choc, participant notamment à la libération de la Corse en 1943, avant d'être gravement blessé par des tirs de mitraillette sur l'île d'Elbe. Opéré des jambes une dizaine de fois puis pensionné pour ses blessures, il retourne dans le civil et ouvre une boutique de vêtements dans le Languedoc-Roussillon. Très vite, il se remet au sport.

En tant que réserviste, il garde des contacts avec d'anciens camarades de combat, devenus des cadres du SDECE au moment du déclenchement de la guerre d'Algérie. « Il y avait très peu de civils qui parlaient telle ou telle langue et qui savaient manier les armes. Alors, les gars du SDECE m'appelaient chez moi et me disaient : "Est-ce que cela t'intéresserait de faire cela, ou cela ?" J'avais le droit de dire non, parce que j'étais un simple civil, sans devoir d'obéissance militaire. Il m'est arrivé de refuser des missions, celles qui impliquaient des femmes ou des enfants. Mais, quand cela me plaisait, j'y allais... Je faisais le boulot. Enfin, on appelle cela du boulot ou comme vous voulez. Cela enlevait la monotonie de la vie quotidienne. On avait l'adrénaline. J'avais le sentiment d'être quelqu'un. On n'était pas fiers, mais on était contents de faire quelque chose qui servait le pays. »

Le nom de la cible ne lui était fourni qu'une fois la mission acceptée. Une équipe du SDECE partait en repérage, avant de laisser les tueurs opérer. « Moi, je travaillais généralement tout seul. Il m'est arrivé aussi de faire du repérage pour d'autres. Ce n'est pas moi qui décidais de ce genre de chose. » Sa première fois, Daniel n'en a plus vraiment de souvenir précis. Il se rappelle juste son inconscience face aux risques encourus. « Le danger était partout. On pouvait se faire sauter tout seul si on réglait mal les explosifs. C'est arrivé à plusieurs gars du service, qui sont morts dans une voiture, en Tunisie. On risquait aussi d'être attrapé par les *fellaghas* quand on allait en Algérie. Une fois, à Philippeville, je marchais dans la rue, entouré de gardes du corps, un vrai caïd. Tout à coup, un type que je n'avais pas vu arriver s'est précipité sur moi avec un flingue. Il voulait me tuer. Mes gardes, eux, l'ont vu. Ils lui ont pris son flingue et l'ont descendu. Là, j'ai échappé à la mort et je l'ai su. Mais parfois, sans doute, j'y ai échappé sans le savoir. » Daniel se souvient également d'avoir évité le couteau d'un agent du SDECE en formation : « Nous recrutions des agents pour aller faire des opérations de ce genre. On leur donnait des armes à blanc. Lors d'un entraînement, je devais jouer la cible, habillé en djellaba. L'un des types, qui croyait sans doute qu'il s'agissait d'une mission réelle, a vu que son arme s'enrayait et, voulant faire du zèle, a aussitôt sorti son couteau pour me faire vraiment la peau. J'ai dû courir très vite. Heureusement, j'étais rapide et il ne m'a pas rattrapé. »

Des missions quasi quotidiennes
pendant le conflit algérien

À cette époque, en 1960, la tension est extrême en Algérie. Après plusieurs années à effectuer des missions ponctuelles en Europe et en Afrique du Nord, toujours en lien avec la guerre d'Algérie, Daniel est prié par le SDECE de s'installer provisoirement à Bône comme tueur clandestin. Officiellement, il se fait passer pour un promoteur cherchant à acheter des terrains.

« J'entrais en contact avec des propriétaires, je menais les négociations assez loin, mais je n'achetais jamais rien. C'était mon activité de façade, une couverture impeccable, personne ne savait rien. J'avais un ordre de mission permanent, un OMP, qui me permettait d'aller et venir et de demander de l'aide aux militaires ou aux préfets. J'étais civil, mais je pouvais me servir de tout. C'était très chaud, il y avait beaucoup de choses à faire. Les missions étaient alors presque quotidiennes. Le SDECE m'avait envoyé pour cela. Comme je parlais l'arabe, on pouvait me mettre un habit et je passais pour un Arabe. Mais vous partiez chercher le pain le matin, vous pouviez prendre une bombe sur le chemin... »

Durant une année, le tueur a éliminé de sang-froid de nombreuses cibles désignées par les services français, en Algérie, mais aussi en Tunisie et au Maroc. Puis il est rentré chez lui, dans le sud de la France, et il y a poursuivi sa double vie, avec de fausses identités qui changeaient régulièrement. « J'en ai eu jusqu'à dix-huit. C'est ma femme qui s'occupait de mes papiers. » Les patrons du SA ont continué de l'appeler pour des missions en Afrique du Nord ou en Europe – Italie, Espagne, Suisse ou Allemagne. « Les chefs étaient parfois jaloux entre eux : l'un voulait m'envoyer en Italie quand l'autre préférait m'expédier en Espagne. Je leur disais d'accorder leurs violons... Les missions pouvaient durer aussi bien une journée que huit jours, parfois j'en avais deux par mois. Je disais à mes proches que je vendais je ne sais quoi à Paris. Et quand je revenais tout bronzé en plein mois de novembre après une mission en Afrique du Nord, j'expliquais que je vendais des lampes à bronzer, ce qui évitait qu'on m'embête. »

Quand des tueurs se dégonflent

Quelques-unes de ces opérations Homo virent au feuilleton noir à rebondissements. « Un jour, du côté de Bonn, en Allemagne, le type n'est pas venu là où nous l'attendions. C'était un dirigeant important du FLN. Il devait passer vers

21 heures. À 21 h 30, il n'était toujours pas là. Bêtement, j'ai espéré qu'il ne lui soit rien arrivé... J'étais avec une petite équipe et nous avons dû changer de plan. Finalement, on l'a eu. Je roulais dans une Mercedes verte. La vitre arrière ne descendait pas jusqu'en bas. J'ai acheté un bouquet de fleurs, j'ai caché le canon de la mitraillette dedans, et on l'a flingué. Je ne dis pas qui l'a fait. Mais j'étais là et on l'a flingué. » Daniel n'a pas précisé l'identité de la victime, mais des recoupements m'ont permis de déterminer qu'il s'agit de l'avocat kabyle Aït Ahcène, assassiné à Bad Godesberg le 5 novembre 1958[1].

À son retour, Daniel ne s'embarrasse pas de longs rapports à ses commanditaires : « Je faisais des rapports oraux au SA, au fort de Noisy-le-Sec, ou alors je mettais les grandes lignes par écrit chez moi avant de les leur envoyer. Mais c'était court, je n'aimais pas beaucoup écrire. »

Il arrive que des missions n'aillent pas jusqu'à leur terme ou échouent. Parfois, le tueur hésite jusqu'au dernier moment. « J'ai été avec des camarades qui se sont dégonflés, se souvient Daniel. Je ne leur en voulais pas. Parce qu'on peut avoir l'impression d'être capable de faire quelque chose, mais, une fois face au danger, on peut se dire qu'on préfère abandonner et rentrer à la maison. » D'autres cas « non conformes » conduisent à l'annulation de l'opération. Ainsi, l'exécution d'un trafiquant d'armes américain, à Madrid, en juillet 1958, est ajournée parce que cinq autres personnes, non prévues au programme, se trouvent avec la cible dans son appartement. Une autre fois, c'est la voiture des tueurs qui ne démarre pas. « Il faut préciser que le Service Action, à cette époque, c'était du bricolage. Nous étions très peu nombreux. Il n'y avait pas d'argent pour les missions. Quand cela ne marchait pas, on rentrait à la maison. On téléphonait pour dire que c'était loupé. Il y avait un service de la Boîte qui appelait les personnes ciblées pour leur dire : "T'as vu ce qui aurait pu t'arriver ? Cette fois-ci, on n'a pas voulu te tuer, mais la prochaine fois... Arrête tes bêtises, sinon il va t'arriver des histoires." Certains trafiquants

---

1. Voir *supra*, p. 37.

d'armes qui nous avaient échappé prenaient peur. Ils arrêtaient leur commerce. Cela faisait de l'effet. Mais d'autres continuaient, parce qu'ils étaient courageux... »

Tuer, quelle que soit l'issue de la guerre

Daniel n'avait pas d'états d'âme. Il exécutait des consignes. D'où venaient-elles ? L'ancien tueur a son idée là-dessus : « Il paraît que, pour les affaires importantes, c'était Matignon ou l'Élysée qui donnait les ordres. Mais, parfois, mes commanditaires du SDECE me disaient qu'ils s'en passaient. Ils prenaient des initiatives. On faisait la mission. Il arrivait des bricoles au type qui devait être flingué et, après coup, on demandait l'aval du président du Conseil ou du Premier ministre. »

Daniel ne se berçait guère d'illusions sur l'issue de la guerre. Ni, par conséquent, sur la légitimité de ses missions. « Je savais que cela ne servait à rien, avoue-t-il de manière surprenante. Un million de Français ne pouvaient pas dominer dix millions d'Algériens. Ces gens-là voulaient être libres et ils avaient raison. Maintenant, je le comprends. À l'époque, je le comprenais un peu moins, parce que je n'avais que trente ans. Je mettais de côté ce que je ne voulais pas comprendre. C'était la guerre. C'était mon pays, j'aimais mon pays. J'ai juste essayé de l'aider. »

Six décennies plus tard, l'ancien tueur n'est pourtant pas assailli par les remords – ni pour avoir tué, ni pour avoir participé à une guerre qu'il savait perdue d'avance. « C'était particulier. Nous n'avions pas de tranchées comme en 1914, nous n'avions pas chaud, pas froid. Mais c'était difficile. Parce que les coups de feu que nous tirions, personne ne les entendait. Le plus dur, c'était de s'en sortir sans encombre. Et que personne ne sache ce que vous aviez fait ni qui vous étiez vraiment. C'était le seul moyen de rester en vie. Et cela a marché. »

Daniel n'a finalement qu'un seul regret : n'avoir pas assez parlé à ses enfants...

3

Basses œuvres en Françafrique

Ce jour-là, 15 octobre 1960, Félix Moumié aurait dû éviter de boire. Invité à dîner dans un restaurant de Genève, Le Plat d'Argent, par un étudiant camerounais, une jolie jeune femme et un sexagénaire se présentant comme « journaliste », le leader politique camerounais exilé, dirigeant de l'Union des populations du Cameroun (UPC), ne peut imaginer que le verre de pastis et le verre de vin posés devant lui contiennent un redoutable poison : du thallium. Craignant qu'il ne goûte qu'un seul des deux breuvages, l'un de ses interlocuteurs a subrepticement glissé une dose de poison dans chaque verre.

Trentenaire de nature robuste et bon vivant, Félix Moumié parle, sans se méfier, de la situation politique de plus en plus tendue dans son pays. Ses compagnons de table, tout en feignant de l'écouter attentivement, l'observent à la dérobée et se désolent : il n'a toujours pas bu une goutte. À la fin du repas, il finit par avaler ses deux verres d'un trait. Puis tout le monde se sépare et les visiteurs s'éclipsent.

Quelques heures plus tard, Félix Moumié est victime de violentes douleurs d'estomac. Une femme de ménage le découvre étendu dans sa chambre d'hôtel. Transporté à l'hôpital, il décède au terme d'une longue agonie de deux semaines, le 3 novembre.

Une opération Homo commandée par le Cameroun

Cet assassinat est l'œuvre des services secrets français, le SDECE, alors dirigé par le général Paul Grossin. C'est une opération Homo en bonne et due forme, validée par les plus hautes autorités et conduite par un réserviste du SA, à l'instar des opérations du même type réalisées dans le cadre de la guerre d'Algérie. Contrairement à la légende, le SDECE ne se contente pas de frapper des cibles pro-algériennes. La France assassine aussi, au cœur de ses anciennes colonies qui viennent juste d'acquérir leur indépendance, ceux qui sont soupçonnés de vouloir contrer son influence.

Le général Paul Aussaresses, ancien du SDECE, reconnaîtra ouvertement que ce sont les services qui ont ordonné la liquidation de Félix Moumié. Il s'agissait, selon lui, « d'éliminer un extrémiste africain en exil qui agissait contre le gouvernement légal de son pays[1] ». Responsable des activités du SDECE en Afrique, Maurice Robert avouera qu'il prônait une « solution radicale » contre le chef de l'UPC : « L'UPC était le foyer d'une révolte permanente. Elle appelait à la révolution et risquait de mettre le Cameroun à feu et à sang, sur fond de conflit ethnique. Il fallait frapper un grand coup, la décapiter[2]. »

Ces aveux révèlent le soutien du pouvoir gaulliste à la répression sanglante menée par le président Ahmadou Ahidjo dans le Cameroun nouvellement indépendant, à partir du 1er janvier 1960. Ainsi, c'est le pouvoir camerounais qui a demandé à Paris qu'on tue Félix Moumié, jugé marxisant et proche des Cubains. Sans aucun scrupule, Paris a donné son feu vert.

Le tueur choisi pour cette mission est un Franco-Suisse dit « le Grand Bill ». Ancien combattant parachutiste, réserviste du SDECE, ce sexagénaire sportif cache parfaitement qu'il est

---

1. Général Aussaresses, *Je n'ai pas tout dit. Ultimes révélations au service de la France. Entretiens avec Jean-Charles Deniau*, Éditions du Rocher, 2008, p. 102 *sq*. Voir aussi la confirmation du récit par un autre officier du SDECE dans Roger Faligot et Pascal Krop, *La Piscine*, *op. cit.*, p. 240-242, ainsi que les confidences de l'ancien directeur du SDECE, le général Grossin, confirmant la commandite, rapportées notamment dans Roger Faligot, Jean Guisnel et Rémi Kauffer, *Histoire politique des services secrets français*, *op. cit.*, p. 232.

2. Maurice Robert, *Ministre de l'Afrique. Entretiens avec André Renault*, Seuil, 2004, p. 280.

un redoutable exécuteur. Après le décès de Moumié, la justice helvétique ordonne une autopsie qui révèle la présence de thallium dans le sang de la victime. La police parvient assez rapidement à remonter la piste jusqu'aux Français : ils ne sont pas passés totalement inaperçus, puisque « le Grand Bill » a commis l'erreur de s'inscrire sous son vrai nom à l'hôtel. Toutefois, la France va cacher et protéger son agent. Arrêté aux Pays-Bas quinze ans plus tard, en 1975, lors d'un banal contrôle douanier, il sera extradé vers la Suisse, où il croupira quelque temps en prison. Démentant officiellement tout lien avec lui, le SDECE envisagera de monter une expédition pour le faire évader en cas de condamnation. Les services suisses, embarrassés par cette histoire, finiront par relâcher le présumé empoisonneur, faute de preuves, en octobre 1980. Il pourra rentrer tranquillement en France.

Jacques Foccart, chef d'orchestre des affaires africaines

Un homme est à la manœuvre à Paris pour mener ces guerres inavouables, le même que dans le dossier algérien : Jacques Foccart. Chef de bureau des services secrets gaullistes (Bureau central de renseignement et d'action, ou BCRA) durant la Seconde Guerre mondiale, animateur du parti gaulliste, le Rassemblement pour la France (RPF), dès 1948, Foccart continue d'œuvrer pour le SDECE après la Libération. Promu colonel, il est l'un des dirigeants des réseaux Stay Behind, des structures clandestines composées d'anciens résistants et de réservistes, mises en place au début des années 1950 par le SDECE et l'OTAN pour contrer une éventuelle invasion soviétique en Europe de l'Ouest.

À la tête de plusieurs sociétés d'import-export, celui que l'on appelle « la Foque » est surtout l'un des artisans du retour du général de Gaulle aux commandes en 1958. Il suit son mentor à Matignon lorsque ce dernier devient président du Conseil en juin, puis à l'Élysée lorsqu'il est élu président de la République en décembre. Officiellement, il est conseiller technique au secrétariat général de la présidence de la République, avant d'être promu secrétaire général pour la Communauté et les Affaires africaines et malgaches. Autrement dit : le contrôle de la politique africaine, de l'Algérie à l'Afrique du Sud, devient son domaine réservé.

« Monsieur Afrique » commence à défendre le « pré carré » de la France au moment même où une quinzaine de pays de l'ancien empire colonial accèdent à l'indépendance : Cameroun, Togo, Bénin, Haute-Volta, Niger, Côte d'Ivoire, Tchad, République centrafricaine, Congo-Brazzaville, Gabon, Sénégal, Mali, Mauritanie et Madagascar. Jacques Foccart s'entretient presque quotidiennement avec certains présidents africains qu'il connaît bien, tels l'Ivoirien Félix Houphouët-Boigny ou le Sénégalais Léopold Sédar Senghor. Chaque jour, il rend compte de ces conversations dans le détail, avec la synthèse des télégrammes diplomatiques, au général de Gaulle, qui écoute toujours attentivement son conseiller[1]. Adepte du secret, ce petit homme chauve chaussé de grosses lunettes reçoit également les VIP africains de passage dans sa villa de Luzarches, dans le Val-d'Oise, où ils traitent des affaires en tête-à-tête.

La valse des coups tordus

Jacques Foccart n'hésite pas à aider des régimes amis, fussent-ils controversés, pilotant des actions souterraines pour changer les dirigeants, évincer des opposants, appuyer des rébellions pro-occidentales ou torpiller des régimes jugés prosoviétiques. Ainsi, le président guinéen Ahmed Sékou Touré, soutenu par les Tchèques et par plusieurs autres pays de l'Est, et qui fustige la France depuis son accession à l'indépendance, en septembre 1958, subit plusieurs entreprises de

---

1. Jacques Foccart, *Foccart parle. Entretiens avec Philippe Gaillard*, t. 1, Fayard/Jeune Afrique, 1995, p. 218-222. Voir aussi Roger Faligot et Pascal Krop, *La Piscine, op. cit.*, p. 222-228, et Pierre Péan, *L'Homme de l'ombre*, Fayard, 1990.

déstabilisation menées par le SDECE. De faux billets guinéens sont introduits dans le pays, aggravant la situation économique déjà désastreuse. Le SA tente aussi d'organiser une guérilla armée dans les zones frontalières. Mais Sékou Touré échappe à tous les complots, trouvant des appuis auprès des pays du bloc soviétique. « Dommage que vous n'ayez pas réussi[1] », dira simplement de Gaulle à son éminence grise.

À l'Élysée, Jacques Foccart est secondé officieusement par un véritable conspirateur, Jean Mauricheau-Beaupré, *alias* « Monsieur Jean » ou « Mathurin ». Cet ancien résistant, journaliste et ex-collaborateur de Michel Debré, adepte des coups tordus, travaille souvent parallèlement aux services officiels[2].

Du côté du SDECE, Jacques Foccart peut compter sur son ami gaulliste Maurice Robert, ancien combattant de la France libre. Chef de poste du SDECE à Dakar, ce dernier a pour mission d'aider les autres pays africains à organiser leurs propres services de renseignement, le but étant de mieux les contrôler. Maurice Robert est nommé chef du secteur Afrique du service en mars 1959. Seul au SDECE à être en lien permanent avec son mentor à l'Élysée, il communique directement à Jacques Foccart tous les renseignements collectés et prend chaque jour ses consignes auprès de lui. Pour couvrir l'Afrique, Maurice Robert crée des « postes de liaison et de renseignement » chargés de l'assistance technique dans quatorze pays. Il met en place un réseau clandestin de correspondants baptisé Jumbo et dirigé par un autre ancien résistant gaulliste, Marcel Chaumien[3]. Ses objectifs : empêcher la « subversion » communiste de progresser en Afrique et préserver la zone d'influence française. Sans

---

1. Jacques Foccart, *Foccart parle*, t. 1, *op. cit.*, p. 214.
2. Voir Jean-Pierre Bat et Pascal Geneste, « Jean Mauricheau-Beaupré : de Fontaine à Mathurin, JMB au service du Général », *Relations internationales*, 2010/2, n° 142.
3. Voir notamment Roger Faligot et Jean Guisnel (dir.), *Histoire secrète de la Ve République*, La Découverte, 2007, p. 114-121 ; Roger Faligot, Jean Guisnel et Rémi Kauffer, *Histoire politique des services secrets français*, *op. cit.*, p. 235-245 ; et Pierre Péan, *L'Homme de l'ombre*, *op. cit.*, p. 290 *sq*.

aucun état d'âme. Car, pour mener ces guerres occultes, tous les moyens sont permis, y compris des opérations fermes de maintien de l'ordre sous couvert d'assistance militaire, voire des opérations Homo, quitte à les sous-traiter si nécessaire. Interrogé à ce sujet, le général Paul Aussaresses, qui connaissait beaucoup de monde au SDECE, confirmera l'existence de telles opérations sous de Gaulle, Pompidou et Giscard[1].

Au Cameroun, une guerre non déclarée

Le Cameroun est un bon exemple de la politique édictée par Jacques Foccart. Dès son accession, en 1957, à un statut d'autonomie au sein de la Communauté française, il se retrouve en proie à une insurrection. Plusieurs partis ainsi que les tribus du Sud, de la région de la Sanaga et du pays Bamiléké, se soulèvent contre le président Ahmadou Ahidjo, qui prône l'unification des régions et l'accession à l'indépendance. La révolte, menée par l'UPC, embarrasse Ahidjo. Il demande directement l'aide de l'armée française, avec laquelle il signe des accords secrets de coopération. Paris décide de soutenir son protégé à tout prix, y compris en recourant à la manière forte.

Une campagne sanglante débute, sous la houlette du haut-commissaire de la République au Cameroun, l'ancien compagnon de la Libération Pierre Messmer. En poste sur place jusqu'au début de 1958, ce dernier assume les plans visant à « éliminer » les rebelles qui « n'acceptent pas la règle démocratique », « brûlent des villages » et « cassent la voie ferrée toutes les nuits[2] ».

En réalité, les militaires obtiennent les pleins pouvoirs dans ce qui s'apparente plus à une véritable guerre qu'à des opérations policières de rétablissement de l'ordre public. La répression fait des dizaines de milliers de victimes, peut-être

---

1. Général Aussaresses, *Je n'ai pas tout dit*, op. cit., p. 100.
2. *Mémoires vivantes*, entretien télévisé avec Pierre Messmer diffusé sur la chaîne Histoire, 2000.

beaucoup plus[1]. La France déploie des spécialistes de la contre-insurrection qui s'inspirent des exemples indochinois et algérien. Fin 1957, le lieutenant-colonel Jean-Marie Lamberton, qui s'est illustré en Indochine, se voit ainsi chargé, avec mille cinq cents soldats, de la Zone de pacification de la Sanaga-Maritime (Zopac), l'une des régions en proie aux violences. Son responsable politique, Daniel Doustin, délégué du haut-commissariat pour le Sud-Cameroun et futur patron de la DST (Direction de la surveillance du territoire), admet déjà à l'époque : « Les événements commandent et nous obligent à une politique de répression que nous n'avons pas voulue[2]. »

La Zopac, zone d'exception militaire, est interdite d'accès aux médias. Les maquis insurrectionnels de l'Union des populations du Cameroun, qualifiée de « Viêt-minh camerounais », sont traqués et démantelés, ses combattants parfois torturés et assassinés. Les opposants et ennemis d'Ahidjo, pourchassés, doivent être exécutés. « Nous n'avons pas pu encore éliminer les principaux leaders de la rébellion. Tant que nous ne l'aurons pas fait, les résultats obtenus ne pourront être considérés que comme des résultats partiels et non définitifs[3] », écrit Daniel Doustin durant l'été 1958.

La traque de ces cibles devient prioritaire. Le secrétaire général de l'UPC, Ruben Um Nyobe, est tué par une patrouille de tirailleurs franco-africains dans la région de Libelingoi, en

---

1. Le bilan est impossible à chiffrer, mais la réalité des massacres est étayée par de nombreux témoignages. Certains auteurs parlent de plus de cent mille victimes. Voir Thomas Deltombe, Manuel Domergue et Jacob Tatsitsa, *Kamerun ! Une guerre cachée aux origines de la Françafrique, 1948-1971*, La Découverte, 2011 ; François-Xavier Verschave, *La Françafrique. Le plus long scandale de la République*, Stock, 2001, p. 91-108 ; et Roger Faligot et Jean Guisnel (dir.), *Histoire secrète de la Ve République*, *op. cit.*, p. 112-113.
2. Daniel Doustin, Rapport politique sur la région Nyong-et-Sanaga, 1er avril 1957, cité dans Thomas Deltombe, Manuel Domergue et Jacob Tatsitsa, *Kamerun !*, *op. cit.*, p. 257.
3. Note de Daniel Doustin à Jean-Marie Lamberton, 6 juin 1958, Service historique de l'armée de terre, SHAT, 6H246, citée *ibid.*, p. 289.

septembre 1958. « Il était, avec d'autres rebelles, au mauvais moment, au mauvais endroit. Pas de chance[1] », commentera Maurice Robert, qui suit ce dossier de près au SDECE. « Je suis convaincu que ce fut une bavure[2] », écrira, pour sa part, Jacques Foccart dans ses Mémoires.

Pourtant, plusieurs sources laissent penser qu'il s'agit bien d'une chasse mortelle. Elle est supervisée par un capitaine franco-indochinois, Paul Gambini. Il cherche des renseignements près du village natal d'Um Nyobe. Une de ses équipes découvre, non loin de là, des « archives personnelles » de l'activiste, avant d'arrêter un groupe de maquisards de l'UPC, dont une femme. Brutalement interrogée, celle-ci fournit des indications sur l'emplacement du campement du leader. Une expédition menée par un officier français conduit les soldats sur les lieux le 13 septembre 1958. Par hasard, près d'un marigot, ils tombent sur Um Nyobe, accompagné de deux hommes et d'une femme. Selon le rapport du haut-commissaire adjoint du Cameroun, Joseph Rigal, au ministre de la France d'outre-mer – rapport daté du 16 septembre –, une course-poursuite s'engage sur deux cents mètres, puis « le sous-officier ouvre le feu au pistolet-mitrailleur et blesse mortellement Um Nyobe, dont les compagnons [...] sont également atteints par le tir des autres soldats africains[3] ».

Ce sont donc des personnes désarmées et en fuite qui ont été abattues, sans sommation. Dans le télégramme qu'ils adressent à leurs supérieurs, les militaires français se félicitent de la mort de cet ennemi. Le cadavre du leader est exposé dans la ville d'Éséka, un jour de marché, afin d'obtenir un effet psychologique maximum sur les populations, jugées trop favorables à l'UPC.

---

1. Maurice Robert, *Ministre de l'Afrique*, op. cit., p. 278.
2. Jacques Foccart, *Foccart parle*, t. 1, op. cit., p. 208.
3. Note de Joseph Rigal, 16 septembre 1958, Service historique de l'armée de terre, SHAT, 10T182, citée dans Thomas Deltombe, Manuel Domergue et Jacob Tatsitsa, *Kamerun !*, op. cit., p. 291. Voir également d'autres témoignages cités dans Georges Chaffart, *Carnets secrets de la décolonisation*, Calmann-Lévy, 1967, et rapportés dans Roger Faligot et Pascal Krop, *La Piscine*, op. cit., p. 238.

Bombardements et tortures en pays Bamiléké

La « pacification » du sud du Cameroun s'achève début 1959. La mort d'Um Nyobe a décapité l'UPC, mais une Armée de libération nationale du Kamerun (ALNK), qui s'est refondée sur ses cendres, poursuit le combat dans d'autres zones, malgré la proclamation de l'indépendance du Cameroun le 1er janvier 1960. L'insurrection se propage, notamment dans l'ouest du pays. Avec l'aval de Paris, les militaires français décident de reprendre l'offensive dans les régions occidentales sous le commandement du général Max Briand, surnommé « le Viking », passé par l'Indochine et l'Algérie. Son objectif : enlever le « caillou » de la minorité ethnique Bamiléké, qui gêne l'indépendance camerounaise[1], et mater définitivement la « subversion » avant de passer officiellement le relais aux forces camerounaises, début 1961, tout en continuant d'assurer des missions d'appui à leurs côtés.

Bombardements, villages rasés et incendiés, déplacements massifs de populations, tortures : les méthodes employées sont expéditives. Des milices supplétives voient le jour. La répression s'accentue en pays Bamiléké, avec son lot d'exactions et d'exécutions. La France ferme les yeux sur ce carnage, cette guerre néocoloniale qui ne dit pas son nom, destinée à soutenir un régime ami. Les services secrets prêtent main-forte aux militaires à travers l'assassinat, fin 1960, de Félix Moumié, décidé en haut lieu.

Une fois la « subversion » éliminée, le président camerounais Ahidjo est protégé par un service de renseignement, le Sedoc. Calqué sur le SDECE, le Sedoc est dirigé par Jean Fochivé, un policier camerounais formé à Dakar et à Paris par Maurice Robert. Fochivé met en place un redoutable système

---

[1]. Max Briand est secondé notamment par le lieutenant-colonel Lamberton, qui justifie la répression contre les Bamiléké – parlant d'un « caillou bien gênant » pour le Cameroun – dans un article publié par une revue officielle du ministère des Armées : « Les Bamiléké dans le Cameroun d'aujourd'hui », *Revue de Défense nationale*, mars 1960.

de répression. Interrogé à ce propos, Jacques Foccart admettra que le Sedoc, qu'il qualifie d'« efficace », a bénéficié d'un « soutien très sérieux du SDECE pour l'organisation[1] ». « Nous entretenions des rapports de confiance, je dirai même d'amitié », précisera, quant à lui, Maurice Robert, tout en admettant que Jean Fochivé était « dur, impitoyable, dès lors qu'on tentait de lui résister », et qu'il « n'excluait pas la chicote et les mauvais traitements[2] ». Un bon ami tortionnaire, en quelque sorte...

Un opposant tchadien tué en plein Paris

Les services français ne sont pas plus regardants sur les moyens employés dans d'autres pays pour consolider les régimes alliés. Maurice Robert recrute ainsi de multiples correspondants au profil controversé. Au Tchad, il travaille notamment avec le commandant Camille Gourvennec, un ancien officier français d'origine eurasienne réputé pour ses méthodes brutales. Le président tchadien François Tombalbaye, qui restera au pouvoir de 1960 à 1975, le prend à ses côtés, d'abord comme responsable de sa garde nationale au titre de la coopération militaire franco-tchadienne, puis comme chef du Centre de coordination et d'études du renseignement (CCER), les services secrets tchadiens créés en 1967[3]. Pratiquant la torture et orchestrant la répression, Gourvennec devient un des agents du SDECE à N'Djamena. Il est très apprécié à Paris, bien qu'il ait fait subir un violent interrogatoire à un autre agent français, chef du poste de liaison et de renseignement, suspecté d'avoir été en contact avec l'opposition tchadienne[4].

Les militaires français apportent également leur aide au régime de Tombalbaye pour lutter contre une insurrection dans

---

1. Jacques Foccart, *Foccart parle*, t. 1, *op. cit.*, p. 208.
2. Maurice Robert, *Ministre de l'Afrique*, *op. cit.*, p. 286-287.
3. Thierry Lemoine, *Tchad, 1960-1990. Trente années d'indépendance*, Lettres du Monde, 1997, p. 76.
4. Maurice Robert, *Ministre de l'Afrique*, *op. cit.*, p. 123-126.

le nord du pays. « Les prisonniers rebelles saisis sont généralement envoyés à N'Djamena, où ils sont pris en charge par des Tchadiens et des Français spécialisés dans les interrogatoires aux méthodes peu louables. La plupart sont torturés et tués par les sbires de Tombalbaye[1] », résume l'historien des forces spéciales Pascal Le Pautremat. L'un des leaders de l'opposition tchadienne, le docteur Outel Bono, condamné dans son pays et exilé à Paris, est tué de deux balles dans sa voiture, rue de la Roquette, le 26 août 1973. D'après les aveux ultérieurs du chef de bataillon Pierre Galopin, un temps bras droit de Gourvennec au Tchad et officier du SDECE, cet assassinat aurait été exécuté par un ancien agent secret français proche de Gourvennec et commandité par les services du président Tombalbaye[2]. La preuve n'en sera jamais établie. Mais, au vu des liens étroits de Gourvennec et de Galopin avec le SDECE, il est difficile de croire que le service n'ait pas été mêlé, de près ou de loin, à cette liquidation, en plein Paris, sous l'ère Pompidou.

Le choix de la solution expéditive contre le président congolais

Des soupçons existent également sur une implication française dans le complot ayant visé, en 1968, au renversement

---

1. Pascal Le Pautremat, *Les Guerriers de la République. Forces spéciales et services secrets français, 1971-2009*, Choiseul, 2009, p. 127.
2. Pierre Galopin, qui s'est rendu au Tchad en juillet 1974 pour tenter de négocier la libération de plusieurs otages – dont l'archéologue Françoise Claustre – retenus depuis avril dans le désert du Tibesti par Hissène Habré, chef du Front de libération nationale du Tchad (Frolinat), est lui-même pris en otage et torturé. Au cours de ses interrogatoires, il aurait livré des détails sur l'assassinat du docteur Outel Bono. Le 4 avril 1975, Pierre Galopin est exécuté par Hissène Habré, un assassinat pour lequel le SDECE en voudra longtemps au rebelle. Voir, sur l'affaire Claustre-Galopin, Thierry Desjardins, *Avec les otages du Tchad*, Presses de la Cité, 1975 ; et, sur l'affaire Bono, François-Xavier Verschave, *La Françafrique, op. cit.*, p. 155-172.

violent du président du Congo-Brazzaville, Alphonse Massamba-Débat. Élu fin 1963, cet ancien instituteur, qui succède au très francophile abbé Fulbert Youlou – dont l'évasion des geôles congolaises en mars 1965 sera supervisée par l'Élysée –, décide de se rapprocher de l'URSS. Avec son Premier ministre, Pascal Lissouba, il forme un tandem que le clan Foccart, à Paris, considère comme délibérément hostile à la France. Le « Monsieur Afrique » et son homme de main, Jean Mauricheau-Beaupré, jugent qu'une action violente est nécessaire pour se débarrasser de lui.

Au SDECE, Maurice Robert rassemble tous les documents pour une éventuelle opération Homo contre le leader congolais : photos, habitudes, résidences, garde rapprochée, itinéraires de déplacement. Mais il préconise plutôt un renversement de son régime après une phase d'intoxication et de déstabilisation, afin de pouvoir le remplacer par un chef d'État modéré, plus proche des intérêts français. « Foccart était favorable à une solution plus expéditive. Il considérait qu'il y avait urgence à neutraliser Massamba[1] », confiera Maurice Robert, sans en dire plus sur l'implication de l'Élysée dans la suite des événements. Il ne contrôle pas forcément tout ce que mijotent Foccart et ses lieutenants.

De fait, une opération visant à éliminer Massamba-Débat est préparée, probablement avec l'appui de Jean Mauricheau-Beaupré. Elle implique deux Français dotés de fausses identités – « Debreton » et « Laurent » – et qui ne sont, semble-t-il, pas directement liés aux services secrets. Des fuites font échouer le projet, les deux hommes étant arrêtés sur place au printemps 1968. L'ambiance devient électrique à Brazzaville. Les autorités dénoncent des complots organisés depuis l'étranger. La répression se durcit. En août 1968, une révolte militaire conduit à la destitution progressive du président Massamba-Débat. Il est remplacé quelques mois plus tard par Marien Ngouabi, formé au marxisme-léninisme et lui aussi favorable à l'alliance avec le bloc de l'Est.

---

1. Maurice Robert, *Ministre de l'Afrique*, op. cit., p. 152.

La France a donc échoué à ramener le Congo-Brazzaville dans son camp. Les coups d'État vont se succéder, entraînant l'assassinat de Ngouabi en 1977, la condamnation à mort de Massamba-Débat la même année, et l'arrivée au pouvoir, deux ans plus tard, du colonel Denis Sassou Nguesso, un despote qui restera un fidèle allié de Moscou jusqu'à son ouverture au multipartisme en 1991.

Au Gabon, la France choisit son poulain : Bongo

Dans le pays voisin, le Gabon, la France manœuvre avec plus d'aisance. Le groupe pétrolier Elf dispose d'un accès privilégié aux gisements, et le gouvernement français puise dans ce petit État qui regorge de richesses minières de précieuses ressources en uranium pour sa bombe atomique.

En février 1964, le président gabonais, Léon M'Ba, très francophile et fidèle de Foccart, est renversé par une poignée de militaires mutins qui le remplacent par un de ses opposants, Jean-Hilaire Aubame. L'Élysée prône une action militaire rapide pour neutraliser les auteurs du putsch et rétablir l'ordre. Dans la nuit du 17 au 18 février, Foccart réunit plusieurs de ses proches ainsi que le directeur du SDECE, le général Paul Grossin. Il fait demander à l'ambassadeur du Gabon à Paris de solliciter immédiatement l'assistance française – un moyen de respecter les formes diplomatiques. Par la suite, plusieurs chefs d'État africains qui auront bien retenu la leçon rédigeront des demandes d'intervention militaire non datées, afin de parer à toute éventualité en cas d'empêchement...

Maurice Robert s'envole aussitôt pour Libreville, tandis que des parachutistes français venus du Sénégal et de Centrafrique sont envoyés en urgence dans la capitale gabonaise. L'assaut du camp militaire de Baraka, où les mutins se sont retranchés, se solde par une quinzaine de morts. Le président M'Ba, que ses amis français ont convaincu de reprendre les rênes du pouvoir, revient à Libreville. Le pays est désormais solidement tenu par Jacques Foccart et ses hommes sur place, au point d'être qualifié de « Foccartland » par le journaliste Pierre Péan dans un ouvrage explosif sur le « clan des Gabonais » qui auraient tout pouvoir entre Libreville et Paris[1]. « Nous ne constituions ni un gang, ni une quelconque mafia, mais une équipe qui veillait à la protection des intérêts politiques et économiques communs de la France et du Gabon, protection qui passait par le soutien à Léon M'Ba, puis à Bongo[2] », expliquera Maurice Robert.

À la demande de Robert, Bob Maloubier, un ancien résistant, cofondateur du Service Action du SDECE devenu exploitant agricole au Gabon, s'occupe de mettre sur pied la garde présidentielle de M'Ba, avant de rejoindre le groupe Elf au Nigeria. L'ambassadeur français, Maurice Delauney, homme fort de la répression au Cameroun au début des années 1960, est nommé sur place en 1965 sur la recommandation de Jacques Foccart. La formation de la police est confiée à un ancien policier français connu pour ses méthodes brutales et qui a lui aussi été actif au Cameroun. Peu importe, aux yeux des Français, que Léon M'Ba ait un goût prononcé pour les bastonnades, infligées à quiconque s'oppose à ses vues, puisqu'il est adoubé par Paris.

Foccart pousse surtout le président M'Ba, malade, à préparer sa succession en choisissant comme vice-président son ancien directeur de cabinet, le jeune Albert Bernard Bongo, un ancien sous-officier de l'armée française, protégé de l'Élysée et du SDECE. Converti à l'islam, celui qui se fait désormais appeler Omar Bongo devient le président du Gabon après le décès de Léon M'Ba, en décembre 1967. Il y instaure son pouvoir arbitraire. Les Français occupent des postes clés autour de lui, notamment Guy Ponsaillé, représentant le lobby pétrolier, et le commandant Yves Le Braz, qui a succédé à Bob Maloubier à

---

1. Pierre Péan, *Affaires africaines*, Fayard, 1983.
2. Maurice Robert, *Ministre de l'Afrique*, op. cit., p. 213.

la tête de la garde présidentielle. La traque des opposants est confiée à un fidèle de Foccart, Pierre Debizet, futur patron du SAC, la milice gaulliste qui rassemble des gros bras du service d'ordre et des truands patentés. Maurice Robert, toujours chef du secteur Afrique du SDECE, dispose sur place de nombreux correspondants. Enfin, un groupe d'anciens mercenaires français, dirigé par Robert Denard et téléguidé par les services secrets, rallie la capitale gabonaise pour en faire son quartier général.

Un crime couvert dans le Foccartland

Dans ce contexte où se mêlent hommes d'affaires, diplomates et barbouzes en tout genre, rien de ce qui se passe au Gabon n'échappe à Paris. « Veiller à la sécurité de Bongo et à la stabilité du régime, c'était servir les intérêts de la France[1] », résumera Maurice Robert, qui travaillera ensuite comme expert du renseignement pour le groupe Elf, avant d'être nommé ambassadeur au Gabon de 1979 à 1981.

Lorsque, le 16 septembre 1971, l'un des opposants de Bongo les plus en vue, le diplomate Germain M'Ba, âgé de trente-six ans, est tué de deux balles de revolver dans une rue de Libreville, les soupçons se portent rapidement sur les services gabonais et français, qui partagent bien des secrets. L'épouse et la fille de l'opposant sont blessées par les tirs. Les exécuteurs emportent le cadavre de Germain M'Ba, qui ne sera jamais retrouvé. L'enquête ouverte par les autorités s'enlise. Mais plusieurs éléments apparaissent au fil des témoignages : les tueurs étaient visiblement deux « Blancs bronzés », et ils ont embarqué le corps de la victime dans une Peugeot 404 blanche. Or, peu de temps après, selon Pierre Péan, le mercenaire Bob Denard et un autre homme blanc ont été arrêtés à un barrage policier dans une voiture identique, non loin de là, puis relâchés sur ordre de la présidence gabonaise[2].

---

1. Maurice Robert, *Ministre de l'Afrique*, op. cit., p. 208.
2. Pierre Péan, *Affaires africaines*, op. cit., p. 13.

Cette coïncidence suffit-elle à incriminer le mercenaire, qui bénéficie, grâce au SDECE, de faux papiers et d'un poste officieux au sein de la garde présidentielle ? Non. Mais le doute subsistera longtemps, notamment sur l'implication dans cet assassinat des proches de Bongo, voire du SDECE. Maurice Robert affirmera que le service n'avait « aucune raison particulière de faire disparaître Germain M'Ba[1] ». Néanmoins, il admettra que le crime était sans doute « politique », que ses commanditaires étaient proches du pouvoir gabonais et que la garde présidentielle a été utilisée. Le président Bongo lui avait d'ailleurs demandé de faire surveiller étroitement cet opposant, de plus en plus gênant à ses yeux.

De son côté, quelques semaines avant sa mort, Germain M'Ba a confié son inquiétude à un diplomate français : il avait été prévenu par les services américains qu'on cherchait à le tuer, et notamment que Bongo avait demandé à la France de l'éliminer. Le SDECE a discrètement tenté d'en savoir plus sur ces menaces, jugées imprécises. Autant dire que l'homme était l'objet de toutes les attentions, ce qui n'a pas empêché son assassinat. Le doute gagnera même le clan Foccart, puisque Jean Mauricheau-Beaupré ira jusqu'à accuser Maurice Robert d'avoir ordonné à Bob Denard d'exécuter l'opposant gabonais. C'est le mercenaire qui l'aurait confié oralement à son ami Mauricheau-Beaupré[2]. Piqué au vif, le chef du secteur Afrique du SDECE demandera un arbitrage de Foccart pour être lavé de ce soupçon. Le mystère de cet assassinat restera donc entier.

De l'utilité des mercenaires

L'implication de mercenaires dans cette affaire, qui n'est pas prouvée, ne serait pas surprenante. Depuis l'arrivée au pouvoir du général de Gaulle, son éminence grise Jacques Foccart et les responsables du SDECE n'ont jamais rechigné

---

1. Maurice Robert, *Ministre de l'Afrique*, op. cit., p. 224.
2. Pierre Péan, *Affaires africaines*, op. cit., p. 13.

à utiliser les services d'anciens soldats et officiers de l'armée française ayant quitté l'uniforme au lendemain des conflits indochinois et algérien pour se mettre « à leur compte ». Dans les pays où le SDECE ne veut pas apparaître, dans les affaires où la France ne veut pas être prise la main dans le sac, le recours à des mercenaires offre un paravent commode. Il suffit de s'entendre avec eux, voire de les contrôler à distance. La République gaullienne saura en faire bon usage, avec l'aval de l'Élysée.

Bob Denard est une figure légendaire de ce petit monde de nostalgiques des colonies qui ont fait leurs armes dans les commandos de parachutistes ou au sein du 11ᵉ Choc. Rompu à la contre-guérilla dans les maquis, la jungle et le désert, il rejoint rapidement la brousse africaine pour mener des guerres en tant que mercenaire. En réalité, il conserve des liens étroits avec les services secrets français, lesquels sont ravis de le laisser effectuer quelques « basses besognes » au service de dirigeants bien vus par Paris. Il ne se lance dans l'aventure qu'une fois assuré du feu vert de l'Élysée et du SDECE.

Rien n'échappe à la surveillance minutieuse de Jacques Foccart et de ses réseaux. Dès 1960, son lieutenant, Maurice Robert, chef du secteur Afrique du SDECE, commence à « manipuler » Denard. Celui-ci s'active alors, avec une vingtaine d'anciens militaires français, dans l'ex-Congo belge aux côtés du rebelle katangais Moïse Tschombé, qui est armé notamment par le SDECE. Fin 1962, dans le bureau de Jean Mauricheau-Beaupré à l'Élysée, Maurice Robert fait une offre à Bob Denard, comme il le raconte lui-même : « Je lui propose de travailler pour le SDECE, en prise directe avec moi. Je mets tout de suite cartes sur table. Son acceptation suppose le respect de règles impératives de sécurité : une obéissance totale dans le cadre des opérations menées pour le service ; le maintien du secret le plus absolu sur ces opérations ; la nécessité de rendre compte de tout, de l'évolution de la situation, des initiatives qu'il prend, des instructions que lui donne Moïse Tschombé, des intentions du leader katangais... En échange, nous lui assurerons une protection aussi efficace que possible dans ses activités de mercenaire[1]. »

Bob Denard accepte le *deal*, à titre bénévole. Il sera l'un des bras secrets du SDECE durant plus de trois décennies, tout en restant « indépendant ». « Vis-à-vis des services français, c'était un jeu implicite qui arrangeait tout le monde. Je gardais ma liberté et ils y trouvaient leur compte[2] », expliquera-t-il. Soutenant la sécession de Moïse Tschombé, il tient tête à des assauts de troupes de l'ONU, avant de se replier début 1963 en Angola, puis de partir au Yémen pendant dix-huit mois pour combattre, aux côtés de maquisards royalistes, l'armée égyptienne de Nasser.

L'ancien bras droit de Denard se confie

Bob Denard est secondé dans ses « œuvres » par René Dulac, surnommé « le Grand ». Par pudeur ou par principe, cet ancien para n'a jamais raconté ses diverses aventures, qui l'ont conduit du Zaïre aux Comores à partir du milieu des années 1960. Il a toutefois accepté, après moult hésitations, de me livrer quelques confidences afin de corriger les « erreurs » qui ont été écrites sur son compte et sur celui des « Affreux » – ces soldats de fortune réputés extrémistes qui font les quatre cents coups en Afrique.

Avec sa haute silhouette de rugbyman, sa poigne de boxeur, ses épaules carrées, son visage buriné que barre une fine moustache, René Dulac, à près de soixante-dix ans, a conservé le physique d'un combattant. « C'est vrai, dit-il, attablé dans l'arrière-salle d'un bistrot du XVIIe arrondissement de Paris où il a gardé ses habitudes, j'ai été le bras droit militaire de Bob Denard. Il s'occupait des relations politiques pendant que je montais techniquement les opérations. Denard était gonflé,

---

1. Maurice Robert, *Ministre de l'Afrique*, op. cit., p. 169.
2. Rapporté dans la biographie documentée de Pierre Lunel : *Bob Denard. Le roi de fortune*, Éditions n° 1, 1991, p. 412-413.

il avait un certain charisme auprès de ses soldats. Il leur promettait la gloire. Mais sa réputation était surfaite. Il était instrumentalisé par les services secrets français, avec lesquels il entretenait des rapports réguliers. Il ne m'impressionnait pas du tout et je ne l'ai jamais suivi aveuglément, car il était souvent intéressé par l'argent. Je ne suis pas devenu son ami. D'ailleurs, il me regardait avec méfiance[1]. »

René Dulac n'est pas du genre à pratiquer la langue de bois, et cela vaut aussi quand il parle de son ancien « patron », si légendaire soit-il. Né au Maroc et élevé à Dunkerque, il avoue avoir « mal vécu » l'indépendance de l'Algérie. « Fana militaire », il était alors jeune soldat au sein d'un des régiments parachutistes d'infanterie de marine (RPIMa) appelés la « Coloniale ». « On tournait en rond dans nos casernes. Moi, j'avais besoin d'action. J'ai arrêté tout cela en partant dans l'ex-Congo belge pour me battre. »

Guerres par procuration au Congo

Début 1965, le pouvoir gaulliste veut reprendre pied au Congo belge. Ce riche pays minier qui sera bientôt rebaptisé Zaïre est de nouveau en proie au chaos et fait l'objet de multiples convoitises – belges, sud-africaines, américaines, soviétiques. Sur consigne du SDECE et de Jacques Foccart, les mercenaires de Bob Denard, rentrés du Yémen, sont employés au sein de ce qu'ils appellent le 1er Choc pour reconquérir les zones où sévissent les sanglantes rébellions des Simba. L'ancien sécessionniste Moïse Tschombé, de retour après un court exil, est devenu Premier ministre en juin 1964, sous l'autorité du président Joseph Kasavubu. Il fait appel à son ami Denard et à ses soixante-dix « Affreux », qui sont à pied d'œuvre à Léopoldville dès mars 1965. La reconquête prend des mois et se solde par de nombreux morts de part et d'autre. Secondé par des hommes de main katangais, le jeune René

---

1. Entretien avec l'auteur, juin 2013.

Dulac contribue à « pacifier » le Nord-Est : « On sillonnait la région, on a dû tuer une cinquantaine de rebelles. Nous mettions aussi en place des écoles, des dispensaires, une sorte d'administration civile. »

La situation politique demeurant instable, les militaires prennent les devants à Kinshasa, la capitale du Zaïre. En novembre 1965, le général Joseph Mobutu Sese Seko, chef des armées, évince le président Kasavubu. Mobutu bénéficie du soutien direct de la CIA, qui a déjà fait exécuter, en janvier 1961, le leader prosoviétique Patrice Lumumba, considéré comme le « Castro congolais[1] ». Le nouvel homme fort prend le contrôle du pays. La France décide alors de jouer la carte Mobutu, de l'aider à rétablir l'ordre et à asseoir sa dictature autoritaire. Non sans réticence, Denard accepte sa nouvelle mission : affronter ses anciens alliés katangais, qui résistent à l'autorité de Mobutu. Malgré ses succès militaires, ses relations avec le chef d'État zaïrois, qui passe pour l'homme des Américains, se détériorent. Soupçonné d'avoir gardé des liens avec Tschombé, que Paris continue de choyer, le mercenaire est traité de « renégat » par Mobutu. Il entre en résistance et finit par faire face à l'armée du président. Grièvement blessé en juillet 1967, il doit être évacué vers l'Angola, d'où il mènera ses ultimes tentatives d'incursion au Katanga – en vain.

Une aide secrète à la sécession au Biafra

Après cette épopée congolaise qui s'est soldée par un échec, Bob Denard revient en France. Toujours avec l'aval du SDECE et de l'Élysée, il se prépare à aider la sécession, dans le Nigeria

---

[1]. D'après les dépositions de plusieurs officiels devant la commission Church, au Congrès américain, en 1975, le président Eisenhower a demandé lors d'une réunion à la Maison-Blanche, le 18 août 1960, l'élimination de Lumumba. Une semaine plus tard, le directeur de la CIA, Allen Dulles, a transmis cette consigne à ses agents. Mobutu a fait arrêter Lumumba et un officier l'a tué le 17 janvier 1961. Voir notamment Tim Weiner, *Des cendres en héritage. L'histoire de la CIA*, Éditions de Fallois, 2009, p. 165-166.

anglophone, de la riche région pétrolifère du Biafra, laquelle a proclamé son indépendance le 30 mai 1967. Son ami Jean Mauricheau-Beaupré, qui officie aux côtés de Jacques Foccart, le convainc que la France a intérêt à soutenir cette insurrection, dirigée par le lieutenant-colonel Emeka Ojukwu, leader des Ibos, qui semble tenir tête aux forces fédérales nigérianes.

L'appui français est organisé au plus haut niveau. Jacques Foccart à l'Élysée, Pierre Messmer au ministère des Armées et le général Paul Jacquier au SDECE s'activent en ce sens, contournant allégrement l'embargo officiel décrété sur les livraisons d'armes. Maurice Robert, qui coordonne l'aide aux sécessionnistes à Paris, rapportera : « Nos envois d'armes se sont multipliés. Des conseillers militaires ont été envoyés auprès d'Ojukwu, dont le colonel de Saint-Simon et trois de ses collaborateurs du SDECE[1]. » Jean Mauricheau-Beaupré est dépêché en Côte d'Ivoire auprès du président Houphouët-Boigny, qui n'est pas, *a priori*, favorable à la rébellion biafraise.

Au Gabon, le président Omar Bongo soutient la politique française. Sur place, l'ambassadeur français Maurice Delauney, le chef de poste du SDECE et un collaborateur de Foccart supervisent l'acheminement des armes, notamment en mêlant ces dernières à des envois d'aide humanitaire. Ils sont également en lien avec les mercenaires, dont Bob Denard, qui est arrivé à Libreville avec plusieurs de ses lieutenants. Plus de cent cinquante « Affreux » vont ainsi se battre sporadiquement du côté biafrais. Ce conflit attisé par Paris provoque la mort de un à deux millions de personnes, soit dans les combats, soit du fait de la famine causée par le blocus alimentaire qu'ont décidé les autorités nigérianes.

L'armée fédérale nigériane, qui bénéfice d'équipements soviétiques et de conseillers militaires venus des pays de l'Est, finit par encercler la province dissidente. Malgré l'appui désormais officiel de Paris – le général de Gaulle reconnaîtra, lors de sa conférence de presse de septembre 1968, que la France a aidé le Biafra « dans la mesure de ses possibilités » –, les

---

1. Maurice Robert, *Ministre de l'Afrique*, op. cit., p. 182-183.

rebelles Ibos d'Ojukwu, mal organisés, demeurent isolés. « Lorsque je suis arrivé à Libreville en 1968, se souvient René Dulac, les militaires français sur place m'ont dit de ne pas aller au Biafra, parce que le gouvernement français allait finalement abandonner les sécessionnistes. De Gaulle avait cautionné et soutenu cette guerre pour avoir le pétrole, et il allait lâcher le Biafra en rase campagne. Cela me rappelait son cynisme sur l'Algérie[1]. » Ojukwu capitulera en janvier 1970, laissant derrière lui un pays ravagé.

Après leurs aventures au Congo, au Yémen et au Biafra, les mercenaires, eux, essaient de se faire oublier pendant un temps. Le SDECE, en la personne de Maurice Robert, fournit à Bob Denard un faux passeport au nom d'un certain lieutenant-colonel Gilbert Bourgeaud. Officiellement exploitant agricole dans la ferme de Donguila, au Gabon, le « faux Bourgeaud » devient l'un des conseillers techniques de la garde personnelle de Bongo. Il obtient ainsi un laissez-passer pour le palais présidentiel et un permis pour acheter des armes. Il sera aussi l'un des piliers de la Société gabonaise de services, ou SGS, une société de sécurité couvée par Omar Bongo et Maurice Robert. Puis il se lancera dans d'autres coups fourrés sanglants, au Bénin et aux Comores. Toujours avec l'aval du SDECE...

---

1. Entretien avec l'auteur, juin 2013.

4

Les guerres secrètes de Giscard

C'est un vent nouveau qui se lève. Avec l'élection de Valéry Giscard d'Estaing à la présidence de la République, en mai 1974, une page semble se tourner. L'ère de la grandeur proclamée de la France, portée par Charles de Gaulle et son successeur, Georges Pompidou, laisse place à une politique plus européenne et plus prudente, pilotée par un quadragénaire brillant, issu des grandes écoles et des rangs du centrisme. Modernisant le style présidentiel, le nouveau locataire de l'Élysée, assez libéral, multiplie les initiatives réformatrices : droit de vote à dix-huit ans, divorce, interruption volontaire de grossesse... Il inaugure avec ses homologues européens les sommets informels de chefs d'État et de gouvernement, noue une relation très fructueuse avec le chancelier allemand social-démocrate Helmut Schmidt et relance la construction européenne.

Sa volonté de changement, toutefois, ne se manifeste pas sur les terrains très particuliers des « affaires africaines », du « renseignement » et des opérations clandestines. En dépit des apparences, une grande continuité prévaut dans ce qui constitue l'un des domaines réservés des présidents. Amateur de chasse aux grands fauves, le nouvel élu multiplie les escapades en pays africains et suit tous les dossiers de près. Si Jacques Foccart, symbole d'un gaullisme trop marqué, doit quitter l'Élysée, c'est l'un de ses anciens bras droits, René Journiac, qui prend en charge la supervision discrète des relations spéciales entre la France et ses anciennes colonies africaines. Homme du sérail, Journiac sait pouvoir compter sur les réseaux Foccart, qui continuent de faire la pluie et le beau temps sur le continent noir.

Giscard : une mentalité de tueur au sang froid

Au SDECE, Giscard ne change pas les têtes. Le comte Alexandre de Marenches, nommé par son ami Georges Pompidou en 1971, conserve son poste, gage d'une continuité dans l'action clandestine. Durant tout le septennat de Giscard, les méthodes ne varient pas : coups de main aux régimes amis, organisation de putschs dans certains pays rétifs aux projets français, recours massif aux mercenaires, soutien aux guérillas antisoviétiques.

Polytechnicien cérébral, Giscard conserve la haute main sur toute cette zone d'ombre. « C'était un chasseur, avec une mentalité de tueur au sang froid, implacable et sans état d'âme, confie un de ses anciens conseillers à l'Élysée. Sur des notes évoquant les dommages à causer à des ennemis en cas de guerre, il ajoutait de sa main qu'il fallait que les blessures soient "cruelles". Cela révèle bien son état d'esprit[1]. »

S'il sait jouer habilement de la diplomatie, par exemple pour ménager ses alliés arabes en pleine crise pétrolière, Giscard peut se révéler plus cassant lorsqu'il s'agit d'évincer un dirigeant jugé peu fiable ou de mener des guerres secrètes. Un exemple : l'Élysée et les services français n'ignorent rien des préparatifs auxquels se livrent les militaires tchadiens pour assassiner leur président contesté François Tombalbaye. Aux premières loges, le commandant Camille Gourvennec, agent du SDECE et responsable des services de renseignement du Tchad, a prévenu Paris de la contestation grandissante des militaires et de l'urgence d'une succession[2]. Mais ni Gourvennec ni le SDECE ne feront quoi que ce soit pour empêcher le putsch, qui conduira au remplacement de Tombalbaye par le général Félix Malloum et à l'égorgement, le 13 avril 1975, de l'ancien despote, qualifié par Giscard de « vieux chef noir charismatique et cruel[3] ».

---

1. Entretien avec l'auteur, juin 2014.
2. Thierry Lemoine, *Tchad, 1960-1990, op. cit.*, p. 77.
3. Valéry Giscard d'Estaing, *Le Pouvoir et la Vie*, Le Livre de poche, 2004, p. 210.

C'est encore le président français qui décide, en septembre 1979, d'écarter *manu militari* du pouvoir à Bangui le dictateur Jean-Bedel Bokassa. Longtemps soutenu par la France, Bokassa s'est autoproclamé empereur et rapproché du leader libyen Mouammar Kadhafi. Il menace en outre de révéler quelques secrets sur des cadeaux en diamants offerts aux dirigeants français. Le SDECE s'occupe des préparatifs de son renversement sous le nom de code d'« opération Caban[1] ». Des agents sont envoyés à Bangui pour surveiller l'aéroport et guider l'atterrissage des avions du SA. Accompagnés de David Dacko, le remplaçant de Bokassa choisi par Paris, plus de cent dix parachutistes du 1er RPIMa de Bayonne, bras armé du SA, débarquent de nuit, le 20 septembre 1979. Ils contrôlent quelques points clés de la capitale centrafricaine et conduisent David Dacko à la radio nationale juste avant minuit. Celui-ci annonce opportunément qu'il réclame l'intervention militaire de la France, et ce quatre heures à peine avant l'arrivée massive des premiers soldats français dans le cadre de l'opération officielle, baptisée Barracuda et destinée à assurer la transition et à sécuriser la ville. La ficelle est grosse, mais Bokassa, qui est en déplacement, n'a plus le temps de réagir. Le détachement des paras du SA aurait pris soin de déménager quelques archives sensibles de l'ex-empereur. Cela n'empêchera pas ce dernier, un mois plus tard, de se venger en laissant « fuiter » dans *Le Canard enchaîné* l'affaire des diamants offerts, d'après lui, à Giscard, affaire qui se révélera embarrassante pour le président français.

De manière plus discrète, Giscard donne son feu vert, en novembre 1979, pour envoyer en Arabie Saoudite une équipe du GIGN (Groupe d'intervention de la gendarmerie nationale), l'unité d'élite antiterroriste des gendarmes formée en 1972, au lendemain de la prise d'otages sanglante d'athlètes israéliens aux Jeux olympiques de Munich. Le roi Khaled, qui dirige la riche pétromonarchie du Golfe, a appelé à l'aide son ami

---

1. Entretien de l'auteur avec deux membres du SA ayant participé à l'opération, 2013. Voir aussi Christine Ockrent et Alexandre de Marenches, *Dans le secret des princes*, Stock, 1986, p. 164 *sq.*

français pour venir à bout d'une attaque de rebelles fondamentalistes qui ont pris d'assaut les lieux saints de La Mecque et retiennent des pèlerins en otages. Plusieurs contre-offensives menées par les forces saoudiennes se sont soldées par des échecs, au prix de milliers de victimes. Les trois supergendarmes français venus de Paris, dont le jeune capitaine Paul Barril, ont emporté avec eux le matériel adéquat et conseillent notamment l'emploi du gaz incapacitant CS pour éliminer les insurgés, réfugiés au rez-de-chaussée et dans les sous-sols de la Grande Mosquée. « On l'a utilisé pur et on les a tous gazés[1] », confiera Barril. Le bilan de l'opération est terrible : plusieurs centaines de morts après un assaut final des forces saoudiennes achevé le 4 décembre 1979. « Ce fut un coup de main de Giscard aux Saoudiens, sans aucun état d'âme[2] », se souvient un ancien cadre du GIGN. Quelques semaines plus tard, la France signera un accord pétrolier avantageux avec l'Arabie Saoudite.

Mission : neutraliser Carlos

Le président se montre aussi féroce dans sa détermination à frapper un certain nombre d'ennemis, même s'il hésite parfois à aller jusqu'au bout des opérations Homo qu'il a commanditées. En 1977, il refuse au dernier moment d'autoriser l'enlèvement d'un jeune Vénézuélien, Ilich Ramírez Sánchez, dit « Carlos », « Johnny » ou « Salem », et bientôt surnommé « le Chacal ». Né en 1949, véritable mercenaire du terrorisme international, Carlos est à l'époque suspecté d'avoir notamment dirigé la prise d'otages de onze membres de l'ambassade de France à La Haye le 13 septembre 1974, suivie, deux jours plus tard, d'un attentat contre le Drugstore Saint-Germain, à Paris, qui a fait deux morts et une trentaine de blessés. Surtout, le 27 juin

---

1. Voir notamment Roger Faligot et Jean Guisnel (dir.), *Histoire secrète de la Ve République, op. cit.*, p. 322 et 325.
2. Entretien avec l'auteur, décembre 2012.

1975, il est accusé d'avoir tué froidement, dans la capitale, deux policiers de la DST venus l'arrêter, Jean Donatini et Raymond Dous, ainsi qu'un indicateur. Depuis cette date, Carlos a disparu de la circulation. Les services français le traquent partout dans le monde, et l'Élysée a donné la consigne de l'éliminer.

Fin 1975, après une prise d'otages spectaculaire de ministres de l'OPEP réunis à Vienne, Carlos se réfugie à Alger, où il fréquente le cabaret Dar Salem, protégé par les services algériens. Un commando du SA est dépêché sur place. Il est piloté par un jeune officier saint-cyrien à l'allure de pasteur impassible, le futur général Philippe Rondot, *alias* « Max », spécialiste des pays arabes et fils d'une ancienne grande figure du renseignement français au Moyen-Orient.

L'équipe du SA n'arrive pas à ses fins. Un kidnapping sur le territoire de l'Algérie pourrait provoquer des tensions diplomatiques avec ce pays. De plus, le temps d'imaginer un moyen pour « neutraliser » Carlos tandis qu'il boit quelques verres, ce dernier, sans doute prévenu, a pris la poudre d'escampette. « Nous avions ordre d'abattre Carlos. Nous l'avons localisé plusieurs fois, dont une à Alger. Nous sommes allés voir, mais nous avons fait chou blanc[1] », confessera Alexandre de Marenches, alors patron du SDECE. Quelques mois plus tard, Philippe Rondot se rend à Malte, où le terroriste vient régulièrement se détendre à l'hôtel Eden Beach entre deux séjours en Libye. Les agents français identifient leur cible, mais doivent annuler l'opération, car ils se savent surveillés sur place par les services algériens et israéliens.

Début 1977, les hommes du SA, dont Philippe Rondot et son ami Ivan de Lignières, essaient à nouveau de piéger Carlos du côté de San Cristobal, au Venezuela, son pays natal. En se faisant passer pour des cyclotouristes, les deux agents s'infiltrent dans l'entourage du père du terroriste, José Ramírez, richissime avocat et homme d'affaires procommuniste qui vit

---

1. Roger Faligot et Pascal Krop, *La Piscine, op. cit.*, p. 328. Voir aussi John Follain, *Jackal. The Complete Story of the Legendary Terrorist, Carlos the Jackal*, Arcade Publishing, 1998, p. 159.

dans une propriété proche de la frontière colombienne. Une des options étudiées consiste à lui faire avaler un concentré de virus de l'hépatite A afin de le rendre malade et d'attirer ainsi son fils à son chevet pour l'enlever, un peu comme l'ont fait les services secrets israéliens en 1960 avec le criminel nazi Adolf Eichmann, caché en Argentine.

Après des mois de préparatifs, tout est prêt. Postés en Colombie, à une vingtaine de kilomètres de la frontière vénézuélienne, Rondot et Lignières attendent l'ultime feu vert de Paris. Mais c'est un feu rouge qui arrive, quelques heures avant le déclenchement de l'opération[1]. Les hommes du SA repartent, frustrés de n'avoir pu capturer leur proie. Ils ont aussi repéré un agent du Mossad dans les parages. « Le feu était toujours rouge pour Carlos à cause des Israéliens, expliquera Ivan de Lignières. Ces derniers semblaient le protéger. Carlos avait été le type rêvé pour discréditer les Arabes et donner du poids aux thèses d'Israël. Chaque fois qu'il était serré, on les voyait traîner dans le coin[2]. »

Sans doute Valéry Giscard d'Estaing craint-il aussi, à ce moment précis, les retombées négatives que l'enlèvement, voire l'élimination, de Carlos pourrait avoir sur les intérêts de la France dans le monde arabe, où le terroriste dispose de précieux soutiens. En revanche, il n'aura pas de scrupules à envisager, à la fin de son mandat, la liquidation du leader libyen, Mouammar Kadhafi, considéré comme un gêneur patenté. De plus, la montée en puissance du terrorisme venu de cette région autorise, selon lui, l'emploi de méthodes peu orthodoxes. Après le détournement par des terroristes palestiniens, en juin 1976, d'un avion d'Air France parti de Tel-Aviv, qui s'est terminé quelques jours plus tard par un raid israélien pour libérer les

---

[1]. Voir notamment Charles Villeneuve et Jean-Pierre Péret, *Histoire secrète du terrorisme. Les juges de l'impossible*, Plon, 1987, p. 62-64, et Roger Faligot, Jean Guisnel et Rémi Kauffer, *Histoire politique des services secrets français, op. cit.*, p. 356-358.

[2]. Rapporté dans Roger Faligot et Pascal Krop, *DST, police secrète*, Flammarion, 1999, p. 306.

otages sur l'aéroport ougandais d'Entebbe, Giscard fait savoir à plusieurs de ses interlocuteurs étrangers qu'il n'hésitera pas, la prochaine fois, à employer la manière forte. « Je peux vous dire qu'en matière de terrorisme notre attitude sera très dure[1] », déclare-t-il au vice-président américain, Walter Mondale, lors d'une rencontre début 1977. À ses yeux, la rétorsion est légitime et tous les coups sont permis.

Guérillas sanglantes en Angola

Naturellement, c'est en Afrique qu'ont lieu les manœuvres les plus sérieuses. Dans la guerre froide qui se prolonge, le continent noir est, aux yeux de Giscard, une priorité. Mais il ne peut revendiquer publiquement une guérilla contre l'URSS. Ses services secrets lui servent de paravent. Fin 1975, l'accession à l'indépendance de l'Angola, ancienne colonie portugaise, provoque un conflit dérivé de l'affrontement Est-Ouest. Ce pays pétrolier est gouverné par un régime d'inspiration communiste dirigé par Agostinho Neto, lequel fait massivement appel à l'aide soviétique. Par ailleurs, des dizaines de milliers de soldats cubains sont chargés d'assurer sa sécurité. Face à lui, une rébellion pro-occidentale s'organise : au nord autour du FNLA, mené par Holden Roberto, proche de Mobutu, soutenu un temps par la CIA, puis par des mercenaires anglo-saxons ; au sud autour de l'UNITA, un mouvement piloté par le bouillant Jonas Savimbi, surtout aidé par les Sud-Africains.

Grâce à ces appuis militaires étrangers, le FNLA et l'UNITA livrent contre le régime de Luanda une offensive militaire qui les conduit, à la fin de l'année 1975, aux portes de la capitale angolaise. Une équipe française du SDECE, menée par Ivan de Lignières, accompagne leur avancée. Mais le Congrès

---

1. Entretien de Walter Mondale avec Valéry Giscard d'Estaing, 29 janvier 1977, archives de la présidence de la République, Archives nationales, 5AG3-984.

américain, sourcilleux sur les interventions à l'étranger, suspend soudainement l'aide militaire, ce qui oblige Jonas Savimbi à se replier.

Soutenu par Giscard, Alexandre de Marenches, le directeur du SDECE, farouche anticommuniste, poursuit l'action clandestine contre le régime angolais prosoviétique. Sous la houlette du chef du SA, Alain de Gaigneron de Marolles, véritable homme-orchestre du SDECE qui bénéficie d'une grande marge de manœuvre, des équipes sont envoyées dans la région, notamment à Kinshasa, afin de mener des opérations éclairs en Angola. Sabotages de voies ferrées, attaques de trains, attentat dans un hôtel de Luanda hébergeant des conseillers militaires des pays de l'Est : cette guerre qui ne dit pas son nom est meurtrière. Lors d'une rencontre secrète à Paris en novembre 1977, Jonas Savimbi et Alexandre de Marenches s'accordent sur le renforcement de leur coopération[1]. « Savimbi faisait feu de tout bois pour être armé et financé par plusieurs pays, explique un ancien du SDECE. Il était le fer de lance de l'anticommunisme en Afrique. Nous étions fermement à ses côtés, sur ordre de Giscard[2]. »

Une vingtaine de mercenaires de la bande de Bob Denard, payés par la CIA *via* une banque de Bongo et surveillés par le SDECE, donnent également des coups de main dans le cadre d'une opération baptisée Unhood[3]. Ainsi, fin 1976, René Dulac, bras droit de Denard, s'active, en compagnie d'une dizaine d'hommes, auprès d'une rébellion séparatiste dans l'enclave angolaise du Cabinda, avec l'aide des Zaïrois, sans grand succès. « Nous avons eu des accrochages très sérieux, se souvient-il. Un jour, nous sommes tombés dans une embuscade et nous avons eu quatre-vingts morts et deux cents blessés en trois

---

1. Voir notamment Roger Faligot et Jean Guisnel (dir.), *Histoire secrète de la Ve République*, *op. cit.*, p. 156-157, et Roger Faligot, Jean Guisnel et Rémi Kauffer, *Histoire politique des services secrets français*, *op. cit.*, p. 339-342.

2. Entretien avec l'auteur, juillet 2013.

3. Pierre Lunel, *Bob Denard*, *op. cit.*, p. 447 *sq*. Et Pierre Péan, *Affaires africaines*, *op. cit.*, p. 170-171.

heures. Un vrai carnage[1]. » Dulac rejoint ensuite les équipes de Denard, qui épaulent pendant quelque temps l'UNITA de Savimbi, multipliant les actions contre les unités angolaises et leurs alliés cubains.

Un club de services secrets contre l'URSS

Cette guérilla secrète en Angola, qui se prolonge, n'est que l'un des fronts de la guerre froide qui inquiètent l'Élysée. Selon Giscard, l'influence soviétique constitue un danger grandissant sur tout le continent noir. En janvier 1977, recevant Walter Mondale, le président français s'alarme : « J'aime l'Afrique, et pas seulement pour la chasse, mais pour les gens. Or l'Afrique ne se porte pas bien. Elle n'a pas encore absorbé les effets de la crise angolaise. Les pays que l'on peut appeler pro-occidentaux ont peur : ils craignent d'être lâchés en cas de crise et que les seuls à être soutenus soient les alliés de l'URSS. Je pense au Zaïre, à la Côte d'Ivoire, au Sénégal, à la Haute-Volta, au Tchad[2]… » Devant le secrétaire d'État américain, Cyrus Vance, il ajoute quelques semaines plus tard : « Il y a douze ans, aucun régime africain n'était sous influence soviétique ; et c'est le cas de la moitié d'entre eux actuellement. Si les choses continuent sur leur lancée, en 1979-1980, toute l'Afrique se trouvera dans l'orbite soviétique. J'ai l'impression que ces dernières années l'Europe (sauf nous) s'est désintéressée du problème et que les États-Unis n'en ont pas pris une conscience suffisamment précise[3]. »

Ces menaces légitiment, à ses yeux, le fait que la France joue le gendarme de l'Afrique pour y défendre ses intérêts, que ce soit

---

1. Entretien avec l'auteur, juin 2013.
2. Entretien de Valéry Giscard d'Estaing avec le vice-président Walter Mondale, 29 janvier 1977, archives de la présidence de la République, 5AG3-984, Archives nationales.
3. Entretien de Valéry Giscard d'Estaing avec le secrétaire d'État américain Cyrus Vance, 2 avril 1977, archives de la présidence de la République, 5AG3-984, Archives nationales.

de manière officielle ou plus discrète. Sa volonté d'intervenir est d'autant plus forte que les États-Unis, affaiblis par le fiasco vietnamien et le scandale du Watergate, traversent une phase de repli. Le pâle président républicain de transition, Gerald Ford, ne semble pas prêter attention à l'Afrique. La CIA, empêtrée dans des scandales à répétition, n'a plus beaucoup de marge de manœuvre pour agir clandestinement. Le démocrate Jimmy Carter, élu fin 1976, sera encore plus timoré sur ces sujets.

Pour combler le vide laissé par les Américains, le chef du SDECE, Alexandre de Marenches, réunit les patrons des services de renseignement de plusieurs pays d'Afrique et du Moyen-Orient pro-occidentaux au sein d'un Safari Club qui voit le jour au Caire à la mi-1976. Le Maroc, l'Égypte, l'Arabie Saoudite, l'Iran et même l'Afrique du Sud y participent. Son but : échanger des renseignements et coordonner les actions pour contrer l'influence soviétique où que ce soit. À l'aise avec ses pairs comme avec les chefs d'État, Marenches mène une véritable diplomatie parallèle tous azimuts, pas toujours parfaitement coordonnée avec l'Élysée. Giscard en prendra parfois ombrage et tentera de circonvenir l'incontrôlable patron du SDECE en donnant des consignes directes à Alain de Gaigneron de Marolles.

Opération clandestine contre le Polisario en Mauritanie

Jusqu'alors, seuls le SDECE et ses mercenaires affiliés ont été autorisés à se déployer en Afrique. Bien qu'elle soit présente dans plusieurs pays amis, comme le Sénégal, la Côte d'Ivoire, le Gabon ou la Centrafrique, l'armée française est priée de se faire discrète. Depuis le raid avorté sur le canal de Suez en 1956 et la fin de la guerre d'Algérie, les états-majors répugnent à intervenir massivement au sud de la Méditerranée – à l'exception du coup de pouce des parachutistes pour remettre sur pied le président Léon M'Ba au Gabon en 1964 et des opérations menées au Tchad à partir de 1968. Giscard est également prudent sur le déploiement de troupes. « À dire vrai, se souvient un ancien diplomate du Quai d'Orsay, l'armée avait perdu l'habitude de faire la guerre. Et toute opération en Afrique risquait d'avoir un relent néocolonial[1]. »

Cependant, la donne change au fil des mois. Notamment en Mauritanie, petit pays de deux millions d'habitants déstabilisé par un conflit voisin, au Sahara occidental. Cette région sahélienne côtière, ancienne colonie espagnole sous contrôle du Maroc, est revendiquée par les rebelles indépendantistes du Front Polisario, soutenus par l'Algérie socialiste et par la Libye de Kadhafi. Le Front Polisario attaque de manière méthodique les forces marocaines, lesquelles sont discrètement armées par la France et aidées par le SDECE.

Le Front Polisario s'en prend également à la Mauritanie voisine, suspectée de soutenir le Maroc. Durant l'année 1977, la tension monte dans la zone minière de Zouerate, située près de la frontière avec le Sahara occidental et qui fournit l'essentiel des ressources d'exportation de la Mauritanie. Le Front Polisario prend d'assaut les trains qui transportent le minerai de fer de Zouerate à Nouadhibou, le long d'une voie ferrée de six cent cinquante kilomètres en plein désert. En mai 1977, deux expatriés français sont tués lors d'un raid sur Zouerate et six autres sont enlevés. Une attaque de train, le 25 octobre, conduit à l'enlèvement de deux autres Français et de dix-huit Mauritaniens. À l'Élysée, Giscard surveille cette crise comme le lait sur le feu.

Pour compléter les analyses de son « Monsieur Afrique » René Journiac, Valéry Giscard d'Estaing a créé dès 1975 une petite équipe d'experts chargée de lui livrer chaque jour des synthèses de renseignement et des propositions d'action. Cette cellule, appelée GPES (Groupe permanent d'évaluations de situations), est placée sous la tutelle du secrétariat général à la Défense nationale, piloté à partir de mai 1977 par le général Roger Rhenter, un ami de chasse de Giscard. Deux militaires en font partie, ainsi qu'un diplomate et un énarque polytechnicien, Pierre de Lauzun. « Notre note quotidienne devait être prête à 8 h 30, témoigne le général Jean-Bernard Pinatel, un ancien

---

1. Entretien avec l'auteur, mai 2012.

officier parachutiste membre de cette équipe. Nous nous levions à 3 h 30 pour lire tous les télégrammes diplomatiques et les autres analyses, et finaliser la note. Nous présentions toujours les choses de la même façon, en restituant le contexte, les faits, les perspectives, les décisions possibles. Giscard aimait bien cela. Il annotait nos documents. Nous avons ainsi pu suivre toutes les crises africaines, à commencer par la Mauritanie[1]. » Les notes sont envoyées en quatre exemplaires : un pour le président, un pour son chef d'état-major particulier, le général Claude Vanbremeersch, un pour le chef d'état-major des armées, le général Guy Méry, et un pour Robert Galley, ami du président et ministre de la Coopération, avant de devenir ministre de la Défense.

Informé dès le 25 octobre 1977 de la prise d'otages sur la ligne ferroviaire Zouerate-Nouadhibou, Giscard décide de préparer secrètement une opération militaire, baptisée Lamantin. Elle vise à repérer les véhicules du Polisario grâce à des avions Breguet Atlantic basés à Dakar, puis à les frapper par surprise avec des avions de combat Jaguar. Le rôle de l'armée de l'air sera « de prendre sur le fait une ou plusieurs colonnes du Polisario, puis de les engager avec suffisamment d'efficacité pour leur ôter toute envie de renouveler leur action[2] », selon les explications du général Michel Forget, qui commande les opérations aériennes. En clair : l'objectif est de les anéantir complètement. La dizaine de Jaguar prévus pour cette opération coup de poing doivent simplement attendre l'ultime feu vert de Giscard – les militaires appellent cela le « Bingo vert ».

Or le président semble vouloir patienter. Plusieurs semaines se passent. Sur place, la situation se dégrade. Des Mirage 4 sont envoyés pour survoler secrètement la zone frontalière avec l'Algérie afin de photographier les camps de rebelles. Giscard hésite encore à déclencher le feu. C'est un « Bingo rouge » qui s'affiche à plusieurs reprises.

---

1. Entretien avec l'auteur, avril 2013.
2. Général Michel Forget, « Mauritanie 1977 : Lamantin, une intervention extérieure à dominante air », *Revue historique des armées*, janvier 1992.

Parallèlement, à quelques mois des élections législatives de mars 1978, les leaders de la gauche, Georges Marchais et François Mitterrand, s'emparent du sujet des otages et laissent entendre qu'ils pourraient se rendre en Algérie pour obtenir du président Boumédiène leur libération des mains du Front Polisario. « C'est cet élément de politique intérieure qui a finalement décidé Giscard, estime Jean-Bernard Pinatel. Il voulait aussi envoyer un message clair à Boumédiène. Et cela a été efficace[1]. »

Le « Bingo vert » présidentiel tombe le 12 décembre 1977 dans la matinée. Le général François Mermet, qui travaillait à l'époque à son état-major particulier aux côtés du général Claude Vanbremeersch, raconte : « Il se trouvait à un sommet européen à Londres. Pendant qu'il discutait avec Margaret Thatcher et ses collègues, nous lui faisions passer, par l'intermédiaire de son aide de camp, des cartes avec des noms codés pour le tenir au courant du positionnement des convois rebelles et de l'avancée de nos avions, qui ont fait de gros dégâts[2]. »

Une colonne d'une cinquantaine de Jeep du Front Polisario roulant à vive allure dans le désert est repérée. Deux patrouilles de Jaguar fondent sur les véhicules et les mitraillent à coups de canons de 30 mm. Touchées de plein fouet, plusieurs voitures, remplies de carburant, explosent, tuant leurs occupants. Le lendemain, le reste de la noria est à nouveau attaqué : une vingtaine de véhicules sont mis hors de combat. Une autre colonne est frappée le 18 décembre, la moitié des cinquante véhicules ciblés étant détruits. Ayant encaissé de lourdes pertes, le Front Polisario et ses alliés algériens comprennent le message : la France ne les laissera pas toucher à la Mauritanie. Grâce aux Algériens, les otages sont libérés le 23 décembre 1977.

Quelques mois plus tard, en mai 1978, de nouveaux raids aériens français aident les forces mauritaniennes à repousser les assauts du Front Polisario, lequel poursuit sa guérilla. Il a toutefois cessé ses attaques spectaculaires contre les trains, et signe, en octobre 1978, un cessez-le-feu avec la Mauritanie, où

---

1. Entretien avec l'auteur, avril 2013.
2. Entretien avec l'auteur, avril et septembre 2014.

le président, Moktar Ould Daddah, a été renversé par un coup d'État. Le SDECE, qui rêvait de faire de la Mauritanie une de ses bases arrière pour surveiller l'ensemble de la zone sahélienne, devra s'installer ailleurs.

Giscard, chef de guerre en Afrique

Après ce premier succès, Valéry Giscard d'Estaing se sent plus à l'aise pour intervenir militairement en Afrique. Faute d'une salle adéquate à l'Élysée pour superviser les opérations, il fait aménager en centre de gestion de crise un ancien abri antiaérien construit en 1939 dans les sous-sols du palais. La pièce est reliée aux états-majors opérationnels des armées, et le président peut y accéder depuis ses appartements privés grâce à un escalier dérobé.

Giscard se transforme alors en vrai chef de guerre, que les opérations soient officielles ou clandestines. Au Tchad, début 1978, la poussée des rebelles menés par Goukouni Oueddei et secondés par des forces libyennes alarme l'Élysée ainsi que certains chefs d'État africains francophiles. La capitale, N'Djamena, semble menacée. Lors d'un Conseil de défense tenu dans le PC souterrain de l'Élysée le 20 avril 1978, Giscard ordonne qu'on envoie secrètement une escouade de dix Jaguar pour faire pleuvoir sur les colonnes libyennes des tirs de canons de 30 mm et des bombes à fragmentation. C'est l'opération Tacaud, bâtie sur le même modèle que Lamantin, en Mauritanie, quelques mois plus tôt. L'effet de surprise, une fois encore, freine l'avancée des rebelles vers le sud et permet à l'armée tchadienne de regagner du terrain, au prix de la perte d'un Jaguar. Le président gardera en souvenir des photos des dommages causés à l'adversaire prises par les caméras des avions de chasse : « L'Afrique, la guerre cruelle, et le succès[1] », résumera-t-il.

Mais c'est au Zaïre que, au même moment, la situation lui impose d'intervenir de manière plus visible. De trois à quatre

---

1. Valéry Giscard d'Estaing, *Le Pouvoir et la Vie*, *op. cit.*, p. 219.

mille rebelles katangais – ces derniers, après une première incursion armée, avaient été repoussés en avril 1977 par des troupes marocaines épaulées par la France – reviennent en force dans la province zaïroise du Shaba en provenance d'Angola, *via* la Zambie. Ils ont l'appui de conseillers cubains et est-allemands. Le samedi 13 mai 1978, ils s'emparent de la ville de Kolwezi, capitale de cette région minière, et y retiennent en otages près de trois mille Européens expatriés. Ils espèrent poursuivre leur offensive en direction de Lubumbashi et, à terme, voir tout le Shaba faire sécession.

Très inquiets face aux massacres qui débutent, l'ambassadeur de France à Kinshasa et le chef de la mission militaire au Zaïre demandent à l'Élysée une action militaire urgente. « C'était le week-end de Pentecôte, se souvient le général François Mermet. J'étais de permanence ce jour-là à l'état-major particulier, et j'ai tout de suite transmis cette demande d'intervention au président, qui se trouvait dans sa propriété familiale d'Authon, ainsi qu'au général Vanbremeersch, qui est rentré du Morvan[1]. » Le président zaïrois, Mobutu Sese Seko, appelle aussi Giscard pour réclamer son aide. Quatre jours plus tard, le chef d'état-major des armées, le général Guy Méry, recommande le largage au-dessus de Kolwezi de quelque sept cents parachutistes du 2e REP (régiment étranger de parachutistes), dirigé par le colonel Philippe Érulin. Malgré la dégradation de la situation sur place, le gouvernement belge, sollicité, tarde à donner son accord pour une opération conjointe.

Après une nuit d'intenses tractations, Giscard donne son ultime feu vert à l'opération Bonite le vendredi 19 mai, à 8 h 15. Les premiers parachutistes sautent sur Kolwezi dans l'après-midi, avant l'arrivée de renforts belges et zaïrois le lendemain. « Premier largage effectué, opération réussie[2] », transmet le chef de la mission militaire française au Zaïre, le colonel Yves Gras, à Paris dans la soirée. Dès leur atterrissage,

---

1. Entretien avec l'auteur, avril et septembre 2014.
2. Valéry Giscard d'Estaing, *Le Pouvoir et la Vie*, *op. cit.*, p. 223-239.

les parachutistes du colonel Érulin reprennent le contrôle de la ville, tuant au moins deux cent cinquante rebelles katangais et libérant des ressortissants étrangers, au prix de cinq morts et vingt blessés dans leurs rangs[1]. Les combats se poursuivent pendant plusieurs jours. Plus de neuf cents cadavres jonchent les rues de la ville, qui a été désertée par le reste des rebelles, sans doute prévenus du raid aéroporté.

Quelques jours après cette opération spectaculaire, Giscard ne se fait guère d'illusions sur ses suites. Selon lui, « le Zaïre n'est pas vraiment un pays. Il sera tôt ou tard détruit par des luttes tribales ». Quant à la région de Kolwezi, « elle est habitée par deux tribus qui se détestent et dont les dirigeants sont en conflit avec le gouvernement central », comme il l'explique fin mai 1978 au président américain Jimmy Carter, en réclamant une plus grande « présence de la puissance américaine ». « Nous avons envoyé six cent vingt parachutistes et cela a suffi, argumente-t-il. L'action, à proprement parler, peut rester très limitée. » À Carter, qui affirme que Mobutu est un « incapable », Giscard répond : « Mobutu a des défauts et ses faiblesses, mais c'est probablement l'un des hommes les plus capables actuellement[2]. »

Représailles contre les Katangais

Le volet militaire de cette intervention au Zaïre – le plus connu – masque les actions souterraines qui se déroulent parallèlement. Car le SDECE ne reste pas inactif durant l'assaut sur Kolwezi. Plusieurs de ses agents déjà présents sur place transmettent en direct des renseignements sur l'évolution de

---

1. Général Rémy Gausserès, « Les enseignements de Kolwezi, mai 1978 », *Les Cahiers du Retex*, n° 12, p. 27-33, supplément à *Objectif Doctrine*, n° 37, Centre de doctrine d'emploi des forces, Armée de terre, février 2003.

2. Entretien entre Valéry Giscard d'Estaing et le président Jimmy Carter, Maison-Blanche, 26 mai 1978, archives de la présidence de la République, 5AG3-984, Archives nationales.

la situation. Rapidement après le début de la crise, l'un des responsables du SA, Ivan de Lignières, gagne Kolwezi. Il est accompagné d'un petit groupe de parachutistes du 1er RPIMa de Bayonne, qui sert depuis peu de vivier officiel au SA grâce à un « groupement opérationnel » constitué autour d'un premier colonel, puis du colonel Patrick Manificat[1]. Ce dernier raconte : « Début 1977, on m'avait demandé de créer ces commandos non conventionnels qui manquaient au SDECE. Nous avons progressivement constitué cinq, puis six commandos spécialisés de vingt hommes. Le SA était déjà intervenu en Angola aux côtés de l'UNITA. Nous sommes arrivés à Kolwezi le 21 mai avec pour mission de retrouver la trace de six coopérants qui avaient disparu. » Le carnet de bord de l'un des otages, retrouvé dans un hôtel de la ville, s'interrompt le dimanche précédent.

La traque commence. Un mercenaire belge indique aux parachutistes du colonel Manificat qu'un convoi d'une soixantaine de camions a pris la direction du sud. Une équipe suit cette piste et tombe rapidement sur des véhicules accidentés abandonnés par les Katangais dans leur fuite. Puis des hommes du 1er RPIMa s'envolent à bord d'un hélicoptère emprunté à Mobutu à destination de la ville de Dilolo, à la frontière zaïro-angolaise. Ils sont toujours à la recherche des Katangais et de

---

1. Depuis la dissolution du 11e Choc, en décembre 1963, le SDECE n'a plus de force spéciale cohérente. Il dispose seulement d'un état-major d'action clandestine (le Centre d'instruction des réserves parachutistes – CIRP – au fort de Noisy-le-Sec) ; d'un réservoir de spécialistes (sabotage, effraction, radio, etc.) avec le Centre d'entraînement spécialisé (CES) de Cercottes ; d'un détachement de nageurs de combat (le Centre d'instruction des nageurs de combat – CINC – à Ajaccio) ; d'une flotte d'avions (le Groupe aérien mixte – GAM – 56 à Évreux) ; enfin, d'un navire (l'*Isard*) à Toulon. Ses effectifs sont dispersés en France et à l'étranger, et ils sont insuffisants pour disposer en permanence d'un commando entraîné. Ces lacunes sont criantes lors de l'enlèvement, en avril 1974, par les rebelles tchadiens d'Hissène Habré, de l'ethnologue Françoise Claustre. Le SDECE ne peut la récupérer de force, et Hissène Habré ne libère l'otage qu'en février 1977. Cette affaire provoque une transformation du 1er RPIMa et la création en son sein du Groupement opérationnel.

leurs otages, dont les corps seront finalement découverts plus tard à Kolwezi. La CIA fournit des photographies de la région pour localiser les colonnes rebelles. « Nous sommes restés en contact avec l'UNITA, rapporte Patrick Manificat. Ils ont monté plusieurs embuscades pour éliminer les Katangais qui avaient fui Kolwezi[1]. »

En accord avec le SDECE, l'UNITA de Jonas Savimbi exécute en effet, le 27 mai et le 6 juin 1978, des centaines de Katangais ainsi que leurs conseillers cubains et est-allemands. Des représailles de grande ampleur à propos desquelles la France restera très discrète. Le SDECE veut remercier Savimbi pour cette vengeance menée en son nom, comme le révèle un de ses anciens officiers : « C'est à la suite de cette opération contre les Katangais que nous avons décidé de renforcer notre aide à l'UNITA. Savimbi avait une enclave protégée près de la frontière angolo-zaïroise, et nous avons continué de lui livrer des armes, notamment chinoises, avec l'appui de Mobutu[2]. »

Mais voilà : quelques mois plus tard, en février 1979, la révolution iranienne, qui fait chuter le régime pro-occidental du shah, provoque un choc pétrolier mondial. Les ressources de l'Angola intéressent soudainement la France et son groupe pétrolier Elf. Giscard et son Premier ministre Raymond Barre, qui souhaitent aussi réchauffer leurs relations avec Moscou, décident de nouer des liens plus cordiaux avec le régime de Luanda. Cela implique de geler l'aide française procurée clandestinement à ses ennemis de l'UNITA. L'ordre formel de l'Élysée met en colère le directeur du SDECE, Alexandre de Marenches, qui promet de « doubler » le président. Les photos qu'il transmet à Giscard, montrant les sabotages de voies ferrées réussis par l'UNITA, n'y changent rien[3].

---

1. Entretien avec l'auteur, juillet 2013. Voir aussi Roger Faligot, Jean Guisnel et Rémi Kauffer, *Histoire politique des services secrets français*, *op. cit.*, p. 344-345.

2. Entretien avec l'auteur, juin 2014.

3. Christine Ockrent et Alexandre de Marenches, *Dans le secret des princes*, *op. cit.*, p. 186-187.

Savimbi apprend fin 1979 qu'il est lâché par la France. Le SA est prié de ne plus opérer à ses côtés. Le groupe Elf est autorisé à explorer les fonds angolais et y trouvera des gisements importants à partir de 1981. Même s'il poursuit discrètement son action par des voies indirectes, le SDECE est contré par les intérêts pétroliers. Son soutien plus franc à Savimbi ne pourra reprendre qu'après 1982.

Giscard soutient le coup d'État de Denard aux Comores

Les dessous de la géopolitique africaine recèlent d'autres mystères. Car les mercenaires de Bob Denard ont également l'aval secret de l'Élysée pour mener des coups d'État. En janvier 1977, ils lancent l'opération Crevette, au Bénin, pour faire tomber le dirigeant prosoviétique Mathieu Kérékou. Mais cette tentative de putsch avorte lamentablement, les mercenaires abandonnant dans leur fuite des documents précieux sur leurs plans d'action.

Malgré cet échec cuisant, René Journiac, le « Monsieur Afrique » de Giscard, continue de miser sur Denard. En 1978, c'est aux Comores, situées dans l'océan Indien, tout près de l'île française de Mayotte, que le « soldat de fortune » sous-traitant du SDECE va œuvrer à nouveau. En 1975, avec le feu vert de Paris, il y a installé de force un nouveau président, Ali Soilih, considéré alors comme un ami de la France. Mais ce dernier s'est rapidement transformé en un tyran fou et sanguinaire, de plus en plus incontrôlable, donc embarrassant, au point d'être surnommé « le Pol Pot de l'océan Indien ». Début 1978, Bob Denard décide de l'écarter afin de remettre en place son prédécesseur, Ahmed Abdallah. Informé, l'Élysée donne son aval. « C'était plus commode que cela passe par Denard, explique un ancien du SDECE. La France ne voulait pas apparaître officiellement[1]. »

---

1. Entretien avec l'auteur, mai 2013. La couverture de ce coup d'État par le SDECE sera confirmée en 2006 par les auditions de Michel Roussin

Une cinquantaine de mercenaires menés par Denard débarquent dans la nuit du 12 au 13 mai 1978 sur une plage des Comores et prennent le contrôle de l'archipel, moyennant quelques morts. Puis, aux côtés du président Abdallah, ils réorganisent l'administration du pays. Denard profite de la situation pour mettre en place une garde présidentielle composée de six cents Comoriens encadrés par ses fidèles. En septembre 1978, l'Élysée, qui surveille cette affaire de près, lui demande de quitter provisoirement les Comores pour se faire plus discret. Mais Giscard veut garder le contrôle de la situation sur place. Il y envoie alors l'ancien bras droit de Denard, René Dulac.

Ce dernier garde le souvenir des conditions dans lesquelles cette demande lui a été faite : « J'étais à Libreville et, *a priori*, je ne voulais pas partir aux Comores. Mais le président Omar Bongo m'a convoqué pour me dire que Giscard voulait cette opération. Il a appelé devant moi son ambassadeur à Paris pour en avoir la confirmation. On m'a ensuite demandé de venir à Paris. Je suis allé à l'Élysée voir René Journiac, le spécialiste des questions africaines, qui m'a bien confirmé la mission. J'ai simplement répondu que je ne voulais pas rester aux Comores plus de quelques mois, parce que je ne voulais pas me mêler des affaires de Denard[1]. »

René Dulac assure donc un relais transitoire, avant de se brouiller définitivement avec Denard, qui tire toujours les ficelles aux Comores. Le 23 novembre 1978, à l'Élysée, René Journiac revoit Bob Denard, qui est chargé de préparer la suite[2]. Avec l'aval de Journiac, le mercenaire négocie notamment un accord pour que les Sud-Africains financent la garde présidentielle d'Abdallah. À partir de septembre 1979, les services secrets du régime de l'apartheid en couvrent l'essentiel des frais ; en échange, leur utilisation du territoire como-

---

devant la justice lors du procès de Bob Denard pour l'organisation d'un autre coup d'État aux Comores en 1995. Voir le jugement du tribunal de grande instance de Paris du 20 juin 2006.

1. Entretien avec l'auteur, juin 2013.
2. Pierre Lunel, *Bob Denard, op. cit.*, p. 559.

rien comme base logistique et l'installation d'un centre de transmissions sont tolérées.

Durant une décennie, Bob Denard s'impose en véritable proconsul de ce mini-État islamique, comme au temps des colonies. Il y fait des affaires et les trafics se multiplient. Paris et Pretoria couvrent ses agissements. Le pion Denard leur est utile.

Il faut avoir la peau de Kadhafi

Giscard ne se contente pas d'agir par procuration. Dans certains cas extrêmes, ce chasseur de grands fauves envisage l'élimination directe de chefs d'État. À la fin de son mandat, sa principale cible se nomme Mouammar Kadhafi. Le remuant colonel, qui a pris la tête d'une junte militaire en Libye après un coup d'État en 1969, multiplie les initiatives visant à déstabiliser ses voisins, principalement la Tunisie, l'Égypte et le Tchad. Il finance des mouvements terroristes et fait exécuter des opposants libyens en Europe. Il abrite dans son désert des camps d'entraînement pour les « révolutionnaires » du monde entier, qu'il s'agisse de Carlos ou des militants irlandais de l'IRA.

« Je pensais que c'était un homme dangereux pour l'Occident », avouera Alexandre de Marenches. Reconnaissant que tous les services alliés songeaient depuis de très nombreuses années à « éliminer [Kadhafi] d'une façon ou d'une autre », il affirmera dans ses Mémoires qu'il n'y a jamais vraiment eu d'« action organisée et importante » en vue de la réalisation de cet objectif, ni d'ordre en ce sens du président Giscard d'Estaing. Le président égyptien Sadate aurait bien demandé à Marenches son concours, en mars 1978, pour se « défaire » de Kadhafi, mais le patron du SDECE aurait répondu que son service ne pratiquait pas ce genre d'opération[1]. Un pieux mensonge. Car le SDECE a bien été mêlé à plusieurs attentats et tentatives

---

1. Christine Ockrent et Alexandre de Marenches, *Dans le secret des princes*, op. cit., p. 266-268.

de coups d'État visant à liquider le leader libyen, avec l'aval de l'Élysée.

Ainsi, dès 1977, les services secrets français aident leurs homologues égyptiens à soutenir une opposition libyenne autour de Mahmoud El Moghrebi et à animer une guérilla à la frontière égypto-libyenne. Le SA d'Alain de Gaigneron de Marolles est en première ligne dans ce combat. Ses artificiers s'occupent de fournir des explosifs pour des attentats en Libye.

Mais Kadhafi tient bon. Le 1er septembre 1979, lors d'une visite à Benghazi, il échappe miraculeusement à une tentative d'assassinat fomentée par les services égyptiens et leurs amis français. Il poursuit même ses campagnes destinées à accélérer la chute de son voisin tunisien, notamment en provoquant un soulèvement dans la zone de Gafsa début 1980. Le SDECE réplique en aidant les Tunisiens à reprendre la ville. Le 27 juin 1980, un avion de ligne de la compagnie italienne Itavia explose en vol près de la petite île d'Ustica, au large de la Sicile. L'enquête menée en Italie au cours des années suivantes évoquera – sans pouvoir l'établir formellement – l'hypothèse d'un tir de missile effectué par erreur par un avion de chasse occidental, peut-être français, qui aurait confondu l'appareil d'Itavia avec un DC9 devant transporter le colonel Kadhafi en Pologne. Le mystère demeurera entier sur cette catastrophe[1].

De manière plus certaine, le SDECE, en août 1980, soutient un complot contre le Guide libyen. Le plan est le suivant : des militaires doivent se rebeller à Tobrouk, puis prendre Benghazi et tuer Kadhafi. La 9e brigade libyenne entre effectivement en révolte le 5 août 1980, mais le putsch, organisé par le chef de la sécurité militaire locale, le commandant Driss Chehaibi, échoue[2]. Ce fiasco entraîne quelques règlements de compte au

---

1. Voir notamment Claude Faure, *Aux Services de la République. Du BCRA à la DGSE*, Fayard, 2009, p. 596-597.
2. Voir notamment Roger Faligot et Pascal Krop, *La Piscine, op. cit.*, p. 346-348.

sein du SDECE. Homme fort du service et, à ce titre, objet de nombreuses jalousies, Alain de Gaigneron de Marolles, alors directeur du renseignement et chef d'orchestre de ces opérations en Libye, est accusé de court-circuiter sa hiérarchie pour prendre l'aval directement auprès de l'Élysée. Il est contraint de donner sa démission du SDECE en octobre 1980.

Couper la tête du serpent

Toutefois, ni Giscard ni le SDECE n'abandonnent totalement l'idée d'éliminer Kadhafi. Lorsque l'ultra-conservateur Ronald Reagan arrive à la Maison-Blanche, le 20 janvier 1981, ses lieutenants entendent rapidement montrer qu'ils peuvent jouer les shérifs. Considéré comme le principal soutien du terrorisme international, Kadhafi, qui a aidé son allié tchadien Goukouni Oueddei à prendre le pouvoir à N'Djamena en décembre 1980, fait partie des cibles possibles. Comble de la provocation, le leader libyen a même recruté des mercenaires américains pour préparer ses soldats d'élite à opérer au Tchad. « Quoi qu'il essaie de faire, nous nous opposerons à lui[1] », dit-on alors au département d'État. « Kadhafi était un serpent dangereux. Nous avons décidé de lui couper la tête[2] », se souvient Richard Allen, qui était le conseiller à la Sécurité nationale de Reagan.

Début 1981, la France discute ouvertement avec les services américains de plans visant à éliminer Kadhafi. « Nous préparions ensemble, avec le président Sadate, une intervention en Libye, confirmera Valéry Giscard d'Estaing. Le point de départ a été la visite à la Maison-Blanche d'Alexandre de Marenches, le directeur du SDECE [...]. Ronald Reagan lui a dit plusieurs fois : "J'ai besoin d'une victoire." Nous lui

---

[1]. Rapporté dans l'interview de David Zweifel, ancien directeur des Affaires nord-africaines au département d'État, 3 septembre 1996, *Foreign Affairs Oral History Project*, Washington DC.
[2]. Entretien avec l'auteur, novembre 2012.

avons répondu : "Vous voulez une victoire : il serait important d'apaiser la Méditerranée[1]." »

Durant le printemps, le SDECE se joint aux préparatifs avec les services secrets américains et égyptiens. Des commandos du SA s'entraînent à des opérations d'infiltration. Le Guide libyen doit être éliminé lors d'un attentat qui sera perpétré à Benghazi. Le 6 mai 1981, les États-Unis ferment l'ambassade de Libye à Washington, soupçonnée de préparer des actions terroristes sur le territoire américain. Le complot contre Kadhafi est presque prêt. Giscard a donné son feu vert à ce renversement, qui doit conduire à la mort de l'ennemi désigné. Mais, le 10 mai 1981, il est battu par François Mitterrand au deuxième tour de l'élection présidentielle. Lors de la passation de pouvoirs, le 21 mai, le nouvel élu, dans le plus grand secret, est mis au courant de l'opération programmée. Il refusera d'y donner suite.

Kadhafi a ainsi sauvé sa tête pour quelques années.

---

1. Interview de Valéry Giscard d'Estaing dans *Le Point*, 2 avril 2009. Voir aussi Vincent Nouzille, *Dans le secret des présidents. CIA, Maison-Blanche, Élysée : les dossiers confidentiels, 1981-2000*, Fayard, 2010, p. 91.

5

La valse des exécutions sous l'ère Mitterrand

« Nous n'avons jamais autant travaillé que sous Mitterrand. » Cet aveu surprenant provient d'un vieux routier du SA, un officier qui a exécuté des dizaines de missions, de l'Afrique au Liban, dans les années 1980 et 1990. Peu suspect de sympathie envers l'ancien président socialiste, le militaire au port raide et aux mots soigneusement pesés se souvient que ce dernier n'hésitait pas à se servir du bras armé des services secrets. « Il exigeait des opérations immédiates, pressantes, et il ne semblait pas effrayé par la violence[1] », témoigne-t-il. Une telle résolution peut paraître étonnante, tant François Mitterrand a gardé l'image d'un président assez peu guerrier et très méfiant à l'égard des militaires comme de ses propres services secrets. Sans compter qu'il a été élu le 10 mai 1981 avec un programme annonçant l'abolition de la peine de mort et prônant la quasi-disparition du SDECE, assimilé à une officine de barbouzes !

Le paradoxe n'est qu'apparent. Dès son arrivée à l'Élysée, François Mitterrand endosse avec délectation les habits de président taillés par son ancien rival, le général de Gaulle, et toutes les prérogatives de chef des armées qui vont avec. Son ministre de la Défense, Charles Hernu, fidèle parmi les fidèles et homme de réseaux, est un partisan convaincu de la dissuasion nucléaire. Il nomme à la tête du SDECE l'un de ses amis francs-maçons, Pierre Marion, polytechnicien passé par l'industrie. Le service semble tétanisé par l'arrivée de ministres communistes au sein du gouvernement. Des documents internes ont été détruits

---

[1]. Entretien avec l'auteur, mai 2014.

par précaution. Nombre de cadres s'inquiètent d'une possible chasse aux sorcières.

Le 17 juin 1981, dans la caserne du boulevard Mortier, siège du SDECE situé aux portes de Paris, l'ancien directeur démissionnaire, le comte Alexandre de Marenches, anticommuniste viscéral proche des Américains, laisse la place à son successeur dans une ambiance glaciale. Pierre Marion découvre une curieuse maison, divisée, affaiblie, peu productive, quasiment dépourvue d'agents dans les pays du bloc soviétique. « Il n'y a rien à l'Est ? demande-t-il. Enfin, messieurs, où est donc la menace : à l'Est ou à l'Ouest[1] ? » Dès son arrivée, Pierre Marion, peu au fait des subtilités politiques et des arcanes des services, s'emporte contre les dysfonctionnements de la maison. Il réorganise la direction et fait valser les têtes, des chefs de poste au patron du SA, le colonel Georges Grillot, trop marqué à droite[2]. Les soldats d'élite du 1er RPIMa, basés à Bayonne et qui servaient depuis quelques années de vivier pour les opérations paramilitaires du SA, sont remis à la disposition de leur corps d'origine.

François Mitterrand confie à Pierre Marion le soin de dresser un tableau détaillé de l'état du SDECE, qu'il juge médiocre. Certains de ses conseillers verraient d'un bon œil qu'on dissolve définitivement ce service. Lorsque Pierre Marion, accompagné de son chef de cabinet, Pierre Lethier, un officier saint-cyrien entré dans la maison en 1977, remet son rapport au président de la République, à la mi-janvier 1982, ce dernier tranche en faveur d'une refondation, et non d'une disparition. Par décret du 2 avril 1982, le SDECE se transforme en Direction générale de la sécurité extérieure (DGSE).

Les consignes concernant les opérations clandestines, notamment les opérations Homo, sont d'abord très prudentes. Dès le

---

1. Pierre Marion, *La Mission impossible. À la tête des services secrets*, Calmann-Lévy, 1991, p. 22.
2. Voir Roger Faligot, Jean Guisnel et Rémi Kauffer, *Histoire politique des services secrets français*, op. cit., p. 372-373 ; et Claude Faure, *Aux Services de la République*, op. cit., p. 466-467.

mois de juin 1981, Pierre Marion a informé le président que le SDECE avait bien préparé des plans pour assassiner le leader libyen, Mouammar Kadhafi. « Ne donnez pas suite, lui a dit Mitterrand, c'est contraire à ma philosophie politique[1]. » Malgré de fortes pressions américaines, qui s'intensifieront jusqu'en 1986, l'Élysée refusera obstinément de participer à une opération visant à éliminer Kadhafi[2]. Néanmoins, l'interventionnisme de ce dernier en Afrique, notamment au Tchad, continuera de poser des problèmes à François Mitterrand, qui devra employer les grands moyens, y compris clandestins, pour le contrer.

Un ambassadeur assassiné par les Syriens

Pour l'heure, Mitterrand, tout juste élu, marche sur des œufs. Souhaitant abolir la peine de mort, il se dit opposé par principe aux opérations Homo et charge son chef d'état-major particulier, le général Jean Saulnier, de donner son aval technique à d'éventuelles exceptions. Ce dernier cultive ses contacts au SDECE, avec lequel il aura des relations souvent tendues, tout en confiant des tâches ponctuelles à un ancien du service, Philippe Rondot, expert du monde arabe devenu consultant pour le Quai d'Orsay, avant d'être recruté par la DST[3]. Envoyé plusieurs fois en mission, notamment en Irak dès l'automne 1981, Rondot livre au général Saulnier des analyses détaillées sur la scène régionale, de l'Iran au Liban.

---

1. Pierre Marion, *La Mission impossible*, *op. cit.*, p. 35.
2. Voir Vincent Nouzille, *Dans le secret des présidents*, *op. cit.*, p. 88-114.
3. Ancien du SA, Philippe Rondot a été injustement accusé d'avoir eu des liens avec les services secrets roumains lorsqu'il se trouvait à Bucarest dans les années 1970. Évincé du SDECE en 1977, il a été, en réalité, victime de règlements de compte internes. En 1979, grâce à Jean-Louis Gergorin, Rondot est devenu un expert au Centre d'analyse, de prévision et de stratégie (CAPS) du Quai d'Orsay, et il a commencé à travailler pour l'Élysée sur les dossiers du Moyen-Orient. Ses missions se multiplient après mai 1981, à la demande du général Saulnier.

Or la donne change rapidement. Le terrorisme moyen-oriental frappe la France directement. Le 4 septembre 1981, l'ambassadeur de France au Liban, Louis Delamare, est assassiné par un commando de tueurs. Ce qui devait être un simple enlèvement vire au drame. Les assaillants tirent sur la Peugeot 604 de l'ambassadeur alors qu'elle est arrêtée à un barrage sur la route conduisant à sa résidence, à Beyrouth-Ouest. Âgé de cinquante-neuf ans, Louis Delamare avait multiplié les initiatives pour réconcilier les factions libanaises et s'opposait aux visées syriennes sur ce pays. Quelques jours plus tôt, le 30 août, il avait organisé une rencontre entre le nouveau ministre français des Affaires étrangères, Claude Cheysson, et le leader palestinien de l'OLP, Yasser Arafat, très mal vu à Damas.

L'assassinat a lieu dans la capitale libanaise sous les yeux des soldats syriens, qui n'interviennent pas et laissent repartir les tueurs à moto. Ceux-ci sont assez vite identifiés comme des membres des Chevaliers rouges, une milice mise en place par Rifaat el-Assad, le très influent frère du président syrien, pour intervenir au Liban[1].

Pour les services secrets français, qui sont notamment aidés par leurs homologues de l'OLP, les indices concordent. Ce meurtre constitue l'une des premières manifestations d'un terrorisme d'État appelé à se répandre. Le commanditaire ne peut être qu'un seul homme : Hafez el-Assad, le président syrien, qui tient son pays d'une main de fer. La Syrie adresse un avertissement à la France sur le thème : ne vous mêlez pas de nos affaires au Liban. François Mitterrand le comprend rapidement. « Je n'ai pas de preuves formelles, mais je suis convaincu que les Syriens sont responsables de l'assassinat de notre

---

1. Dans une enquête publiée le 26 février 1982, le quotidien *Libération*, sous la plume de Jean-Louis Péninou, donnera des indications sur les noms des quatre membres présumés du commando ayant assassiné Louis Delamare, précisant leurs liens avec les services de sécurité syriens et leur appartenance aux Chevaliers rouges. TF1 confirmera ces pistes syriennes dans un reportage de Michel Honorin diffusé le 21 avril 1982. Voir aussi Jean-René Belliard, *Beyrouth. L'enfer des espions*, Nouveau Monde Éditions, 2011, p. 237.

ambassadeur à Beyrouth », confie-t-il, le 18 octobre 1981, au secrétaire d'État américain, Alexander Haig, en marge des fêtes du bicentenaire de la bataille de Yorktown, aux États-Unis. Pour Mitterrand, « la Syrie a décidé que personne ne devait toucher au Liban » et que nul ne devait discuter « directement avec les Palestiniens ». Or l'ambassadeur était « très bien avec toutes les parties, ce qui mettait les Syriens en difficulté[1] ».

Quelques années plus tard, lors d'une conversation téléphonique avec le président George H.W. Bush, François Mitterrand réitérera sa conviction que plusieurs États, dont l'Iran, la Libye et la Syrie, ont pratiqué le terrorisme, faisant notamment référence au meurtre de l'ambassadeur : « Pour la Syrie, c'est clair avec l'assassinat de Delamare[2]. »

Damas désigné coupable par l'Élysée

Aux yeux de François Mitterrand, cet attentat contre un ambassadeur marque un tournant. La France, qui semblait jusque-là préservée par le terrorisme moyen-oriental, est dorénavant dans le viseur. Sa politique étrangère, qui consiste à ménager l'OLP et à rassurer Israël – où Mitterrand se rend en mars 1982 – tout en préservant le Liban, lui vaut des ennemis. « On a fait passer des notes à Mitterrand sur le fait que la Syrie était responsable, se souvient un proche collaborateur de Pierre Marion. Le président a bien compris que la guerre était désormais ouverte. Il a donné des consignes pour que nous puissions agir de manière très large au Liban, y compris par la violence[3]. »

Suivant ces indications, le patron du SDECE décide de renforcer la présence de son service à Beyrouth, devenu le point de

---

1. Memorandum of Conversation, Haig-Mitterrand Conversation at Yorktown, 18 octobre 1981, Reagan Library, Californie.
2. Entretien téléphonique entre le président François Mitterrand et le président George Bush, 8 novembre 1991, archives de la présidence de la République, 5AG4, CD 75, Archives nationales.
3. Entretien avec l'auteur, septembre 2013.

crispation des tensions régionales. Une vingtaine d'agents, dont une cellule du SA à partir d'avril, gagnent la capitale libanaise afin de mener l'enquête et de monter des opérations. Écoutes tous azimuts, infiltrations, retournement de terroristes, filatures, photos : tous les moyens sont mobilisés pour décoder le bourbier libanais, où s'entremêlent chrétiens, chiites, sunnites, druzes, Palestiniens, Syriens, sans oublier l'armée libanaise et ses services. Les espions français sont surtout très introduits au sein des factions et milices chrétiennes.

Des dossiers d'objectifs remontent à Paris, tandis que la cellule antiterroriste du SDECE – le service K-Terro, animé par le lieutenant-colonel Joseph Fourrier, un ancien de la guerre d'Algérie – complète les analyses. Les plus hautes autorités de l'État estiment que l'assassinat de Louis Delamare ne peut rester sans réponse. François Mitterrand l'aurait promis à la veuve de l'ambassadeur. D'autant qu'une vague d'attentats, également attribués à des Syriens, aggrave la tension.

Le 19 décembre 1981, un colis piégé est désamorcé juste à temps, grâce à la vigilance d'un voisin, devant la porte du journal pro-irakien *Al-Watan al-Arabi*, rue Marbeuf, à Paris. Le 29 mars 1982, une bombe explose dans le Capitole, le train qui relie Paris à Toulouse, tuant cinq personnes. Quelques jours plus tard, le 15 avril, Guy Cavallo, un chiffreur de la DGSE en poste à l'ambassade de France à Beyrouth, est assassiné, en même temps que sa femme Caroline, dans leur appartement. Parallèlement, des bombes de faible puissance explosent à Vienne, en Autriche, devant les locaux d'Air France et l'ambassade de France. Le 22 avril, un engin placé dans une Opel rouge fait des ravages devant le siège parisien d'*Al-Watan al-Arabi* – encore lui –, tuant une jeune femme et blessant soixante-trois personnes. Les services français avaient été informés d'un attentat imminent contre le journal, qui venait d'accuser la Syrie d'être impliquée dans l'assassinat de Louis Delamare[1].

---

1. Voir notamment Philippe Boggio, « Objectif France », *Le Monde*, 14 octobre 1982 ; et Charles Villeneuve et Jean-Pierre Péret, *Histoire secrète du terrorisme*, op. cit., p. 107 *sq*.

LA VALSE DES EXÉCUTIONS SOUS L'ÈRE MITTERRAND

Mitterrand ordonne des représailles en série

Le doute n'est plus permis. « C'est le gouvernement français qui était visé[1] », déclare le directeur du journal arabe, estimant que l'attentat est une mise en garde contre la France au sujet du Liban. Dans les jours qui suivent, le ministre de l'Intérieur expulse deux diplomates syriens en poste à Paris, l'attaché militaire adjoint et l'attaché culturel de l'ambassade, le second étant suspecté d'être impliqué dans l'affaire du colis piégé de décembre 1981.

La réplique ne s'arrête pas là. Selon l'ancien directeur de cabinet de François Mitterrand, Gilles Ménage, qui s'est occupé des affaires de renseignement à l'Élysée à partir de septembre 1982, des mesures de rétorsion ont été décidées après la mort de l'ambassadeur Delamare : « Pour punir les auteurs de cet assassinat, les services spéciaux français reçurent pour instruction de François Mitterrand d'en éliminer – directement ou indirectement – les auteurs et de faire procéder au plasticage du parti Baas à Beyrouth. Les objectifs furent très largement atteints[2]. » Plusieurs ouvrages ont mis en doute cette version, que Pierre Marion n'a pas confirmée dans ses Mémoires[3].

Alors, où est la vérité ? Le patron du SDECE ne pouvait reconnaître publiquement des opérations relevant, par définition, du secret le plus absolu. Mais, selon des sources concordantes, les remarques de Gilles Ménage sont fondées : des représailles ont bien eu lieu. « Les assassins de Delamare ont été retrouvés et tous les coupables tués[4] », avance un ancien dirigeant de la DGSE. « Nous avons vengé l'ambassadeur,

---

1. Propos recueillis par Christiane Chombeau et Laurent Greilsamer, *Le Monde*, 30 avril 1982.
2. Gilles Ménage, *L'Œil du pouvoir*, t. 3 : *Face au terrorisme moyen-oriental*, Fayard, 2001, p. 75.
3. Voir notamment Pierre Favier et Michel Martin-Roland, *La Décennie Mitterrand*, t. 1 : *Les ruptures (1981-1984)*, Seuil, coll. « Points », 1995, p. 348.
4. Entretien avec l'auteur, avril 2013.

ainsi que le chiffreur de l'ambassade de France et son épouse tués en avril 1982[1] », confirme un ancien officier du SA qui a opéré plusieurs fois au Liban. « Nous avons mené trois ou quatre opérations de représailles pour faire passer des messages à Damas[2] », ajoute un autre cadre de la DGSE qui a travaillé sur ces dossiers.

Concrètement, le 29 novembre 1981, une bombe explose près d'un bâtiment de la présidence du Conseil national syrien, à Damas, faisant une soixantaine de morts et plus de cent blessés. Rien ne prouve que la France soit directement mêlée à cet attentat, que le régime syrien impute aux Frères musulmans. Mais François Mitterrand a aussi parlé de vengeance « indirecte » : les services français ont probablement recruté des hommes de main locaux pour préparer cette action.

Le 27 avril 1982, à Madrid, une fusillade éclate. La personne visée, Hassan Dayoub, un attaché « culturel » syrien en poste dans la capitale espagnole, en réchappe. Cette fois, l'implication du SA ne fait pas de doute : il s'agit bien d'une opération Homo. Dayoub est suspecté d'avoir téléguidé l'équipe qui a commis l'attentat de la rue Marbeuf, cinq jours plus tôt, et d'orchestrer des actions contre des opposants syriens. Autres représailles directes : fin 1982, un commando d'une douzaine d'agents du SA exécute deux des assassins présumés de l'ambassadeur Delamare dans un village de la plaine de la Bekaa[3].

Dernier acte : fin 1983, deux agents du SA tuent un proche des services de sécurité syriens, sans doute l'Iranien Sadek Moussawi, près de Tripoli, au nord du Liban. Sadek Moussawi a été identifié, notamment grâce à l'aide des services de renseignement de l'OLP, comme le chef du commando de Chevaliers rouges ayant

---

1. Entretien avec l'auteur, mai 2013.
2. Entretien avec l'auteur, juin 2013.
3. Rapporté par deux anciens dirigeants de la DGSE. Voir aussi John Follain, *Jackal, op. cit.*, p. 164 ; Christian Chesnot et Georges Malbrunot, *Les Chemins de Damas. Le dossier noir de la relation franco-syrienne*, Robert Laffont, 2014, p. 22.

assassiné Louis Delamare. Blessé à Tripoli durant l'automne 1983 lors d'affrontements armés avec les forces de l'OLP, ce milicien prosyrien a été transporté dans un hôpital de la région pour y être opéré : des agents français s'y infiltrent et l'éliminent[1].

Des tireurs d'élite à Beyrouth pour sauver Arafat

Cependant, au printemps 1982, les rétorsions françaises ne semblent pas encore très dissuasives. La tension monte même d'un cran. Le 24 mai, un attentat contre l'ambassade de France à Beyrouth tue onze personnes et en blesse vingt-sept. Quelques jours plus tard, l'armée israélienne lance l'opération Paix en Galilée afin de déloger l'OLP du sud du Liban, avant de foncer sur Beyrouth. Prônant le déploiement d'une force multinationale d'interposition et l'arrêt des « occupations » du Liban, François Mitterrand veut aider le leader de l'OLP, Yasser Arafat, à quitter « dans l'honneur » la capitale libanaise avec ses troupes.

Les positions françaises continuent de déranger. Le 9 août, à l'heure du déjeuner, quatre tueurs entrent dans la brasserie Goldenberg, rue des Rosiers, à Paris, et lancent des grenades avant de tirer sur le personnel et les clients. Bilan : six morts et vingt-six blessés. Un carnage. L'émotion est considérable. D'autres attentats à la bombe suivent dans la capitale : le 11 août devant l'ambassade d'Irak à Paris ; le 25 août contre la voiture d'un attaché commercial américain, provoquant la mort de deux démineurs qui tentaient de désamorcer la bombe ; le 17 septembre rue Cardinet, près du lycée Carnot.

Le 17 août 1982, le président de la République prend la parole à la télévision pour dénoncer ce terrorisme venu du Moyen-Orient. Afin de bien marquer les esprits, il annonce la création d'un secrétariat d'État à la Sécurité publique, qu'il confie à l'un de ses proches, Joseph Franceschi, et la naissance

---

[1]. Voir Claude Angeli, « Quand les barbouzes françaises opéraient un terroriste dans un hôpital libanais », *Le Canard enchaîné*, 20 mai 1987.

d'une Mission de coordination de la lutte contre le terrorisme, placée à l'Élysée sous l'autorité du commandant d'escadron de gendarmerie Christian Prouteau, ancien patron du GIGN et responsable de la sécurité présidentielle.

Toutes ces mesures déplaisent aux experts des services, qui les jugent improvisées et inefficaces. Rattaché au ministère de l'Intérieur, le secrétariat d'État à la Sécurité publique n'aura guère de pouvoir. Quant à la « cellule Prouteau », elle s'illustre rapidement par un dérapage : fin août 1982, elle procède dans des conditions controversées à l'arrestation de trois Irlandais suspectés d'activités terroristes[1].

Au Liban, la Force multinationale, composée de soldats français, américains et italiens, se déploie à la fin du mois d'août. Un détachement de légionnaires du 2ᵉ REP a été envoyé quelques jours auparavant en éclaireur pour sécuriser l'évacuation des quinze mille combattants palestiniens. Un groupe de tireurs d'élite du GIGN, arrivés par avion spécial *via* Nicosie, complètent le dispositif. Ils sont notamment chargés de « nettoyer » les abords du port de Beyrouth, devenu un véritable traquenard, avant l'exfiltration de Yasser Arafat, que les Syriens et les Israéliens considèrent comme un ennemi à abattre.

« Nous étions une équipe de six à huit personnes, avec un équipement de tir de précision, se souvient Philippe Legorjus, l'un des membres du GIGN dépêchés sur place. Il y avait des *snipers* partout qui nous tiraient dessus. Notre objectif était de repérer les *snipers* dans la zone du port et de les neutraliser.

---

[1]. Le 28 août 1982, des gendarmes menés par le capitaine Paul Barril, bras droit officieux de Prouteau à l'Élysée, interpellent trois Irlandais soupçonnés d'activités terroristes. Mais la perquisition, effectuée à Vincennes, est entachée d'irrégularités – il se révèle même que des explosifs ont été apportés par les gendarmes. C'est ce qu'on a appelé l'affaire des Irlandais de Vincennes. Au sujet de cette affaire et des autres dérives de la cellule Prouteau, dont les écoutes illégales, voir notamment Edwy Plenel, *La Part d'ombre*, Gallimard, 1994 ; Jean-Michel Beau, *L'Affaire des Irlandais de Vincennes. L'honneur d'un gendarme*, Fayard, 2008 ; Gilles Ménage, *L'Œil du pouvoir*, t. 1 : *Les affaires de l'État, 1981-1986*, Fayard, 1999 ; et Jean-Marie Pontaut et Jérôme Dupuis, *Les Oreilles du président*, Fayard, 1996.

Nous étions harcelés, et il y a eu pas mal d'échanges de tirs. Comme nous étions entraînés, nous avons répliqué, en faisant de gros cartons. On se mettait en position à deux cents ou trois cents mètres. Il fallait organiser nos emplacements, puis changer systématiquement de position après avoir tiré. Cela a duré deux jours non stop. Nous avons été parmi les derniers à embarquer sur des Zodiac. Il n'y a pas eu de morts côté français, pas de blessés chez nous, mais beaucoup de morts en face[1]. »

Le 30 août 1982, Yasser Arafat quitte Beyrouth avec ses troupes sur des ferry-boats grecs, protégé par des légionnaires et des gendarmes du GIGN, puis par une escorte de navires français et américains. Le leader de l'OLP, qui s'installe d'abord à Tripoli, au nord du Liban, avant d'être à nouveau évacué fin 1983 vers Tunis, sera toujours redevable à François Mitterrand de ce sauvetage *in extremis*. D'autant que ses archives et son trésor de guerre ont aussi été préservés grâce à l'aide des Français.

« *Déclarer la guerre au terrorisme* »

En coulisses, au lendemain des attentats, les services secrets sont également mobilisés. Juste avant son intervention télévisée du 17 août, le président tient une réunion à l'Élysée avec ses proches collaborateurs, des patrons des services de police et de la DGSE. François Mitterrand explique qu'il faut « déclarer la guerre au terrorisme », devenu la priorité numéro un de la France. Le ministre de l'Intérieur, Gaston Defferre, demande des « actions préventives », et le ministre de la Défense, Charles Hernu, suggère l'emploi de la force si nécessaire[2]. Mais la création de la cellule antiterroriste sous l'égide du commandant Prouteau est interprétée comme un signe de méfiance à l'égard de la DGSE et de la DST. Dans la précipitation, une certaine confusion s'installe.

---

1. Entretien avec l'auteur, décembre 2012.
2. Pierre Marion, *La Mission impossible*, *op. cit.*, p. 174.

Le 26 août, Charles Hernu et Joseph Franceschi visitent le centre de Cercottes, qui dépend du SA. Après une présentation des matériels explosifs et plusieurs démonstrations, ils annoncent aux responsables qu'il leur faut réorienter leur action vers la lutte antiterroriste. Avec une nouvelle exigence née du contexte de crise : la réaction aux attentats doit être immédiate. Officier à la DGSE, le commandant Alain Mafart, qui sera arrêté en 1985 en Nouvelle-Zélande à la suite de l'affaire du *Rainbow Warrior*, rapporte l'épisode en ces termes : « Une nouvelle doctrine est en train de voir le jour. Elle aura par la suite des conséquences particulièrement dommageables : elle concerne la rapidité de réaction que l'on va exiger du service. À partir de 1982 – sous la contrainte de demandes politiques pressantes – émerge donc l'idée que la riposte à une action terroriste doit intervenir immédiatement[1]. »

On parle désormais de lancer des opérations en deux ou trois semaines, là où les spécialistes du SA savent qu'elles nécessitent plusieurs mois. Par exemple, l'un des nageurs de combat du SA, basé à Aspretto, se voit chargé d'improviser en deux semaines une opération Homo contre un terroriste. Après avoir passé quelques jours enfermé dans un bureau du fort de Noisy-le-Sec, quartier général du SA, l'agent conclut que l'assassinat est irréalisable dans le délai imparti. Chose rarissime, il refuse la mission. Alors qu'il redoute une sanction disciplinaire en conséquence, ses supérieurs ne lui en tiennent finalement pas rigueur : ils abandonnent le projet, trop mal préparé[2].

Feu vert pour tuer Carlos et Abou Nidal

Dans les hautes sphères de l'État, le fossé grandit entre les partisans d'actions fermes et les avocats de la diplomatie. Le cloisonnement des services et l'absence de coordination

---

1. Alain Mafart, *Carnets secrets d'un nageur de combat. Du Rainbow Warrior aux glaces de l'Arctique*, Albin Michel, 1999, p. 114-115.
2. Rapporté *ibid.*, p. 116-117.

accentuent les divisions. Fort des déclarations martiales de l'Élysée, Pierre Marion prépare, à la fin de l'été 1982, une liste de terroristes à éliminer sur le continent européen, y compris en France : douze personnes basées en Europe, dont cinq à Paris, toutes suspectées de jouer un rôle actif dans l'animation de réseaux ayant signé des attentats contre la France. Elle est établie à partir des enquêtes menées par la DGSE depuis des mois[1]. Des commandos du SA composés de quatre hommes commencent les préparatifs en vue d'atteindre leurs cibles respectives : repérages, filatures, mise au point des filières d'exfiltration des agents une fois les exécutions effectuées. Pour masquer les commanditaires, ces actions devront pouvoir être attribuées à des groupes terroristes rivaux.

Cependant, lors d'une brève entrevue à l'Élysée avec le président, Pierre Marion se voit opposer un non catégorique : les opérations proposées n'auront pas lieu. François Mitterrand craint sans doute des ratés. Il rechigne aussi à frapper en France et dans les pays voisins. Enfin, en termes d'efficacité, il semble faire davantage confiance à l'équipe Prouteau qu'à celle de la DGSE. Pierre Marion, dont les foucades agacent de plus en plus le président, est de moins en moins écouté. Son seul allié au sein de l'Élysée est désormais François de Grossouvre, conseiller de Mitterrand à l'Élysée qui suit de près les affaires libanaises.

Pierre Marion ne baisse pas les bras. Il concocte un autre plan visant à la destruction de deux immeubles de Beyrouth qui abritent des terroristes. Des experts du SA sont envoyés sur place pour étudier la faisabilité de l'attentat. Mais, une fois de plus, le président Mitterrand refuse. Lors d'une entrevue tendue, fin août, il explique à Pierre Marion : « Je ne vous autorise à tuer que Carlos et Abou Nidal. » Au nom de ces deux terroristes internationaux, le patron de la DGSE réagit vivement : « Monsieur le Président, vous lancez le bouchon trop loin. Carlos est dans une forteresse en Tchécoslovaquie. Quant à Abou Nidal, il était encore récemment dans un camp retranché

---

1. Pierre Marion, *La Mission impossible*, *op. cit.*, p. 177 *sq.*

en Irak ; d'après nos renseignements, il vient de passer avec armes et bagages en Syrie, où il doit bénéficier d'une protection au moins aussi efficace. Nous ne pouvons les atteindre[1]. »

Pierre Marion est surpris : la réaction de François Mitterrand signifie que, au-delà de son opposition de principe aux opérations Homo, il est prêt à tolérer ouvertement des exceptions pour certains terroristes. Quelques mois plus tard, ayant écarté Pierre Marion de la DGSE, le président réitère la même consigne orale à son successeur, l'amiral Pierre Lacoste : « Dès ma prise de fonction, je lui ai posé la question sur les opérations Homo, et Mitterrand m'a dit : "Moi, je ne ferai jamais ces choses-là, sauf à la rigueur pour Carlos et Abou Nidal[2]." » Ce seront les seuls ordres d'exécution formels qu'exprimera le président durant ses premières années à l'Élysée. « En réalité, Mitterrand a repris des consignes qui avaient déjà été édictées sous Giscard. Et ce sont paradoxalement les seules qui n'ont pas été suivies d'effet[3] », tempère un ancien collaborateur de l'amiral Lacoste.

De fait, Mitterrand a bien ordonné secrètement des rétorsions après l'assassinat de l'ambassadeur Delamare. Il a également donné des feux verts « généraux » à des opérations violentes, sans forcément entrer dans les détails d'exécution. Face à lui, les directeurs de la DGSE garderont toujours des marges de manœuvre pour proposer, de manière informelle, des représailles et des actions secrètes.

La traque de Carlos

Cible désignée par Mitterrand, Ilich Ramírez Sánchez, *alias* Carlos, a un parcours de terroriste chevronné. Il est notamment accusé d'avoir tué deux policiers de la DST à Paris en juin 1975. Depuis lors, les services français le pourchassent, et ils ont déjà

---

1. *Ibid.*, p. 201.
2. Entretien avec l'auteur, juillet 2012.
3. Entretien avec l'auteur, juin 2013.

failli le neutraliser à plusieurs reprises[1]. Mais Carlos continue de défier la France. Début mars 1982, il envoie une lettre au ministre de l'Intérieur, Gaston Defferre, exigeant que la justice française libère deux de ses amis, Magdalena Kopp et Bruno Bréguet, arrêtés le 16 février à Paris. L'attentat contre le train Capitole le 29 mars 1982 serait la conséquence du refus français d'obtempérer. Carlos a aussi envisagé d'abattre le ministre de la Justice, Robert Badinter, et François de Grossouvre. En réalité, il s'est mis au service des Syriens dans leur guerre secrète contre Paris.

Carlos devient la bête noire de Gaston Defferre, qui se dit prêt à tout pour l'attraper, y compris à aller le trouver pour lui parler face à face... Un jour de décembre 1982, Yves Bonnet, patron de la DST – les services secrets intérieurs –, reçoit la visite du chef de poste de la CIA à Paris, John Seidel. Celui-ci l'informe que, selon une source libanaise sûre, Carlos doit quitter Damas pour aller passer les fêtes de fin d'année dans un grand hôtel à Gstaad, en Suisse. Aussitôt prévenu, Defferre donne ses consignes à Bonnet : « Il ne faut pas laisser passer l'occasion ; il faut le descendre. Bien entendu, il vous revient. » Mais la DST n'est pas officiellement habilitée à intervenir à l'étranger et ne dispose pas de commando pour monter une telle opération. De plus, Yves Bonnet rechigne à transmettre l'affaire à la DGSE, la maison rivale, avec laquelle ses relations sont exécrables.

Gaston Defferre demande donc au commandant Christian Prouteau de s'en charger[2]. Chef de la cellule antiterroriste de l'Élysée, ce dernier a réuni quelques hommes au sein d'un petit Groupe d'action mixte (GAM), son bras armé, qui commence à opérer de manière officieuse – que ce soit en Corse contre des nationalistes ou pour traquer des mercenaires d'extrême droite qui auraient fomenté un projet d'attentat contre Mitterrand.

Depuis l'Élysée, le GAM prépare l'opération contre Carlos, non sans lancer quelques coups de sonde du côté de la DGSE, comme se le rappelle l'amiral Pierre Lacoste, alors patron des

---

1. Voir *supra*, p. 74 *sq*.
2. Rapporté dans Yves Bonnet, *Contre-espionnage. Mémoires d'un patron de la DST*, Calmann-Lévy, 2000, p. 195-197.

services secrets : « Ils sont venus me voir pour qu'on assassine Carlos, qui était soi-disant dans une station de sports d'hiver en Suisse. J'ai refusé, parce que cela ressemblait à un coup tordu. De toute façon, Carlos n'était pas là-bas[1]. » Effectivement, l'équipe envoyée sur place par Prouteau revient bredouille. « Si un terroriste célèbre était dans cette ville, et nous n'avons pas pu trouver de preuves correspondantes, ce n'était pas Carlos », résume le commandant dans une note à Mitterrand, tout en continuant d'insister sur l'importance de « faire le nécessaire » pour l'éliminer s'il était localisé[2].

Il faudra attendre plus d'une décennie pour que le terroriste soit à nouveau repéré par la CIA et la DST. Chassé de Syrie après la guerre du Golfe, Carlos se réfugiera au Soudan, où les Américains retrouveront sa trace en 1993. Dans l'entourage du ministre de l'Intérieur de l'époque, Charles Pasqua, l'hypothèse d'une exécution sera alors à nouveau sérieusement étudiée, avant d'être écartée. En août 1994, avec l'aide des Soudanais, le général Philippe Rondot et Jean-François Clair, haut responsable de la DST, parviendront à faire capturer Carlos à Khartoum et à le faire rapatrier en France pour qu'il comparaisse devant des tribunaux français.

Tractations secrètes avec Abou Nidal

L'autre terroriste dans le collimateur de Mitterrand, le Palestinien Abou Nidal, est un dissident de l'OLP, avec laquelle il est entré ouvertement en guerre. Attentats, prises d'otages, exécution de fidèles d'Arafat, attaques de synagogues : le groupe d'Abou Nidal a de nombreux faits d'armes sanglants à son actif. Longtemps protégé par l'Irak de Saddam Hussein, il serait en train de trouver refuge à Damas auprès du régime anti-irakien de Hafez el-Assad.

---

1. Entretien avec l'auteur, juillet 2012.
2. Note de Christian Prouteau au président Mitterrand, 11 janvier 1983, citée dans John Follain, *Jackal, op. cit.*, p. 166.

LA VALSE DES EXÉCUTIONS SOUS L'ÈRE MITTERRAND

Dès le lendemain de l'attentat de la rue des Rosiers, en août 1982, la DGSE obtient des informations selon lesquelles Abou Nidal serait l'organisateur de cet attentat. Les armes utilisées, des pistolets-mitrailleurs tchèques WZ 63, permettent de corroborer cette implication : Abou Nidal en a déjà fait usage lors d'attentats commis à Vienne et à Londres. Le Mossad israélien confirme également cette piste, de même qu'Issam Sartaoui, un des hauts représentants de l'OLP, qui sera assassiné en avril 1983 par des tueurs d'Abou Nidal au Portugal. En échange d'une certaine liberté de mouvement en France, les proches d'Arafat passent un accord secret avec la DGSE pour l'aider dans sa traque.

À défaut de pouvoir atteindre Abou Nidal, les services français tentent des approches plus indirectes. Fin août 1982, Pierre Marion demande au président Mitterrand son feu vert pour prendre contact avec les responsables syriens, dont Rifaat el-Assad, le frère du président, considéré comme l'un des chefs des services secrets. Le but est de lui faire passer un message : la Syrie doit convaincre son nouveau protégé, Abou Nidal, de cesser sa campagne d'attentats en France ou contre des Français. Mitterrand donne son accord de principe.

En septembre, plusieurs entretiens entre François de Grossouvre, Pierre Marion et Rifaat el-Assad ont lieu près du golf de Saint-Nom-la-Bretèche. Le Syrien se défend de toute responsabilité dans les attentats de l'été 1982. Pierre Marion insiste : « Si la vague d'attentats se prolonge, nous n'aurons pas d'autre alternative que de frapper les organisations et les personnes que nous avons détectées. » Rifaat el-Assad n'apprécie guère le ton vif de ces propos. Il finit cependant par concéder : « Vous pouvez compter sur ma parole. Abou Nidal n'agira plus contre vous[1]. »

Mais les promesses n'engagent que ceux qui les reçoivent. À cette date-là, la localisation d'Abou Nidal en Syrie, présumée par la DGSE, n'est pas confirmée par d'autres services français, et la campagne d'attentats se poursuit. De plus en

---
1. Pierre Marion, *La Mission impossible, op. cit.*, p. 211 et 218.

plus isolé au sein de la DGSE, le colérique Pierre Marion perd définitivement la confiance de Mitterrand, qui le juge incontrôlable et inefficace. Il est limogé en novembre 1982 et remplacé par l'amiral Pierre Lacoste, au caractère plus tempéré[1].

La DGSE étant provisoirement hors jeu, l'Élysée multiplie les initiatives pour tenter d'enrayer les menaces terroristes. Des émissaires sont envoyés auprès de Yasser Arafat pour obtenir des renseignements sur Abou Nidal, son ennemi. Fin septembre 1982, le général Jean Saulnier, chef d'état-major particulier du président, confie une autre mission ultra-secrète à son homme de confiance, Philippe Rondot, au moment même où celui-ci fait l'objet d'une campagne de dénigrement de la part de son ancienne maison[2]. L'objectif est de négocier directement avec Abou Nidal l'arrêt des attentats contre des intérêts français, en échange d'une neutralité à son égard. François Mitterrand donne son aval tacite à cette démarche. L'émissaire se rend notamment à Bagdad, où le terroriste a gardé des alliés.

À la mi-décembre, un accord confidentiel se dessine entre Abou Nidal et ses interlocuteurs français : il ne frappera plus les intérêts ni le territoire français, en échange d'une relative immunité. Les discussions se prolongent les mois suivants, avec l'aide de services étrangers. En avril 1983, de hauts responsables de la DST rencontrent des proches d'Abou Nidal à Vienne, en Autriche. L'accord est confirmé. Quelques jours

---

[1]. Comme l'indique le titre de son livre (*ibid.*), Pierre Marion a vécu sa période à la tête de la DGSE comme une « mission impossible » ; il ne s'estimait pas assez écouté. Il sera président d'Aéroports de Paris de 1983 à 1986. Il est décédé en 2010.

[2]. En septembre 1982, le ministre de la Défense, Charles Hernu, écrit à son collègue des Affaires étrangères, Claude Cheysson, pour lui demander de tenir Philippe Rondot « éloigné de tout », car son dossier au SDECE, fourni par Pierre Marion, serait accablant. Mais ni Claude Cheysson ni le général Jean Saulnier à l'Élysée, qui a été informé d'une contre-enquête innocentant Rondot quant à ses liens supposés avec l'Est, n'en tiennent compte. Quant au successeur de Pierre Marion, l'amiral Lacoste, il fera tout pour réhabiliter Rondot, sans parvenir à le réintégrer à la DGSE. Rondot rejoindra la DST en 1983. Entretiens de l'amiral Lacoste avec l'auteur, juillet 2012 et octobre 2014.

plus tard, le journal arabe *Al-Watan al-Arabi* écrit, de source bien informée : « À la suite de contacts privés très importants qu'il a eus tout récemment, Abou Nidal a décidé d'épargner à l'avenir le territoire français de toute action violente[1]. » D'autres rencontres auront lieu les années suivantes entre des représentants de la DST et Abou Nidal ou ses émissaires, à Alger, Damas et Vienne.

Parallèlement, l'amiral Pierre Lacoste, néophyte en matière de renseignement, prend ses marques à la DGSE. Il découvre que son prédécesseur, qui multipliait les initiatives désordonnées, a laissé la maison dans un état de désorganisation avancé. Selon lui, les différents services ne cessent de se chamailler, et le SA fonctionne pratiquement de manière autonome, sans forcément rendre compte de tout ce qu'il entreprend. Après un tour de piste interne, il commence à reprendre les choses en main.

Sur le front du terrorisme moyen-oriental, il décide de renouer le fil des négociations avec les Syriens afin de corriger le tir. Il suit en cela les conseils d'un des agents de la DGSE envoyé comme clandestin à Beyrouth, Alain Chouet. Ce dernier se souvient : « En avril 1983, j'ai expliqué à l'amiral Lacoste que la Syrie était bien derrière de nombreux attentats et que les représailles ne seraient pas efficaces. J'ai proposé qu'on aille voir Rifaat el-Assad. » Des rendez-vous sont pris durant l'été 1983, en Suisse, avec le frère du président syrien. Le message est délivré en des termes plus policés que celui émis presque un an plus tôt par Pierre Marion. « Je n'ai pas attaqué bille en tête en parlant de l'ambassadeur Delamare, raconte Lacoste. Marion avait été maladroit. J'ai essayé de nouer des relations plus posées avec les Syriens pour qu'on évite les malentendus[2]. » Au-delà de la diplomatie, cependant, le contenu demeure relativement ferme : « Nous leur avons dit : "Si vous avez des désaccords avec la France, dites-le-nous

---

1. Rapporté dans Charles Villeneuve et Jean-Pierre Péret, *Histoire secrète du terrorisme*, *op. cit.*, p. 178.

2. Entretien avec l'auteur, octobre 2014. Voir aussi Christian Chesnot et Georges Malbrunot, *Les Chemins de Damas*, *op. cit.*, p. 25.

directement. Sinon, la prochaine fois, nous n'exécuterons plus des sous-fifres, mais des personnes importantes[1]." »

Le message est bien reçu. Les attentats syriens antifrançais finissent par cesser. Une ligne de communication téléphonique directe est installée entre les services secrets syriens et français. Elle fonctionnera sans encombre durant plusieurs décennies. Le président Mitterrand effectuera une visite officielle à Damas en octobre 1984 afin de tenter de tourner la page. À défaut de pouvoir combattre frontalement la Syrie, Paris préfère discuter avec ses dirigeants, si dictatoriaux soient-ils.

Mais d'autres pays, entre-temps, ont pris le relais du terrorisme. Et ils ont décidé de frapper la France.

---

1. Entretien avec l'auteur, juillet 2013.

6

Le jour où Mitterrand a commandité un attentat

Beyrouth, dimanche 23 octobre 1983. Peu après le lever du jour, à 6 h 17, une puissante déflagration se fait entendre. Un camion Mercedes jaune bourré de six tonnes de TNT vient d'exploser dans l'enceinte du quartier général des Marines américains de la Force multinationale, près de l'aéroport. Trois minutes plus tard, en front de mer, une autre explosion détruit le Drakkar, l'immeuble en cours de rénovation où étaient cantonnés les parachutistes français. Le bilan de ces deux attentats coordonnés est particulièrement lourd : deux cent quarante et un morts parmi les GI's et cinquante-huit parmi les forces françaises, sans compter la famille libanaise du gardien.

Sur les lieux, les sauveteurs découvrent un spectacle de désolation. Les cadavres et les blessés doivent être extraits des ruines encore fumantes des immeubles effondrés à l'aide de pelles mécaniques. Certains rescapés français émettront des doutes sur la thèse officielle d'un camion suicide qui serait venu s'encastrer dans les sous-sols du Drakkar, aucun débris du véhicule piégé n'ayant été retrouvé. Selon eux, l'immeuble, occupé auparavant par les services secrets syriens, aurait été miné préalablement[1]. Mais les sentinelles qui auraient pu voir le camion arriver de loin sont décédées, et le site n'est plus qu'un amas de décombres difficiles à identifier.

---

1. Voir Benoît Hopquin, « Attentat du Drakkar : qui a tué les paras français de Beyrouth en 1983 ? », *Le Monde*, 23 octobre 2013.

La France et les États-Unis ne sont pas les bienvenus au Liban

À Paris, le président François Mitterrand est immédiatement informé des événements par ses collaborateurs. Aussitôt, il ordonne à son ministre de la Défense, Charles Hernu, de se rendre à Beyrouth, avant de se préparer lui-même à faire ce déplacement, qu'il sait très risqué. « C'est trop dangereux, on essaiera sûrement de le tuer[1] », avertissent le ministre des Relations extérieures, Claude Cheysson, et l'ambassadeur de France au Liban, Fernand Wibaux.

Mais Mitterrand est déterminé. Cet attentat suicide, il le redoutait plus que tout. Depuis des mois, la tension monte au Liban. La France et les États-Unis se sont exposés en intervenant militairement dans ce pays, sous l'égide de l'ONU. L'invasion israélienne du Sud-Liban, déclenchée en juin 1982, a entraîné l'envoi temporaire de neuf cents soldats français et de huit cent cinquante Marines. Après les massacres de septembre 1982 dans les camps palestiniens de Sabra et Chatila, la Force multinationale de l'ONU a été contrainte de revenir au Liban afin de sécuriser la capitale.

Cette présence militaire franco-américaine déplaît fortement aux Israéliens, et encore plus aux factions libanaises qui se disputent, armes à la main, le contrôle de Beyrouth. Les milices chiites, Amal et Amal islamique, soutenues par les Syriens et les Iraniens, multiplient les accrochages et les attaques. Appuyé par Paris et Washington, le président libanais Amine Gemayel, qui a succédé à son frère Béchir, tué dans un attentat le 14 septembre 1982, n'a pas suffisamment de poids pour maîtriser cette situation chaotique. En avril 1983, un véhicule piégé a explosé dans les sous-sols de l'ambassade américaine, tuant près de soixante personnes. Entre le printemps et la fin de l'été, les services de renseignement américains ont reçu plus

---

1. Gilles Ménage, *L'Œil du pouvoir*, t. 3, *op. cit.*, p. 200 ; et Jacques Attali, *Verbatim*, t. 1 : *1981-1986*, Fayard, 1993, p. 527.

d'une centaine de messages d'alerte concernant de possibles attaques à la voiture piégée, mais jamais assez précis[1]. Au lieu de disperser leurs contingents respectifs, les officiers français et américains ont décidé de les regrouper sur des sites uniques, les rendant ainsi plus vulnérables.

En ce 23 octobre, les adversaires des États-Unis et de la France ont décidé de frapper un grand coup. Trois organisations peu connues, dont le Djihad islamique et le Mouvement de la révolution islamique libre, revendiquent ces deux attentats, saluant le sacrifice des deux kamikazes qui les ont perpétrés.

Venger les victimes du Drakkar

Dès 8 heures le lendemain matin, François Mitterrand débarque à Beyrouth pour une visite surprise placée sous haute surveillance. Sur le lieu du drame, le président a la mine sombre de circonstance. Il ne cesse de questionner les chefs du contingent français sur les raisons qui les ont poussés à loger les parachutistes dans un immeuble de plusieurs étages particulièrement exposé. « Ne fallait-il pas étaler ce cantonnement au sol ? A-t-on disposé des sacs de sable[2] ? » demande-t-il. Son ton est dur, sa colère froide.

De retour à Paris, François Mitterrand fulmine toujours. Il veut comprendre et refuse de laisser ce crime impuni. Durant le Conseil des ministres du 26 octobre, il énumère les possibles commanditaires, sans privilégier aucune piste : l'Iran de Khomeiny, qui voudrait punir la France de son soutien armé à l'Irak, avec qui il est en guerre ; la Syrie de Hafez

---

1. « Commission Report on Beirut International Airport Terrorist Act of 23 October 1983 », décembre 1983, Reagan Library. Voir aussi « A Provocation Contingency in Lebanon, Intensified Attacks on Marine Positions to Force US Air and Naval Strikes », archives de la CIA, cité dans Vincent Nouzille, *Dans le secret des présidents*, op. cit., p. 117.

2. Rapporté dans Pierre Favier et Michel Martin-Roland, *La Décennie Mitterrand*, t. 2 : *Les épreuves (1984-1988)*, Seuil, coll. « Points », 1995, p. 33.

el-Assad, qui entend se poser en tuteur du Liban et leader du monde arabe ; ou encore la Libye du colonel Kadhafi, que la France affronte par ailleurs au Tchad. « Ces trois influences se conjuguent et, en même temps, elles sont rivales, commente François Mitterrand. Elles poussent à une sorte de surenchère. L'attentat qui est advenu est scientifique et bien organisé. Un petit groupe a pu certes fournir les kamikazes, mais il a fallu qu'ils soient commandés à un niveau beaucoup plus élevé. » Le président de la République souligne que Ronald Reagan, son homologue américain, envisage des représailles. « Pour ma part, poursuit-il, si je savais à qui j'ai affaire, je n'hésiterais pas, mais je me refuse à faire n'importe quoi, n'importe comment[1]. » Il insiste notamment sur ses doutes au sujet de la piste iranienne, mise en avant par les Américains.

Malgré ces hésitations apparentes, Mitterrand est déterminé. Dès l'annonce de l'attentat, il a secrètement décidé qu'il fallait répliquer. Les services de renseignement ont commencé à mener l'enquête. La DGSE émet plusieurs hypothèses : la Syrie, l'Iran et même l'URSS. Cependant, des informations de plus en plus crédibles provenant des services alliés pointent rapidement la responsabilité de l'Iran. Selon ces sources, la « main iranienne » est derrière le Djihad islamique, *via* des commandos suicides de la milice Amal islamique de Hussein Moussaoui, dont le fief se trouve dans la plaine de la Bekaa, mais aussi *via* la frange armée du Hezbollah, la nouvelle organisation chiite radicale soutenue par Téhéran. « À la fin octobre, on a acquis des certitudes sur l'implication de l'organisation chiite Amal islamique dans la réalisation des attentats, expliquera Gilles Ménage, directeur de cabinet du président Mitterrand à l'Élysée. Elle a fourni la logistique et les exécutants [...]. Le recrutement du commando a été l'œuvre du clan Moussaoui[2]. » Des documents fournis par la CIA et corroborés par les services français indiquent que les

---

1. Rapporté, d'après les documents d'archive du Conseil des ministres, *ibid.*, p. 33, et dans Gilles Ménage, *L'Œil du pouvoir*, t. 3, *op. cit.*, p. 207-208.
2. Gilles Ménage, *L'Œil du pouvoir*, t. 3, *op. cit.*, p. 210-211.

responsables de ce groupe se sont réunis à Beyrouth la veille des attentats, dans une maison du quartier chiite.

Frapper vite et fort

Le 2 novembre 1983, dans la cour des Invalides, le président Mitterrand rend un hommage national aux victimes de l'attentat du Drakkar. Dans la foulée, informé de l'état de l'enquête, il réunit dans son bureau son ministre de la Défense, Charles Hernu, son chef d'état-major particulier, le général Jean Saulnier, et le directeur de la DGSE, l'amiral Pierre Lacoste. Celui-ci reçoit l'ordre de mener une action de représailles contre l'Iran, considéré comme le commanditaire de l'attaque du Drakkar. « Non pour se venger. Mais pour éviter que cela se renouvelle[1] », confie Mitterrand.

Depuis un an déjà, la DGSE a renforcé sa présence dans la capitale libanaise, multipliant les coups de main et recueillant des renseignements. L'amiral Lacoste a aussi envoyé des agents du SA pour protéger l'ambassadeur de France à Beyrouth, Fernand Wibaux, qui pourrait être une cible pour des tueurs. Mais, cette fois-ci, il est question d'une opération beaucoup plus ambitieuse, dictée par le souhait de rétorsion immédiate exprimé par le président. Concrètement, la DGSE propose d'organiser un attentat similaire contre l'immeuble de l'ambassade d'Iran à Beyrouth.

L'amiral Pierre Lacoste, que j'ai rencontré à plusieurs reprises, a bien voulu, pour la première fois, révéler la teneur de ses discussions à l'Élysée sur ce sujet ultra-sensible : « Dès le début, j'ai eu la certitude que les Iraniens étaient responsables, et je voulais leur donner un coup d'arrêt. Il fallait frapper fort. J'ai proposé le mode d'action, qui a été étudié et mis au point avec le chef du SA. Je suis allé voir Mitterrand à l'Élysée, et il a approuvé le principe, sans que j'entre dans le détail, car il ne le souhaitait pas[2]. »

---

1. Jacques Attali, *Verbatim*, t. 1, *op. cit.*, p. 531.
2. Entretiens avec l'auteur, juillet 2012 et octobre 2014.

Nom de code de l'assaut : opération Santé.

Le SA se mobilise immédiatement. L'heure n'est pas aux longues missions de « reconnaissance à fin d'action » – les « RFA », dans le jargon de la DGSE –, qui peuvent s'étaler sur plusieurs mois avant un hypothétique feu vert. Mitterrand veut agir vite et fort. Depuis la vague d'attentats qu'a connue la France à la mi-1982, c'est presque devenu une habitude : l'Élysée exige des opérations clandestines exécutées dans des délais très courts, prenant chaque fois le risque de dérapages ou de ratés.

Une vingtaine d'agents du SA, essentiellement issus du centre de Cercottes, près d'Orléans, s'embarquent à bord d'un Transall à destination de Beyrouth aux premières heures du 5 novembre 1983. L'équipe est dirigée par le chef du SA, le colonel Jean-Claude Lorblanchès, qui tient à conduire personnellement cette opération jugée stratégique. Il reste en contact permanent avec Paris et l'amiral Lacoste, qui suit l'affaire de très près. « J'ai accompagné les agents du SA jusqu'au moment où ils sont montés dans l'avion[1] », confie l'ancien directeur de la DGSE.

Un des membres de l'équipe, Jean-Michel B.[2], qui compte déjà une dizaine d'années d'expérience au sein du SA, se souvient de l'ambiance qui régnait dans le groupe lorsqu'ils ont débarqué à Beyrouth dans une quasi-improvisation. De manière exceptionnelle, il a accepté de témoigner sous couvert d'anonymat : « Nous n'avions pas dormi durant les vingt-quatre heures précédentes, car nous avions été mobilisés toute la nuit par les préparatifs, puis par le voyage. La fatigue commençait à se faire sentir. Nous étions stressés et soumis à une pression énorme. Nous savions que Mitterrand voulait absolument faire quelque chose avant les Américains. L'objectif, l'ambassade d'Iran, avait été choisi très rapidement. Et il n'y avait pas eu de reconnaissance préalable suffisamment précise sur place[3]. »

---

1. Entretien avec l'auteur, juillet 2012.
2. Son nom a été changé.
3. Entretien avec l'auteur, juin 2013.

En réalité, il y a bien eu une rapide « RFA » : des agents de la DGSE se sont rendus aux alentours de l'ambassade, située dans le quartier chiite de Jnah, au sud de Beyrouth, afin de repérer les lieux. À Cercottes, les membres du commando ont également pu voir des photos du bâtiment du temps de sa construction, ce qui a permis d'étudier ses piliers de soubassement. Ils sont partis avec six cents kilos d'explosifs et des détonateurs. Arrivés sur place, ils reçoivent un rapport contenant quelques indications et de nouvelles photos. Mais personne n'a le temps de vérifier le bien-fondé des renseignements avant d'intervenir. Car les instructions sont formelles : l'assaut doit avoir lieu immédiatement. Débarqués le soir du 5 novembre, les hommes sont contraints de lancer l'opération dans la nuit.

Circulant dans des Jeep empruntées aux contingents français présents à Beyrouth, le commando se rend près de l'ambassade d'Iran vers 3 heures du matin, le 6 novembre, en se faisant passer pour de simples soldats en patrouille nocturne. Les explosifs ont été répartis en une douzaine de charges. Le mode opératoire a été choisi afin de détruire totalement l'ambassade, comme le révèlent Jean-Michel B. et Paul C., un autre membre du commando qui m'a également confié ses souvenirs[1]. L'équipe doit installer les charges dans les sous-sols en les plaçant dans des boudins de plastique sur les piliers soutenant le bâtiment, de manière à ce que l'explosion le fasse s'effondrer. Les dégâts devraient être considérables. Paris veut envoyer un message clair à Téhéran : œil pour œil... Mitterrand a également donné pour consigne d'éviter les dommages collatéraux, à savoir des victimes civiles dans les zones habitées alentour.

Un premier essai avorté

Mais le scénario ne se déroule pas comme prévu. « Nous sommes allés sur le lieu de l'objectif le premier soir, ce qui faisait notre deuxième nuit sans sommeil, se rappelle

---

1. Son nom a été changé. Entretien avec l'auteur, octobre 2013.

Jean-Michel B. La situation que nous avons trouvée n'était pas du tout celle qu'on nous avait décrite. Il ne devait y avoir sur place qu'un couple de gardiens avec des enfants, que nous avions prévu de capturer et d'évacuer avant l'attentat. Or nous avons trouvé une vingtaine de gardes armés et en faction à l'étage. Il y avait une mitrailleuse pointée sur nous. Les maisons avoisinantes étaient plus proches que nous ne le pensions. Nous étions censés opérer dans l'obscurité, or des projecteurs étaient braqués vers l'extérieur. Nos tireurs ont essayé de les éteindre, ce qui a provoqué une certaine confusion parmi les gardes. On nous avait également indiqué que le bâtiment était entouré d'un petit muret. En réalité, il s'agissait d'un véritable mur, qui avait visiblement été rehaussé récemment avec des parpaings. Quant à la voie de sortie pour l'équipe, elle était encombrée d'arbres, ce qui posait un problème pour nos véhicules. Bref, rien ne collait. Nous avons décidé d'annuler l'opération et de quitter les lieux. » Une décision logique d'après les règles du SA : la situation constatée s'apparente aux « cas non conformes » généralement étudiés en amont et qui peuvent justifier le report ou l'abandon d'une opération.

À l'aube, le commando du SA regagne le PC « La Frégate », un cantonnement des forces françaises à Beyrouth-Ouest, et prend ses quartiers dans le gymnase. Au siège de la DGSE, boulevard Mortier, à Paris, l'amiral Lacoste attend fébrilement des nouvelles de ses équipes depuis la veille. Lorsqu'il apprend l'échec de la première tentative, la tension monte. L'Élysée, qui veut absolument prendre les Américains de court en menant cette action de rétorsion avant eux, insiste pour que l'attentat ait lieu coûte que coûte.

Des instructions sont transmises au colonel Lorblanchès pour reprogrammer immédiatement l'opération. Ce dernier demande un délai de quarante-huit à soixante-douze heures pour mieux se préparer, mais il reçoit ordre d'y retourner le soir même. La surprise est grande parmi ses équipiers. Jean-Michel B. se souvient : « On nous a dit que les Américains pourraient détruire l'ambassade d'Iran avec une bombe téléguidée au laser et qu'il fallait le faire avant eux. Nous avons été harcelés de messages de Paris toute la nuit. Jean-Claude Lorblanchès n'a pas pu s'y opposer. Nous avons compris qu'on n'avait pas le choix. »

Deuxième tentative, deuxième échec

Pour la deuxième tentative, le chef du SA demande des volontaires. Une poignée d'agents se portent candidats. Le commando principal compte huit hommes. Le mode opératoire est modifié afin de tenir compte de la situation constatée la première nuit : à défaut de pouvoir pénétrer discrètement dans les sous-sols, une Jeep remplie des six cents kilos d'explosifs sera abandonnée le long du mur d'enceinte de l'ambassade. Cela provoquera des dommages sans doute moins importants, mais le message sera tout aussi clair. Durant la journée, les hommes s'entraînent avec les véhicules, les charges et les retardateurs. Ils tentent de téléguider une Jeep vide pour qu'elle s'arrête le long d'un mur. Sans succès. La Jeep n'avance pas droit. Le commando doit se résoudre à prendre le risque de la conduire jusqu'à l'objectif pour s'assurer de sa position.

Dans la nuit du 6 au 7 novembre 1983, les hommes du SA reprennent le chemin de l'ambassade. Voilà trois jours qu'ils n'ont pas dormi. Leurs capacités physiques sont mises à rude épreuve. Dans l'une des trois Jeep à bord desquelles ils circulent, les explosifs et les retardateurs sont visibles ; ils n'ont pas eu le temps de les camoufler.

Pour faire diversion à leur arrivée aux abords du bâtiment, d'autres membres du SA postés à quelques dizaines de mètres tirent avec un lance-roquettes LRAC-F1 en direction du balcon, faisant croire à une attaque. Les gardiens de l'ambassade répliquent en direction de l'origine du feu. Le commando profite de la fusillade pour faire exploser les projecteurs et les lampadaires afin de pouvoir agir dans l'obscurité.

Les deux hommes qui ont pris place dans la Jeep piégée reçoivent l'ordre d'armer les trois retardateurs mécaniques de marque Lip, avec un délai d'une quinzaine de minutes, puis de rejoindre les deux autres véhicules et de quitter rapidement la zone. « Jusque-là, tout fonctionnait normalement, se souvient Jean-Michel B. Nous avons roulé jusqu'au port, nous attendions l'explosion quinze minutes plus tard. Mais elle n'a pas eu lieu. » L'un des équipiers a bien appuyé sur les retardateurs, comme prévu. Ses collègues estiment qu'il a peut-être mal enclenché le mécanisme, considéré comme assez sensible. À moins que les détonateurs n'aient pas été bien reliés aux charges. « Certains ont dit ensuite que les systèmes avaient été sabotés ou que nous ne voulions pas vraiment faire sauter les charges, commente Paul C. C'est totalement faux. Nous avions des ordres de l'Élysée et nous nous sommes entraînés toute la journée, mais il y a simplement eu un problème technique que nous n'avons pas pu éclaircir. »

Après de longues minutes d'attente, les deux Jeep reviennent près de l'ambassade. Deux membres du commando s'approchent à pied du véhicule piégé afin d'évaluer la situation, malgré les risques encourus. Derrière eux, leurs coéquipiers décident d'utiliser leur LRAC-F1 pour tenter de faire exploser la Jeep. « Si cela avait marché, nous aurions eu au moins deux morts : nos deux camarades qui marchaient vers le véhicule », estime Paul C. Mais la poisse semble coller à l'équipe du SA : leurs roquettes touchent seulement le moteur, empêchant la mise à feu des explosifs, placés sur le siège arrière. Le bruit attire une patrouille de l'armée libanaise, qui arrive rapidement à proximité de la Jeep piégée. Il est trop tard. Il ne reste plus qu'à abandonner la partie – en laissant sur place le véhicule, dont l'origine française sera aisément identifiée. « Les militaires libanais ont vite compris de quoi il s'agissait, raconte Jean-Michel B. Ils ont ensuite voulu rendre la Jeep aux soldats français. Ils ont montré d'autres retardateurs non percutés qu'ils avaient récupérés dans la boîte à gants, et ceux-là fonctionnaient parfaitement. Nous sommes rentrés en France avec une immense frustration. »

Maigre consolation : exfiltrés sans encombre du Liban *via* Larnaca, les membres du commando seront reçus secrètement par le ministre de la Défense, Charles Hernu, qui estimera que les Iraniens ont tout de même compris le message. Une dizaine d'agents du SA repartiront immédiatement à Beyrouth pour mener d'autres opérations clandestines durant plusieurs mois.

Un ratage aux lourdes conséquences

Le revers est cuisant, et les responsabilités sont partagées. « Nous avons commis des maladresses, estime Jean-Michel B. Mais on nous a poussés à agir dans de mauvaises conditions. La pression politique a été trop forte. Elle est souvent mauvaise conseillère. »

À Paris, ce ratage provoque un vif émoi à la DGSE, au ministère de la Défense et à l'Élysée. « Mitterrand était furieux, se souvient l'amiral Lacoste. Mais, comme il avait été dans la Résistance durant la guerre, il comprenait parfaitement que ces opérations puissent échouer. » Cependant, le fiasco de Beyrouth laissera des traces dans l'esprit du président, qui n'a jamais eu une immense confiance dans l'efficacité des services secrets. « La France paiera cette lourde erreur d'une recrudescence du terrorisme inspiré par les services iraniens », écrira Gilles Ménage, directeur de cabinet de Mitterrand, selon lequel la DGSE n'aurait pas dû « réaliser une action aussi grave avec autant de légèreté[1] ».

Au ministère de la Défense, des conseillers de Charles Hernu, appuyés par certains hiérarques des états-majors, profitent de la situation pour critiquer vertement le SA et principalement son chef, Jean-Claude Lorblanchès, qui sert de bouc émissaire dans cette affaire. « J'ai subi une campagne intense pour remplacer le chef du SA, précise l'amiral Lacoste. Charles Hernu en a parlé deux ou trois fois au président Mitterrand. Un jour, le président m'a convoqué pour me dire qu'Hernu voulait que je renvoie le chef du SA. "Maintenant, c'est moi qui vous le dis", a-t-il ajouté. J'ai compris le message[2]. »

Finalement, en novembre 1984, le cabinet du ministre obtient la tête du colonel Lorblanchès. C'est un homme poussé par le sérail militaire qui le remplace : Jean-Claude Lesquer. Issu de la Légion étrangère, ce dernier rêvait plutôt

---
1. Gilles Ménage, *L'Œil du pouvoir*, t. 3, *op. cit.*, p. 213.
2. Entretien avec l'auteur, juillet 2012.

de prendre le commandement du 2ᵉ REP de Calvi[1]. Quelques mois plus tard, le SA organisera le sabotage du navire de Greenpeace, le *Rainbow Warrior*, en Nouvelle-Zélande – une tentative pour remettre en selle son service. Cette opération tournera, elle, au scandale politique, et conduira au départ non seulement de l'amiral Pierre Lacoste, mais aussi du ministre Charles Hernu.

Selon le commandant Alain Mafart, l'un des protagonistes de l'affaire du *Rainbow Warrior*, l'origine de ce deuxième fiasco remonte bien à celui de Beyrouth en 1983, qui aurait profondément déstabilisé la maison : « Suite à l'échec de la riposte à Drakkar, le service vient de perdre la confiance que ses patrons politiques pouvaient lui accorder et se trouve dans une très mauvaise posture. » D'après lui, la DGSE aurait connu, à ce moment-là, une hémorragie de cadres. Fragilisée, elle pouvait être tentée de se « refaire » en acceptant d'autres missions encore plus risquées. « La genèse de l'affaire Greenpeace est là, sur fond de personnels désemparés, de départs massifs vers l'administration civile ou les entreprises privées. S'y ajoute cette nouvelle orientation, cette doctrine trop conjoncturelle, mal adaptée aux structures du service[2] », conclut Alain Mafart.

« Il faut donner une gifle aux tueurs »

Mais l'histoire ne s'arrête pas là. Au lendemain de cette mission avortée à Beyrouth, le président Mitterrand veut toujours venger les morts du Drakkar. À défaut d'opération semi-clandestine, l'Élysée ordonne une réplique militaire plus visible, en liaison avec la Maison-Blanche, qui prépare un bombardement simultané. Le président Ronald Reagan écrit à son homologue

---

1. Voir Roger Faligot, Jean Guisnel et Rémi Kauffer, *Histoire politique des services secrets français*, op. cit., p. 430.
2. Alain Mafart, *Carnets secrets d'un nageur de combat*, op. cit., p. 119.

français le 12 novembre pour lui annoncer les dates possibles pour les frappes, entre le 16 et le 19 novembre. « Quoi que fassent les États-Unis, nous agirons, confie Mitterrand à son chef d'état-major particulier, le général Jean Saulnier. Il faut donner une gifle aux tueurs, à condition d'avoir le bon objectif[1]. »

Un raid aérien dans la plaine de la Bekaa doit détruire une ancienne caserne de l'armée libanaise et un hôtel, occupés par plus d'une centaine de militaires iraniens et par des chiites libanais de la milice Amal islamique de Hussein Moussaoui. Une partie de l'équipe du SA, revenue à Beyrouth, est chargée de faire des repérages au sol afin de guider les tirs des chasseurs français. Parallèlement, après qu'une série d'attentats a visé des immeubles abritant des soldats et des services de renseignement israéliens au Liban, l'aviation de l'État hébreu pilonne des positions chiites dans cette région.

Dans la journée du 17 novembre 1983, Charles Hernu déclenche l'opération Brochet. Au dernier moment, Ronald Reagan refuse de s'associer à ces représailles, préférant prudemment donner ordre à ses généraux de retirer progressivement tous les Marines du sol libanais, où ils demeurent exposés. En dépit du lâchage américain, Mitterrand ne change pas d'avis. Décollant du porte-avions *Clemenceau*, qui navigue au large du Liban, huit chasseurs français Super-Étendard larguent à haute altitude une trentaine de bombes sur la caserne Cheikh Abdallah, près de Baalbeck.

Le responsable de la milice chiite Amal islamique, Hussein Moussaoui, clame publiquement que les pertes dans son camp se limitent à un mort et deux blessés, la caserne ayant été désertée avant l'assaut. Pourtant, selon les rapports de l'opération remis au président de la République, une dizaine de miliciens chiites ont bien été tués, ainsi qu'une douzaine de soldats iraniens. Mais les bâtiments ont effectivement été évacués en partie juste avant l'attaque. « Il y eut moins d'une trentaine de victimes, et rien qui fût de nature à

---

[1]. Rapporté dans Pierre Favier et Michel Martin-Roland, *La Décennie Mitterrand*, t. 2, *op. cit.*, p. 39.

porter atteinte, pour l'avenir, à la capacité opérationnelle de ceux qui avaient organisé l'attentat du Drakkar, ni à punir ses responsables présumés[1] », déplorera Gilles Ménage, très critique quant au choix de la cible. À noter aussi que les chasseurs français ont essuyé des tirs de missiles antiaériens quand ils sont arrivés sur la zone. Des fuites, attribuées au Quai d'Orsay et aux forces libanaises, ont peut-être contribué à ce semi-échec.

Lors du Conseil des ministres du 23 novembre 1983, François Mitterrand tente de justifier ce raid, dont les effets, selon lui, ont été brouillés par une entreprise de désinformation : « Il y a eu un certain étonnement devant cette mesure qui était dure à prendre, qui a été exécutée dans des conditions risquées, et qui a été réussie par rapport à ses objectifs. Cette mesure heurtait la conscience individuelle, c'est un enchaînement de faits qui la rendait nécessaire. [...] Il s'agit d'une responsabilité du chef de l'État, du ministre de la Défense et du Premier ministre, qui ne peut pas être aisément partagée. Cette responsabilité est lourde pour ceux qui l'ont. C'est la règle du jeu[2]... »

Opérations secrètes à Beyrouth

Mais le constat demeure : la France est de plus en plus menacée au Liban. Dans les semaines qui suivent le Drakkar, cinq soldats français sont victimes, à Beyrouth, d'attaques revendiquées par le Djihad islamique. Le 21 décembre 1983, un nouvel attentat au camion piégé frappe le poste du contingent français « La Frégate », à Berjaoui. Le bilan – un mort et seize blessés parmi les parachutistes, seize morts et quatre-vingt-quatre blessés dans la population civile libanaise – aurait pu être beaucoup plus lourd si le bâtiment n'avait pas été depuis peu protégé par un nouveau mur d'enceinte, qui a amorti le souffle de l'explosion. L'hécatombe se poursuit, avec la mort

---

1. Gilles Ménage, *L'Œil du pouvoir*, t. 3, *op. cit.*, p. 217.
2. Verbatim rapporté *ibid.*, p. 221.

d'un légionnaire français, le 9 janvier 1984, lors d'un attentat contre la Résidence des Pins, où habite l'ambassadeur de France à Beyrouth.

Les risques sont de plus en plus grands. Sur place, des militaires français veulent se défendre et organisent des rétorsions semi-clandestines. Le colonel Christian Quesnot – futur chef d'état-major particulier du président Mitterrand entre 1991 et 1995 – s'occupe du déminage de Beyrouth avec un détachement du 17ᵉ régiment de génie parachutiste. Il s'agace que ses hommes soient la cible de *snipers*. « Je suis allé voir le chef militaire de la milice Amal de mon quartier, se souvient le gradé. Je lui ai dit que si ses gars continuaient de tirer sur nos véhicules, nous le flinguerions, lui, sa femme et ses filles. Je lui ai montré le dossier d'objectifs que nous avions préparé sur sa famille, avec des photos. Ça l'a impressionné. Et je lui ai proposé, en échange, qu'on démine aussi ses véhicules. Les choses se sont ainsi un peu calmées[1]. »

Pour limiter les infiltrations d'assaillants dans la ville, les soldats du génie édifient aussi des merlons de protection et piègent des égouts, provoquant des explosions qui font des ravages parmi les combattants. En dépit de ces dispositifs, les contingents des autres pays de la Force multinationale plient bagage les uns après les autres. La France se résout finalement à rapatrier ses soldats fin mars 1984, ne laissant sur place que ceux qui participent à la force de l'ONU au Sud-Liban.

Lorsqu'il a reçu le vice-président américain, George Bush, à l'Élysée quelques semaines plus tôt, François Mitterrand n'a pas caché sa peur de nouveaux attentats suicides à Beyrouth. Face à Ronald Reagan, à la Maison-Blanche, un mois plus tard, il réitère ses craintes. « Les commandos venus d'Iran sont les plus dangereux[2] », dit-il, mentionnant explicitement l'attentat du Drakkar.

---

1. Entretien avec l'auteur, mai 2013.
2. Entretien entre le président Ronald Reagan et le président François Mitterrand, 23 mars 1984, Maison-Blanche, archives de la présidence de la République, 5AG4 CD 74, Archives nationales.

La traque de Moughnieh, suspect numéro un

Malgré ces déconvenues répétées, le président veut continuer de traquer secrètement les responsables du Drakkar. La DGSE se voit ainsi confier la mission de remonter jusqu'aux commanditaires.

Le suspect numéro un s'appelle Imad Moughnieh. Né en 1962 au Sud-Liban, ce jeune chiite à l'allure impassible a d'abord combattu à Beyrouth aux côtés des Palestiniens de l'OLP comme *sniper* de l'unité d'élite Force 17, jusqu'à l'été 1982. Recruté parallèlement par les officiers iraniens des pasdarans, venus s'installer dans la Bekaa libanaise, il est chargé de commander l'unité secrète Amin al-Haras, au sein de la Garde révolutionnaire iranienne au Liban[1].

Officiellement, Imad Moughnieh dirige la branche armée du Djihad islamique, qui est l'une des dénominations du Hezbollah. En novembre 1982, les combattants d'Amal islamique remettent les clés de la caserne de gendarmerie Cheikh Abdallah, dans la Bekaa, aux miliciens iraniens, permettant à ceux-ci d'organiser leurs opérations, en lien avec Moughnieh. Les attaques du 23 octobre 1983 contre le QG des Marines et l'immeuble du Drakkar constituent le point d'orgue de ce « djihad », la guerre sainte lancée par l'Iran contre le Grand Satan américain et son allié français.

Durant les mois qui suivent ces attentats, les services américains, CIA en tête, demeurent dans le flou concernant leurs commanditaires réels, au-delà des commandos de la milice Amal islamique et du pouvoir iranien. Puis, sans avoir de preuves formelles, la CIA et la DGSE, aidées par les services algériens, commencent à s'intéresser à Imad Moughnieh. « Nous avons mis du temps à comprendre son rôle actif au sein de la branche armée du Hezbollah, mais nous l'avons ensuite classé dans nos cibles importantes, pratiquement au même niveau que Carlos

---

1. Voir Jean-René Belliard, *Beyrouth. L'enfer des espions*, *op. cit.*, p. 342.

et Abou Nidal[1] », se souvient un ancien dirigeant de la DGSE. Moughnieh est identifié comme l'un des principaux responsables du double attentat d'octobre 1983. À son propos, le journaliste Gilles Delafon écrira : « Impossible de savoir où il dort. Il évite de passer deux nuits au même endroit, Sa photo, elle, n'a jamais été publiée. [...] Il est capable de faire agir ou d'acheter des hommes susceptibles d'agir. Il a l'argent, les armes et les explosifs[2]. » L'individu paraît aussi insaisissable que redoutable. Sa maison familiale, à Aïn el-Dilbah, un quartier pauvre de Beyrouth, près de l'aéroport, est protégée par des miliciens.

Imad Moughnieh est aussi l'instigateur présumé des prises d'otages occidentaux à Beyrouth. Les services secrets le soupçonnent de les orchestrer en liaison avec le ministre iranien des Gardiens de la révolution, Mohsen Rafigh Doust, qui sera l'un des négociateurs incontournables dans ce dossier.

Les rapts se multiplient : Jeremy Levin, journaliste américain, et William Buckley, chef de poste de la CIA au Liban, en mars 1984 ; Lawrence Jenco, ecclésiastique américain, en janvier 1985 ; Terry Anderson, journaliste américain, Marcel Carton, vice-consul français, Marcel Fontaine, officier du protocole français, Brian Levick, Alec Collett et Geoffrey Nash, ressortissants britanniques, et Nicolas Kuiters, pasteur néerlandais, en mars 1985 ; Jean-Paul Kauffmann, reporter français, Michel Seurat, chercheur français, et David Jacobsen, administrateur d'hôpital américain, en mai 1985 ; Thomas Sutherland, agronome américain, en juin 1985... La liste n'est pas exhaustive. Ces enlèvements sont revendiqués par le Djihad islamique, derrière lequel se cachent le Hezbollah et les hommes d'Imad Moughnieh. L'organisation exige notamment de la France et des États-Unis qu'ils fassent pression sur le Koweït pour que l'émirat relâche dix-sept militants chiites emprisonnés, dont un membre de la famille de Moughnieh[3].

---

1. Entretien avec l'auteur, septembre 2014.
2. Gilles Delafon, *Beyrouth. Les soldats de l'Islam*, Stock, 1989, p. 174-175.
3. « Lebanon, "Islamic Jihad" Goes Public on the Hostages, Terrorism Review », 3 juin 1985, direction du renseignement de la CIA, archives

Les négociations pour tenter d'obtenir la libération des otages français, qui se déroulent entre Téhéran, Damas et Beyrouth, patinent. En décembre 1985, alors que des pourparlers tendus se profilent à Téhéran, les services américains préviennent les autorités françaises qu'Imad Moughnieh va faire un passage... par Paris. L'extrémiste chiite libanais, considéré comme le responsable des attentats de 1983, de la campagne de kidnappings et du détournement d'un Boeing de la TWA en juin 1985, tenterait de se cacher en France après avoir fait enlever des diplomates soviétiques à Beyrouth, ce qui aurait provoqué des rétorsions de la part de Moscou[1]. Selon les informations parues dans la presse française et américaine en février 1986, les Américains auraient demandé que Moughnieh soit interpellé par la police française pour être extradé. Mais le Quai d'Orsay s'y serait opposé afin de ne pas faire échouer les négociations en cours sur les otages français. Ces informations sont vigoureusement démenties par les ministères de l'Intérieur et des Affaires étrangères[2]. « On s'efforça d'exploiter les renseignements américains, qui se révélèrent inexacts : on ne trouva pas trace du chef terroriste[3] », expliquera Gilles Ménage, alors en charge des dossiers de police à l'Élysée.

La DST guette en effet les arrivées dans les aéroports, sans succès. En mai 1986, la CIA signale à nouveau la venue d'Imad Moughnieh en France. Le ministre de l'Intérieur, Charles Pasqua, et son bras droit, Robert Pandraud, font de ce dossier une priorité. Un important dispositif de surveillance s'organise

---

de la CIA. Voir aussi Robert Baer, *La Chute de la CIA*, JC Lattès, 2002, p. 142.

1. Les trois diplomates soviétiques enlevés à Beyrouth en septembre 1985 furent libérés après que le KGB eut procédé lui-même au kidnapping violent d'un Palestinien, Ali Dib, ancien chef de Moughnieh. Ce dernier préféra relâcher ses otages, après intercession de l'OLP. Voir Jean-René Belliard, *Beyrouth. L'enfer des espions*, *op. cit.*, p. 360-361.

2. Cette affaire est évoquée dans *France-Soir*, *Le Figaro*, le *New York Times*, *Libération* et *Le Monde*. Voir « La France a refusé d'appréhender un terroriste à Paris », *Le Monde*, 17 mars 1986.

3. Gilles Ménage, *L'Œil du pouvoir*, t. 3, *op. cit.*, p. 446.

autour d'un hôtel parisien avec la DGSE et la DST. En vain. Officiellement, l'oiseau n'est pas sur le territoire français. En réalité, où qu'il soit, l'Élysée est bien décidé à ne pas l'arrêter à cause des otages au Liban.

Au siège de la DGSE, la décision est pourtant prise de constituer sur un lui un dossier de « reconnaissance à fin d'action » – autrement dit, de préparer une éventuelle opération Homo. « Pendant plus d'un an, nous avons essayé de le localiser et nous l'avons pisté, avec des équipes qui se relayaient[1] », se souvient un officier du SA mobilisé sur cette affaire.

Dans le collimateur de la DGSE, de la CIA et du Mossad

Cependant, ce déploiement de moyens reste vain. L'homme échappe à ses poursuivants. « Et nous n'avons pas reçu de feu vert de nos supérieurs pour procéder à l'exécution[2] », témoigne un autre agent du SA. Paris craint toujours qu'une opération Homo n'ait des conséquences fâcheuses.

Imperturbable, Imad Moughnieh continue de narguer ceux qui le pourchassent. En octobre 1986, des vidéos de plusieurs otages français et américains sont rendues publiques. La CIA y voit le fruit d'une campagne du groupe de Moughnieh, qui les détient, pour forcer « Paris et Washington à faire des concessions[3] ». Les Américains et les Français espèrent pouvoir négocier avec lui, notamment par l'intermédiaire des diplomates algériens en poste à Beyrouth, qui l'ont rencontré[4]. Les discussions se prolongeront encore des années avant d'aboutir.

---

1. Entretien avec l'auteur, avril 2013.
2. Entretien avec l'auteur, juin 2013.
3. « Hizbollah Groups Steps Up Public Relations Campaign ; Captors Appeal to French Public, DCI-Hostage Location Task Force Report », 10 octobre 1986, mémo de Charles Allen (CIA) à John Poindexter (Maison-Blanche), archives de la CIA.
4. « French Suggestion : Meeting with Government of Algeria on Hostages », télégramme du département d'État américain, 11 décembre 1986, archives du département d'État.

Parallèlement, les dossiers sur le terroriste s'accumulent à la CIA et à la DGSE, et remontent jusqu'à la Maison-Blanche et à l'Élysée.

Moughnieh, qui s'est réfugié entre-temps à Téhéran, semble intouchable. « Il a passé sa vie à nous faire un bras d'honneur[1] », avouera un vétéran de la CIA. Chargé des opérations militaires secrètes du Hezbollah, figurant sur la liste des terroristes les plus recherchés par les États-Unis avant même 2001, Moughnieh trouvera finalement la mort le 12 février 2008 à Damas dans l'explosion d'une voiture piégée[2]. Cet assassinat ciblé sera attribué aux services secrets israéliens, qui le jugeaient responsable des attentats anti-israéliens qui avaient fait des dizaines de morts en 1992 et 1994 à Buenos Aires.

---

1. Rapporté dans Mark Perry, « The Driver », *The Power Issue*, mai-juin 2013.
2. « Hezbollah Warlord Was an Enigma », *Los Angeles Times*, 31 août 2008.

7

« Moi, mercenaire, employé par Mitterrand pour faire la guerre »

« Oui, j'ai mené une guerre secrète sur ordre de Mitterrand[1]. » Sortant d'un silence de plusieurs décennies, René Dulac ne me cache pas avoir été surpris, en 1983, lorsqu'il a été contacté par la DGSE pour reprendre du service. Lui, le mercenaire devenu un marchand d'armes à la réputation sulfureuse. Lui, l'ancien bras droit du légendaire Bob Denard, symbole des barbouzeries africaines. Lui, surnommé « le Grand », qui a naguère, avec l'aval du SDECE, fait le coup de feu dans les zones dangereuses, le plus souvent au nom de la lutte contre des régimes communistes. Son récit, inédit, a d'autant plus de valeur qu'il est corroboré par d'autres sources[2].

À la fin des années 1970, René Dulac a, il est vrai, rompu avec Bob Denard, qui régnait en maître sur l'archipel des Comores. « Le Grand » se consacre à la création de la garde présidentielle d'Omar Bongo, au Gabon, et à quelques transferts d'armements du Brésil vers l'Afrique *via* sa société Transoccidentale SA, basée en Belgique, au Luxembourg et à Paris. Mi-mercenaire, mi-homme d'affaires, il se fait le plus discret possible. Avec l'arrivée de la gauche au pouvoir, en mai 1981, les mercenaires, assimilés à des « Affreux » d'extrême droite, n'ont pas la cote. Et l'heure n'est plus, semble-t-il, aux coups de main néocoloniaux. François Mitterrand n'a-t-il pas vertement critiqué l'interventionnisme militaire de son

---

[1]. Entretien avec l'auteur, juin 2013.
[2]. Voir notamment Claude Faure, *Aux services de la République*, op. cit., p. 602-603.

prédécesseur en Afrique et ses relations troubles avec certains régimes honnis, du Gabon d'Omar Bongo à la République centrafricaine de l'empereur autoproclamé Bokassa Ier ?

« *Nous avons besoin de vos services* »

Fin juin 1983, René Dulac est de passage à Paris chez une amie. Il reçoit un curieux appel d'un correspondant dont il reconnaît la voix, un dénommé « Jean-Pierre » – en réalité le pseudonyme du général G., de la DGSE, avec qui il a jadis été en contact. « Nous savons que vous avez rendu des services à la République, lui dit ce dernier. Pouvons-nous nous voir immédiatement ? » « Jean-Pierre », qui connaît son adresse de résidence temporaire, s'est posté à quelques mètres pour l'appeler. Étonné, René Dulac le rejoint dans sa voiture. Le général lui expose rapidement la situation : « On veut monter une opération au Tchad. Denard a fait assez de bêtises. Mais vous, on vous connaît. Nous avons besoin de vos services. »

Dulac n'en revient pas : c'est la première fois que le gouvernement de François Mitterrand en appelle directement à des mercenaires payés pour faire le « sale boulot » dont personne ne veut se charger. Un recours aussi inavouable qu'indispensable. Car, en ce début d'été, l'Élysée se trouve dans une situation compliquée au Tchad. Au nord, le leader libyen, Mouammar Kadhafi, a lancé, le 19 juin, une nouvelle offensive militaire éclair avec l'aide de son allié tchadien, Goukouni Oueddei, et ses milliers de soldats. Le second veut reprendre le pouvoir à N'Djamena, d'où l'ancien rebelle Hissène Habré, soutenu par la CIA et par quelques mercenaires de l'équipe Denard, l'a chassé un an plus tôt. Naguère, la France avait tenté de se rapprocher du régime d'Oueddei, avant d'être contrainte d'aider celui d'Habré, non moins despotique[1]. Oueddei veut sa revanche, et il a appelé

---

1. En août 1982, la France a signé avec le Tchad un accord de coopération qui inclut une assistance militaire.

à la rescousse Kadhafi, dont les visées hégémoniques sur le Tchad sont un secret de Polichinelle. Appuyées par des militaires libyens, lourdement armées – chars soviétiques, lance-roquettes, mortiers et obus –, les troupes d'Oueddei sont passées à l'attaque, depuis le nord, sans rencontrer de résistance active. Le 24 juin, la palmeraie de Faya-Largeau, ville clé pour lancer l'assaut vers le sud, est tombée.

À Paris, cette crise prend les autorités à contre-pied. François Mitterrand rechigne à réagir immédiatement. Il exècre le président tchadien Hissène Habré, qui est financé en partie par les Américains. Demander à l'armée française d'aller sauver le régime d'Habré reviendrait à renouer avec les vieilles habitudes coloniales et à imiter Giscard. Les experts de la CIA qui suivent l'affaire de près notent, avec un brin d'ironie : « Ce serait une décision difficile pour le président Mitterrand d'envoyer des troupes au Tchad après des années de critiques des socialistes contre l'aventurisme militaire en Afrique des précédents gouvernements[1]. » De plus, le président français ne veut pas fermer la porte à une négociation avec Kadhafi, qu'il juge imprévisible, mais ouvert à des discussions – pour lesquelles il a d'ailleurs missionné son ami Roland Dumas[2].

Toutefois, en défenseur des principes traditionnels de la souveraineté des États, Mitterrand ne peut pas laisser Kadhafi franchir les frontières et envahir impunément le Tchad. L'expansionnisme du leader libyen est jugé « dangereux » à Paris. Les dirigeants des pays amis de la région, comme le Sénégal et la Côte d'Ivoire, pressent ouvertement le président français d'intervenir. Les Américains font de même, Ronald Reagan en tête, car la CIA alerte la Maison-Blanche sur l'imminence d'une attaque décidée par Kadhafi. « Ces derniers mois, a prévenu la CIA fin 1982, les Libyens ont fourni des armes d'infanterie, des munitions, de l'essence et des véhicules légers

---

1. « Note for Director of Central Intelligence, Chad », 3 août 1983, CIA, archives de la CIA.
2. Voir le récit de ces missions dans Roland Dumas, *Affaires étrangères. 1981-1986*, Fayard, 2007, p. 305 *sq.*

au millier de soldats de l'ex-président Goukouni Oueddei présents au nord du Tchad, ainsi que des conseillers militaires. Les forces d'Oueddei sont complétées par des Tchadiens recrutés avec l'aide des Libyens et transportés *via* le Bénin pour être infiltrés au nord du Tchad[1]. »

Arrêter les Libyens à tout prix

François Mitterrand ne peut tergiverser éternellement. Les états-majors militaires commencent à établir des plans d'opérations, mais celles-ci nécessiteront plusieurs semaines de préparatifs. Pendant ce temps, les Libyens gagnent chaque jour du terrain.

Au siège de la DGSE, boulevard Mortier, les experts s'arrachent les cheveux. L'amiral Pierre Lacoste, patron de la maison, a reçu de l'Élysée la consigne de chercher une « solution rapide ». Il lui faut trouver le moyen d'agir, mais pas directement. Le SA peut envoyer sur place quelques hommes, mais il ne doit pas les envoyer au combat. Le risque est trop grand, pense-t-on, qu'un agent français tombe entre les mains des Libyens, lesquels exploiteraient l'incident de manière probablement outrancière.

La solution ? Recourir à des mercenaires, forcément moins visibles. Et Paris pourrait toujours démentir tout lien avec eux en cas de coup dur. Leur recrutement doit simplement être des plus discrets. Si les médias apprenaient qu'un gouvernement de gauche fait appel à des « Affreux » pour mener une guerre secrète contre les Libyens, les retombées pourraient se révéler catastrophiques. Voilà pourquoi la DGSE fait appel à René Dulac, dont chacun sait qu'il est compétent, disponible, effacé... et fâché avec l'épouvantail Denard, qu'il est

---

1. « Libyan Activities in Northern Chad », mémorandum pour le directeur central du renseignement, 2 novembre 1982, archives de la CIA ; « Libya-Chad Military Situation », mémorandum de la CIA, 9 décembre 1982, archives de la CIA.

inenvisageable d'employer. « Mon interlocuteur de la DGSE m'a dit qu'il fallait absolument arrêter les Libyens. Que c'était un ordre de l'Élysée », se souvient Dulac.

Une réunion de crise est rapidement organisée avec René Dulac et une brochette de responsables de la DGSE. Elle se déroule rue Monsieur, dans les bureaux du ministère de la Coopération, chargé de couvrir les préparatifs de cette opération secrète. Le chef des opérations à la direction de la DGSE et Robert Peccoud, qui s'occupe des affaires militaires aux côtés du ministre Christian Nucci, coordonnent le projet, suivi de près par Jean-François Dubos, le conseiller spécial du ministre de la Défense, Charles Hernu, ainsi que par Guy Penne et François de Grossouvre, conseillers de Mitterrand.

René Dulac écoute ses interlocuteurs lui détailler les contours de sa mission : il doit rejoindre Hissène Habré et l'aider à contre-attaquer afin de gagner quelques semaines avant l'arrivée éventuelle des soldats français de l'opération Manta. Une précision importante : « Si vous êtes pris par les Libyens, on ne bougera pas. Vous serez seul responsable. »

Le mercenaire n'est pas effrayé par ces conditions. Selon lui, il pose aussi les siennes : « J'ai expliqué qu'il me fallait des missiles Milan avec des caméras thermiques pour frapper les chars libyens. Ces missiles n'étaient pas encore beaucoup utilisés par l'armée française. Il me fallait aussi une équipe pour former mes gars à se servir des Milan. J'avais également besoin de Land Rover, de véhicules légers, de postes de transmission et d'autres matériels. Mes commanditaires ont accepté. J'ai aussi exigé que les mercenaires recrutés aient des contrats de six mois minimum garantis. Ils ont donné leur accord. En revanche, j'ai demandé qu'on me donne des listes d'anciens paras ou d'anciens légionnaires afin que je puisse contacter certains d'entre eux. Là, on m'a dit que ce n'était pas possible. Cela me compliquait la tâche, mais je leur ai répondu que je pouvais me lancer avec trente à trente-cinq types. »

Des salaires qui transitent par le Luxembourg

Grâce à sa société implantée au Luxembourg, René Dulac obtient que les paiements soient effectués sur l'un de ses comptes dans ce pays. Lui se charge de verser directement les salaires aux mercenaires – 17 000 francs par mois [2 600 euros] – *via* sa société Transoccidentale. Concrètement, le chef de cabinet de Christian Nucci, Yves Chalier, dépose le 29 juin 1983 les statuts d'une association loi 1901, Carrefour du développement, créée dans l'orbite du ministère de la Coopération et financée par ce dernier. Officiellement, elle a pour but de « sensibiliser l'opinion publique aux problèmes de développement ». En réalité, elle servira à financer de manière détournée la guerre clandestine contre les Libyens au Tchad, puis fera office de caisse noire, ce qui donnera lieu ensuite à des détournements et à des scandales[1]. Il n'est pas question d'utiliser les fonds secrets du gouvernement, car il faut pour cela obtenir l'aval de Pierre Mauroy à Matignon, ce qui n'est pas garanti. « Ils se sont débrouillés pour mettre l'argent sur mon compte au Luxembourg et je n'ai jamais eu affaire directement à l'association Carrefour du développement », précise le mercenaire.

René Dulac commence à téléphoner à ses contacts dans le petit milieu qu'il connaît bien. Il est flatté que les services aient fait appel à lui plutôt qu'à un autre – en l'occurrence, Bob Denard. D'ailleurs, lorsqu'il est mis au courant, ce dernier ne cache pas sa colère. Lui qui a donné un coup de main à Hissène Habré quelques mois plus tôt est vexé d'être écarté de cette mission officieuse au Tchad. Il estime qu'elle devait lui revenir. Il

---

1. Des détournements de plusieurs millions de francs seront découverts en lien avec le financement du sommet franco-africain de Bujumbura en 1984. Le ministre de la Coopération, Christian Nucci, et son chef de cabinet, Yves Chalier, seront poursuivis dans cette affaire, dite du Carrefour du développement. Yves Chalier sera condamné le 1er avril 1992 à cinq ans de prison par une cour d'assises, tandis que Christian Nucci bénéficiera d'une loi d'amnistie en 1990, tout en étant condamné, en 1996, pour gestion de fait par la Cour des comptes.

déclarera : « La France ne voulait pas de nous. Dommage ! Pour cent fois moins d'argent, le résultat eût été le même. [...] Mais nous étions en 1983 et, depuis l'arrivée des socialistes au pouvoir, je n'avais pas le vent en poupe dans les hautes sphères[1]. »

Des recrues venues de l'extrême droite

Jaloux, Bob Denard fait tout pour dissuader ses proches de participer à l'opération. Malgré sa consigne, Dulac parvient à rassembler rapidement une vingtaine de mercenaires. Il est secondé dans cette tâche par Olivier D., un ancien de la bande à Denard au passé sulfureux, qu'il a connu en Afrique. Surnommé « Naf Naf », cet ex-militant d'extrême droite passé par le GUD, un groupuscule étudiant musclé, a fait partie des services d'ordre de la campagne de Giscard en 1974. Puis il a combattu dans les Phalanges chrétiennes au Liban dans les années 1970, avant de rejoindre Denard aux Comores et de faire quelques voyages au Gabon. Il a été mêlé à une affaire de trafic d'armes avec des barbouzes dont certains sont suspectés – à tort – de vouloir fomenter un complot contre Mitterrand[2].

Peu importe : les services secrets et l'Élysée ont soudainement besoin de ses « compétences ». Aussi ferment-ils pudiquement les yeux sur le profil des hommes qui entourent Dulac pour sa mission au Tchad. Installé au Novotel de la Porte de Bagnolet, à Paris, Olivier D. recrute lui-même les mercenaires parmi ses vieilles connaissances, dont d'anciens paras et légionnaires, d'ex-membres des gardes présidentielles

---

1. Rapporté dans Pierre Lunel, *Bob Denard*, op. cit., p. 581.
2. Un trafiquant d'armes venant de Belgique a été arrêté en octobre 1981 et l'enquête a conduit à l'arrestation de plusieurs personnes, dont Olivier D. Certaines d'entre elles ont évoqué des projets flous de complot et des liens avec le capitaine Paul Barril, du GIGN. Mais l'investigation ne le confirmera pas. Voir Henry Allainmat et Gilbert Lecavelier, *Affaires d'État. Des dossiers très spéciaux 1981-1987*, Albin Michel, 1987, p. 47 *sq.*

des Comores et du Gabon, d'ex-membres de l'OAS et autres soldats de fortune[1].

L'équipe, baptisée Saxo, achève rapidement ses préparatifs. Le 11 juillet 1983, une poignée de mercenaires décollent du Bourget à bord d'un C130 de la Sfair, une petite compagnie aérienne de fret régulièrement sollicitée par la DGSE pour ses opérations clandestines. Le vol vers le Tchad ne doit pas être direct, pour éviter d'attirer l'attention. L'avion, bourré de matériel militaire, dont les missiles Milan, fait escale au Caire, puis à Bangui, en Centrafrique. Sur place, le représentant de la DGSE oblige des soldats français à installer un campement provisoire à l'aéroport pour héberger les « coopérants » de passage. Puis le C130 conduit ces derniers à N'Djamena. « Nous avons été reçus par l'attaché militaire français, se souvient René Dulac. Et je me suis aussitôt rendu à Abéché, dans l'Est, où se trouvait Hissène Habré, qui préparait la reconquête du Nord et de Faya-Largeau avec ses troupes. Je circulais dans un véhicule militaire français équipé d'un poste de radio et je faisais mon rapport tous les jours à Paris. Je pense que mes informations allaient à la DGSE et à l'Élysée, directement sur le bureau du président Mitterrand. En fait, nous dépendions de la DGSE pour pratiquement tout. » L'ancien directeur de la DGSE, l'amiral Pierre Lacoste, et deux anciens cadres du SA m'ont confirmé ces liens étroits avec l'équipe de Dulac[2].

D'autres mercenaires et des matériels débarquent sur le tarmac de N'Djamena. Installé dans le camp militaire de Dubut, le groupe Saxo, composé d'une trentaine d'hommes, est entraîné par quelques agents du SA au maniement des missiles antichars Milan. L'équipe de la DGSE, baptisée force Oméga, se

---

1. Voir notamment les récits indirects dans Patrick Olivier, *Soldat de fortune*, Éditions Gérard de Villiers, 1990, p. 190-207. Le récit d'Olivier D., qui corrobore celui de René Dulac, m'a été confirmé – ainsi que son profil – par le chercheur Walter Bruyère-Ostells, qui a pu recueillir son témoignage en avril 2013. Entretien de Walter Bruyère-Ostells avec l'auteur, juin 2013.

2. Entretiens de l'amiral Pierre Lacoste avec l'auteur, 2009 et 2013. Entretiens des anciens cadres du SA avec l'auteur, 2013.

déploie avec des instructeurs qui vont soutenir discrètement l'armée tchadienne, à l'instar de la CIA.

« *Nous avons pulvérisé des Libyens* »

Quelques jours plus tard, le 18 juillet, Hissène Habré commence son offensive en remontant vers le nord. Ses soldats, essentiellement des nomades du désert, les Goranes, sont juchés sur leurs pick-up, armés de mitrailleuses, et foncent droit devant, sans hésiter. Les mercenaires français les accompagnent, équipés de canons, de fusils d'assaut et d'une trentaine de missiles. Très vite, ils tombent nez à nez avec les chars libyens. René Dulac se souvient : « Les Goranes menaient des assauts en entourant rapidement les chars avec six ou sept voitures et en flinguant leurs équipages. Nous, nous étions redoutables avec nos Milan. Nous tirions directement sur les tanks en les pulvérisant. Nous en avons "traité" plusieurs de cette façon. Les Libyens étaient terrorisés. Nous avons réussi à reprendre Faya-Largeau en quelques jours. Je n'ai rendu compte à Paris du succès de la mission qu'une fois arrivé sur place. On m'a répondu que j'avais bien fait. » À l'Élysée et à la DGSE, on respire. Les têtes brûlées de l'équipe Saxo exécutent sans anicroche la mission secrète qui leur a été confiée.

Mais la bataille n'est pas terminée. Les Libyens, qui ont dû battre en retraite, commencent à bombarder méthodiquement Faya-Largeau, qu'ils ont dû quitter le 30 juillet. Dulac raconte : « La pression s'est accentuée sur nous. J'ai dit à Hissène Habré qu'il fallait défendre la ville en se positionnant plus au nord. Il ne m'a pas écouté. Ses troupes étaient excellentes dans l'assaut, mais moins bonnes pour tenir des positions. Et Habré a quitté la ville sans même me prévenir. » Le SA, alerté, envoie sur place quelques hommes armés de missiles américains sol-air afin de détruire les Mig et autres Soukhoï qui pilonnent la ville. « Nous ne nous mélangions pas avec eux, se rappelle le mercenaire. Mais ils n'ont pas tiré un seul missile. » La situation devient intenable. « Nous avons dû décrocher complètement de Faya-Largeau début août, après une grosse attaque libyenne. J'ai laissé les Tchadiens reculer et je suis rentré à N'Djamena[1]. »

À Paris, l'opération clandestine est considérée comme un succès, bien que Faya-Largeau ait été reprise. Elle a ralenti l'avancée des Libyens et de Goukouni Oueddei, qui ne s'attendaient pas à une telle contre-attaque. Plusieurs de leurs chars ont été détruits. L'intervention des mercenaires de la DGSE a permis de gagner au moins quinze jours. Et elle a servi d'avertissement. Après de nombreuses hésitations et de nouvelles pressions américaines, Mitterrand donne son feu vert à l'opération Manta, qui débute officiellement le 9 août 1983 avec le débarquement de détachements sur l'aéroport de N'Djamena. Composée de près de trois mille soldats, Manta a pour but d'aider Hissène Habré à préserver son régime et de rassurer les chefs d'État africains. Les forces de Manta n'interviendront qu'en cas de franchissement par les Libyens d'une « ligne rouge » fixée sur le 15e parallèle. La reconquête complète du nord du Tchad, souhaitée par Hissène Habré, est en revanche exclue.

Consignés aux abords du camp Dubut durant tout le mois d'août, les mercenaires de Dulac voient se déployer l'armée française, qui les ignore superbement. René Dulac conclut : « Nous avions fait le job pour eux, à trente-cinq. J'ai rendu les missiles Milan non utilisés. Mais les militaires nous évitaient. Nous étions mal vus. Cela sentait la fin de notre mission. Nous sommes rentrés, petit à petit, au bout de trois mois. Mais nous avons bien été payés pour nos six mois. » La République est généreuse avec ses « Affreux ».

Le passage mystérieux de ces sulfureux « coopérants » au Tchad ne sera ébruité dans la presse que quelques mois plus tard.

---

1. Dans la nuit du 6 au 7 août, les membres de la force Oméga quittent Faya-Largeau en urgence, avec l'aide d'un pilote civil venu à leur secours. Voir Claude Faure, *Aux services de la République*, *op. cit.*, p. 603.

8

Le retour des commandos du 11ᵉ Choc

« À ma profonde stupéfaction, j'ai découvert une véritable opération maligne de déstabilisation de nos services secrets. J'ai aussi trouvé des gens qu'il fallait sanctionner. J'ai coupé les branches pourries. Maintenant, j'ai autour de moi une équipe soudée avec laquelle je vais aller de l'avant, car il est impensable que notre pays, qui est une des cinq grandes puissances nucléaires du monde, soit privé de services secrets qui lui sont absolument nécessaires si notre pays veut garder sa place dans le monde. Là, je suis clair et net, et je vous le dis tout de suite : j'ai verrouillé ce service [...] et je serai le rempart de ce service[1] [...]. »

Invité à la télévision – fait exceptionnel – le 27 septembre 1985, le nouveau directeur de la DGSE, le général René Imbot, ne mâche pas ses mots. Visage carré, cheveux ras, uniforme strict bardé de décorations : l'ancien chef d'état-major de l'armée de terre à la réputation de bouledogue force le trait. Nommé en catastrophe en Conseil des ministres le 25 septembre, il prend la tête d'une maison qui fait naufrage. Le scandale du *Rainbow Warrior*, le navire de Greenpeace saboté par la DGSE dans le port d'Auckland, a tout emporté sur son passage, braquant les projecteurs sur les ratés des services secrets français.

Le 10 juillet, le *Rainbow Warrior*, bateau phare de l'organisation écologiste, qui mène campagne contre les essais nucléaires

---
1. Rapporté notamment dans Claude Faure, *Aux Services de la République*, *op. cit.*, p. 525.

français dans le Pacifique, est endommagé en pleine nuit par une première explosion. Un photographe, Fernando Pereira, revient à bord et décède dans l'explosion de la deuxième charge. La nuit du drame, un camping-car suspect est repéré par un habitant aux abords d'une plage, près d'Auckland. Le lendemain, un canot pneumatique et une bouteille de plongée sont retrouvés près d'une digue. Deux « touristes », Alain et Sophie Turenge, sont interpellés par la police néo-zélandaise alors qu'ils se rendent à l'agence où ils ont loué leur camping-car. Leurs passeports suisses se révèlent de faux documents, et le numéro de téléphone qu'ils ont appelé en France après leur arrestation correspond à une ligne réservée « défense » du fort de Noisy-le-Sec, le quartier général du SA. Des membres d'équipage d'un voilier français, l'*Ouvéa*, qui faisait escale au nord de la Nouvelle-Zélande apparaissent également comme des suspects. Des poursuites sont engagées contre eux, tandis que les enquêteurs néo-zélandais obtiennent la véritable identité des faux époux Turenge : il s'agit du commandant Alain Mafart, nageur de combat, et du capitaine Dominique Prieur, tous deux membres de la DGSE.

Mensonges en cascade autour du Rainbow Warrior

L'affaire tourne au scandale d'État. Car le gouvernement français commence par démentir toute implication dans le sabotage du navire. Au fil des semaines, il s'enfonce dans le déni : les responsables interrogés mentent au conseiller d'État Bernard Tricot, chargé d'un rapport sur cette affaire. Cette ligne de défense ne peut pas tenir longtemps. L'État doit avouer partiellement ses responsabilités, sous la pression de l'enquête néo-zélandaise et des révélations des médias, de *L'Express* à *VSD*, en passant par *L'Événement du jeudi*.

Le 17 septembre, *Le Monde* et *Le Canard enchaîné* dévoilent qu'une troisième équipe de la DGSE a participé au dynamitage du *Rainbow Warrior*, information rapidement confirmée par plusieurs sources. Le ministre de la Défense, Charles Hernu, qui continue de nier, est déstabilisé. Lors du Conseil des ministres du 18 septembre, François Mitterrand commente froidement : « Il ne faut pas hésiter à sanctionner, le cas échéant, à condition de savoir ce qu'il en est. Or, moi, je n'en sais rien. Entre le renseignement et l'action, il y a un monde. C'est là que peut se glisser soit la sottise, à un certain échelon de commandement qui ne doit pas être très élevé, soit la malignité. » Selon lui, le gouvernement n'est pas responsable des « agissements, s'ils sont démontrés, de gens qui se seraient visiblement mal conduits[1] ».

Ces dénégations ne suffisent pas à apaiser les choses. Car les consignes pour cette opération contre le navire de Greenpeace, baptisée Satanic, sont venues du sommet de l'État. Deux jours plus tard, Charles Hernu est contraint de démissionner. Il est remplacé par un autre fidèle du président, Paul Quilès. Celui-ci procède rapidement à une enquête interne qui démontre les mensonges des uns et des autres. L'amiral Pierre Lacoste, qui avait depuis plusieurs mois le feu vert au plus haut niveau pour cette opération de « neutralisation », a tenu jusqu'au dernier moment à protéger les agents de son service, quitte à s'enferrer dans une version intenable[2]. « Il le fallait, pour aider ceux qui avaient agi sous mes ordres et ceux qui étaient encore dans la zone[3] », raconte-t-il aujourd'hui. Plusieurs officiers de la DGSE sont ainsi dépêchés secrètement dans la région pour sauver l'ensemble des membres du SA impliqués dans l'opération. « Cela nous a pris plusieurs mois, à raison de nombreux allers et retours en Océanie[4] », témoigne un ancien de la maison qui a participé à ces exfiltrations réussies.

---

1. Rapporté dans Gilles Ménage, *L'Œil du pouvoir*, t. 1, *op. cit.*, p. 513.
2. Voir notamment son témoignage : Amiral Lacoste, *Un amiral au secret*, Flammarion, 1997. L'accord a bien été donné à l'Élysée, puisque le général Jean Saulnier, chef d'état-major particulier du président Mitterrand, a transmis, le 8 juillet 1985, un ordre d'ouverture de crédits de 1,5 million de francs sur les fonds secrets pour cette opération. Voir Pierre Favier et Michel Martin-Roland, *La Décennie Mitterrand*, t. 2, *op. cit.*, p. 415.
3. Entretien avec l'auteur, juillet 2012.
4. Entretien avec l'auteur, juin 2013.

De l'Élysée aux agents de terrain, qui ont le sentiment d'avoir été « trahis » et « lâchés », la chaîne a pourtant déraillé, avec une accumulation de bévues, de silences et de maladresses. Après ce fiasco, le patron de la DGSE est contraint de quitter son poste. L'heure est à la reprise en main. Elle est confiée au général René Imbot, qui sonne le tocsin. « Il y avait un flottement, une sorte de rébellion et d'insubordination qui se propageait. Ce n'était pas tolérable[1] », se souvient un ancien collaborateur du général. Quatre militaires de la DGSE sont mis arbitrairement aux arrêts, soupçonnés d'avoir divulgué des informations à la presse. Les « branches pourries » sont coupées. Sur ordre de Paul Quilès, le général Imbot le répète devant tous les cadres de la DGSE réunis boulevard Mortier, et vient l'annoncer de manière « claire et nette » à la télévision.

La renaissance d'un régiment de choc

Le SA, qui a monté cette opération sans prendre suffisamment de précautions, est sur la sellette. Le ministère de la Défense et l'Élysée s'interrogent sur sa possible dissolution. Après quelques jours d'hésitation, les autorités décident finalement de le conserver, mais en le réorganisant de fond en comble. Au sein de la DGSE, le SA n'est plus placé sous la coupe de la Direction du renseignement. Le Centre d'instruction des nageurs de combat (CINC) d'Aspretto, en Corse, d'où est issu le commandant Mafart, est fermé. Ses hommes sont transférés à Quélern, en Bretagne, dans un nouveau Centre d'entraînement aux opérations maritimes (CEOM).

Surtout, le patron de la DGSE décide de refonder la branche militaire du SA sous le nom de 11e régiment parachutiste de choc. Autrement dit, le « 11e Choc » est de retour. Cette unité d'élite a œuvré pour les services secrets pendant la guerre d'Algérie, avant d'être dissoute fin 1963 sur ordre du général de Gaulle[2].

---

1. Entretien avec l'auteur, juin 2013.
2. Voir *supra*, chapitre 1, « Les lourds secrets de la guerre d'Algérie ».

Paradoxalement, en plein scandale, cette résurrection symbolise le retour en force des commandos dépourvus d'états d'âme, spécialistes des opérations Homo et des missions clandestines tout terrain.

Les anciens combattants du 11ᵉ Choc, qui se réunissent régulièrement depuis des années au sein de leur influente association Bagheera, ont su faire entendre leur voix auprès du général Imbot. « La renaissance du 11ᵉ Choc était surtout une manière de concrétiser la reprise en main militaire du SA après les dérapages du *Rainbow Warrior*. Imbot voulait remettre les agents à l'entraînement intensif, avec un encadrement très strict[1] », explique l'un des anciens lieutenants d'Imbot.

Le 7 février 1986, le général Imbot remet le drapeau du 11ᵉ Choc au nouveau chef de corps du régiment, le colonel Patrick Manificat. Cet ancien du 1ᵉʳ RPIMa de Bayonne, passé par la Mission militaire de Potsdam (RDA), a pris en août 1985 le commandement du centre du SA de Cercottes, qui porte alors le nom de Centre d'entraînement spécialisé (CES). « L'affaire du *Rainbow Warrior* avait traumatisé le service, se souvient-il. Techniquement, le SA avait fait de très bonnes choses dans le passé, mais il fallait surmonter ce choc pour rebondir. On s'est remis au travail, à l'entraînement, et on a enchaîné les missions[2]. »

Officiellement, le 11ᵉ régiment parachutiste de choc est « à la disposition » du SA. En réalité, il regroupe les moyens déjà existants du CEOM de Quélern et du CES de Cercottes, déjà sous la houlette du SA. La DGSE ajoute à ce dispositif une Force spéciale destinée à devenir le fer de lance militaire du SA, notamment pour les opérations antiterroristes, à l'image des commandos SAS britanniques ou de la Delta Force américaine. Avant même que les états-majors des armées ne songent à regrouper leurs propres forces spéciales en uniforme sous un commandement unique – ce qui ne sera fait qu'en 1992 –, la DGSE innove en lançant sa propre Force

---

1. Entretien avec l'auteur, juin 2014.
2. Entretien avec l'auteur, juillet 2013.

spéciale, dont la particularité demeure qu'elle intervient clandestinement.

D'abord basée à Quélern, aux côtés du CEOM, cette « FS » sera transférée à Margival, dans l'Aisne, sous le nom de Centre d'entraînement à la guerre spéciale, avant de s'installer définitivement à Perpignan, avec la dénomination de Centre parachutiste d'instruction spécialisée (CPIS). Doté de plusieurs centaines d'hommes répartis en trois forces, le 11ᵉ Choc constitue le nouveau bras armé du SA. Aux yeux du général Imbot, il n'a plus le droit à l'erreur.

Raid éclair contre les Libyens

L'un des premiers terrains sur lesquels ce régiment doit faire ses preuves est le Tchad. Car les troupes du leader libyen Mouammar Kadhafi occupent toujours le nord du pays. Après avoir utilisé des mercenaires durant l'été 1983, puis déployé des soldats dans le cadre de l'opération Manta, la France a retiré son dispositif fin 1984, aux termes d'un accord fragile avec Kadhafi. Mais les soldats libyens n'ont pas reculé. Ils ont même préparé de nouveaux assauts vers le sud, aux côtés de leurs alliés, les rebelles tchadiens de Goukouni Oueddei. Paris s'est préparé à la guerre, mobilisant sa flotte en Méditerranée pour frapper d'éventuelles cibles en Libye.

Néanmoins, la France ne participe pas aux bombardements américains massifs sur Tripoli, le 23 avril 1986, qui visent directement Kadhafi et ses proches. Le président Mitterrand interdit même le survol du territoire français aux avions de l'US Air Force, tout en faisant savoir discrètement aux Américains qu'il faut infliger les plus gros dommages possible au régime libyen, et non une simple « piqûre ». Ce flottement n'est pas apprécié à Washington. En réalité, le président français s'inquiète surtout de la stabilité en Afrique. En février 1986, un bombardement libyen sur N'Djamena le conduit à ordonner une réplique immédiate, baptisée opération Trionyx, visant à détruire la piste de la base aérienne d'Ouadi-Doum, que les

Libyens ont fini de réaménager et de protéger avec des batteries de missiles. Dans la foulée, la France lance une nouvelle opération militaire, Épervier, avec des renforts de la Légion étrangère et une plus grande présence aérienne, dont vingt-cinq avions de combat.

Toutefois, mis à part le bref épisode offensif de 1983, Mitterrand reste sur une position plutôt défensive, au sud d'une ligne rouge qui correspond désormais au 16e parallèle. Il redoute un enlisement en cas d'engagement militaire plus au nord. Officiellement, il n'est pas question d'aider le président tchadien, Hissène Habré, à reconquérir l'intégralité de son pays par les armes. Fin 1986, plus de dix mille soldats libyens, appuyés par des Mig et des blindés, repartent à l'assaut des villes de Bardaï, Wour et Zouar. Les forces tchadiennes tentent, non sans pertes importantes, de leur faire face, mais l'Élysée refuse toujours de leur accorder un soutien aérien massif.

Pourtant, le président français s'agace de plus en plus des ingérences libyennes au Tchad. Secrètement, il décide qu'il faut en finir. À défaut d'engager des soldats français au nord, il se tourne vers la DGSE. Des parachutages d'armes et d'équipements sont effectués par le SA à destination des anciens rebelles de Goukouni Oueddei, qui se sont retournés contre leur allié libyen. Par ailleurs, la DGSE se voit confier la mission d'aider clandestinement les forces d'Hissène Habré, dirigées par le commandant Hassan Djamous, à frapper un grand coup. Après une première victoire à Fada, début janvier 1987, celles-ci, largement armées et financées par les Américains, préparent une nouvelle offensive éclair.

Une trentaine d'agents du SA, issus du 11e Choc, sont envoyés sur place pour épauler les Tchadiens. « C'est Mitterrand qui a ordonné cette opération, minutieusement préparée pendant plusieurs mois, se souvient un ancien cadre de la maison. Nous avons mobilisé tous les étages de la DGSE ainsi que les services de nombreux pays alliés. Et nous avions un feu vert de l'Élysée pour aller assez loin en termes de violence[1]. »

---
1. Entretien avec l'auteur, juin 2014.

Partisan de la manière forte, le général Imbot s'occupe personnellement du dossier, avec son directeur de cabinet Pierre Lethier, le général Roger Émin, directeur du renseignement, le colonel Jean-Claude Lesquer, patron du SA, et les chefs du 11ᵉ Choc. Des images satellites de la base d'Ouadi-Doum en train d'être renforcée par les Libyens sont transmises par les Américains. La CIA finance les opérations à grands frais. Des Irakiens sont impliqués, avec la fourniture de camions. Les experts israéliens du Mossad aident les Français à mettre au point un système de brouillage des redoutables missiles anti-aériens soviétiques qui équipent les forces adverses[1]. Une manœuvre d'intoxication est lancée à destination des Libyens, *via* les Algériens, pour leur faire croire qu'un accord diplomatique sur le Tchad serait négociable.

L'état-major tchadien et les hommes du 11ᵉ Choc attendent le meilleur moment pour attaquer. Car les Libyens ne quittent guère leurs fortins de Fada et d'Ouadi-Doum. Mais ils sont bien obligés de prévoir des relèves. Les écoutes de leurs communications permettent au commandant Djamous de les surprendre lors de leurs sorties. Le 20 mars 1987, une nuée de pick-up armés dans lesquels ont pris place des parachutistes du 11ᵉ Choc fondent sur une colonne libyenne à Bir Kora, tuant près de huit cents soldats, selon le bilan établi par l'état-major tchadien. Patrick Manificat se souvient : « Les Tchadiens de Djamous, qui était un adepte des guerres éclairs, lançaient leurs voitures à l'assaut des Libyens en les saturant par leur vitesse et leur agilité, et ils utilisaient nos missiles Milan. Ils ont été très efficaces. Nos équipes assuraient en partie l'appui logistique[2]. »

Deux jours plus tard, un raid surprise contre la base militaire d'Ouadi-Doum se solde par un bilan tout aussi dévastateur pour les Libyens, qui perdent mille deux cent soixante-neuf

---

1. Voir notamment Pierre Lethier, *Argent secret. L'espion de l'affaire Elf parle*, Albin Michel, 2001, p. 91. Et Roger Faligot, Jean Guisnel et Rémi Kauffer, *Histoire politique des services secrets français, op. cit.*, p. 416.
2. Entretien avec l'auteur, juillet 2013.

soldats, selon l'état-major tchadien[1]. Un impressionnant arsenal d'armes est détruit ou abandonné sur place : onze bombardiers tchèques, une douzaine de Tupolev, un Mig 21, trois hélicoptères soviétiques MI-25 dernier cri, une vingtaine de blindés, plus de quatre cents véhicules de combat dotés de missiles anti-aériens[2]... La CIA et le Mossad demandent à la DGSE des renseignements précis sur ces armes, en échange de leur soutien à l'offensive. Pour Kadhafi, la perte d'Ouadi-Doum, point névralgique de son dispositif militaire au Tchad, est une humiliation sévère. « Il a compris le message. À partir de ce moment-là, il a cessé ses incursions massives au sud[3] », se souvient un ancien pilier du SA qui a participé à cette opération secrète.

Des opérations en territoire français

Forte de ce succès tchadien, auquel son 11ᵉ Choc a contribué, la DGSE commence à redresser la tête. Malgré la cohabitation tendue entre François Mitterrand et Jacques Chirac, le général René Imbot se sent pousser des ailes. Après avoir « verrouillé » le service et l'avoir remilitarisé, il donne plus souvent son feu vert aux opérations proposées, sans forcément avoir d'accord explicite de la part d'un pouvoir exécutif divisé.

---

[1]. Selon le colonel Patrick Manificat, le chiffre des pertes libyennes donné par les Tchadiens est vraisemblable. En revanche, les Tchadiens auraient minimisé leurs propres pertes (officiellement, vingt-neuf morts et cinquante-huit blessés à Ouadi-Doum). Courriel à l'auteur, octobre 2014.

[2]. Voir notamment Thierry Lemoine, *Tchad, 1960-1990*, op. cit., p. 300 sq.

[3]. Entretien avec l'auteur, mai 2013. Quelques mois plus tard, le 6 septembre 1987, sur la base de communications interceptées, la DGSE avertira les forces françaises présentes au Tchad que des bombardiers libyens doivent lancer le lendemain un raid sur N'Djamena. Placée en alerte, l'armée française abattra un de ces bombardiers en plein vol à l'aide d'un missile. La DGSE sera à nouveau très active au Tchad en décembre 1990 pour faciliter l'arrivée au pouvoir d'Idriss Déby, qui chassera Hissène Habré, toujours mal vu à Paris, notamment à cause de ses pratiques peu démocratiques et de son alliance secrète avec la CIA.

Homme d'action, le patron de la DGSE profite des marges de manœuvre que lui procure cette situation pour prendre des initiatives. Il envoie des agents – et pas seulement des hommes du SA – mener des guérillas clandestines aux quatre coins du monde : en Angola pour – de nouveau – soutenir la rébellion de l'UNITA de Jonas Savimbi contre le régime procommuniste ; en Asie du Sud-Est pour épauler des maquis anticommunistes au Cambodge ; ou encore en Afghanistan pour aider les troupes du commandant Massoud, qui luttent contre l'occupation militaire soviétique. Un camp d'entraînement est ouvert par la DGSE en Afrique du Nord pour accueillir les résistants afghans. Ceux-ci viennent aussi se former à Cercottes, notamment au maniement des missiles antichars Milan, avant qu'on ne leur expédie des armes par des voies clandestines.

Même si le traumatisme du *Rainbow Warrior* est encore gravé dans les mémoires, la DGSE redore donc son blason, jusqu'à intervenir sur le territoire français, dans des zones où elle n'a pas, officiellement, vocation à agir. La première opération concerne la Guyane. Ce département d'outre-mer abrite le centre spatial français depuis la fin des années 1960. Le site de Kourou est protégé par des gendarmes et des militaires. Le SA dispose sur place d'une présence minimale, parce qu'il est chargé de la sécurisation des tirs des fusées.

La donne change radicalement au début des années 1980 lorsque l'amiral Pierre Lacoste, directeur de la DGSE, décide de renforcer son dispositif d'écoutes, ce que les experts appellent la collecte de renseignements d'origine électromagnétique (Signal Intelligence, ou Sigint en anglais), un domaine dans lequel la France affiche encore un sérieux retard. Avec son directeur technique, l'amiral Lacoste souhaite déployer un réseau de stations d'écoutes dans les différents départements et territoires d'outre-mer, afin de couvrir la planète. « Je suis allé voir le président Mitterrand pour lui dire que nous avions besoin de mettre nos antennes un peu partout, et notamment à Kourou pour couvrir l'hémisphère américain, se souvient l'ex-patron de la DGSE. Kourou, c'est bien situé et, sur place, nos antennes étaient faciles à camoufler, car il y en avait déjà d'autres. Je lui ai proposé que nous nous rapprochions des services allemands du BND pour construire cette station. Mitterrand m'a donné son accord[1]. »

Fin 1984, la décision est prise de créer cette future station d'écoutes, qui sera baptisée Frégate et constituera la deuxième station la plus importante de la DGSE après celle du plateau de Domme, en Dordogne. Le BND (Bundesnachrichtendienst), le service fédéral allemand de renseignement, a une longueur d'avance en matière d'interceptions et dispose de gros moyens financiers. L'amiral Lacoste se rend régulièrement à son siège, près de Munich, et obtient des Allemands qu'ils partagent les coûts de construction de la station.

Son successeur, le général René Imbot, reprend le projet, qui porte le nom de code Colombus. Il en confie le pilotage à son directeur de cabinet, Pierre Lethier, qui secondait déjà Pierre Marion et Pierre Lacoste. Mais Colombus, qui nécessite plusieurs années d'études et de travaux, comporte des risques. Car la sécurité de la Guyane n'est pas assurée. Le département français est la proie d'orpailleurs et de trafiquants de toutes sortes, qui franchissent les frontières sans difficulté, de même que de nombreux migrants illégaux.

De plus, dans le pays voisin, le Suriname, est installé depuis 1982 un régime militaire marxiste dirigé par le lieutenant-colonel Desi Bouterse. En 1983, ce dernier a fait expulser une centaine de conseillers et de diplomates cubains, mais la junte militaire au pouvoir demeure imprévisible : elle affiche des portraits de Kadhafi dans ses ministères...

En décembre 1986, la situation se dégrade brusquement au Suriname. Un groupe de rebelles mené par Ronny Brunswijk, un ancien garde du corps du président Bouterse, se lance dans une guérilla contre le régime. Épaulées par une poignée de conseillers libyens, les troupes gouvernementales multiplient

---

[1]. Entretien avec l'auteur, juillet 2012. Voir aussi Vincent Jauvert, « La DGSE écoute le monde (et les Français) depuis plus de trente ans », *Le Nouvel Observateur*, avril 2001.

les opérations violentes visant à reprendre des zones de forêt tenues par les rebelles, qui forment ce qu'on appelle le Jungle Commando. Les combats provoquent la fuite de plusieurs milliers de Surinamiens, qui traversent le fleuve Maroni pour trouver refuge en Guyane française. Le préfet, les services de sécurité civile, les gendarmes et les légionnaires français stationnés dans la zone peinent à contenir cet afflux soudain de réfugiés, installés dans des centres d'hébergement de fortune, en pleine forêt équatoriale, près de Saint-Laurent-du-Maroni.

« Vous avez un permis de chasse en Guyane »

La DGSE donne l'alerte : elle redoute des incursions jusqu'à Kourou. « Nous craignions un pourrissement de la situation, une sorte de libanisation, se souvient un cadre du service. Nous avons pris cela très au sérieux. Comme nous devions investir avec les Allemands dans la station d'écoutes, nous ne pouvions prendre aucun risque. En accord avec le président Mitterrand, le général Imbot a donné des consignes strictes pour sécuriser la zone en disant : "Vous avez un permis de chasse en Guyane." » Inquiète d'une éventuelle déstabilisation de ce département équatorien jugé fragile, tout comme des désordres qui peuvent toucher ses lointaines îles du Pacifique, la France est prête à tout pour défendre ses bases stratégiques, de Kourou à Mururoa.

À Cayenne, le préfet, Jacques Dewatre – futur patron de la DGSE de 1993 à 2000 –, voit défiler de hauts responsables français alarmés par la situation : des dirigeants de la DGSE, des diplomates du Quai d'Orsay, le ministre de la Défense, André Giraud, et même le Premier ministre, Jacques Chirac, en visite dans la région en avril 1987[1]. Selon Dewatre, les problèmes de sécurité viennent d'abord des quelque dix mille réfugiés surinamiens, qui sont de plus en plus difficiles à gérer et dont il souhaite organiser le retour.

---

1. « M. Chirac en Guyane en visite d'inspection », *Le Monde*, 18 avril 1987.

Par crainte d'un sabotage des tirs de la fusée Ariane, le commandement militaire de la Guyane est renforcé, ainsi que les moyens pour protéger Kourou. En réalité, la DGSE exagère sans doute les menaces d'incursion, notamment pour prouver à ses partenaires allemands qu'elle peut maîtriser la situation. Le général Imbot, qui se rend sur place avec son homologue allemand du BND, Hans-Georg Wieck, un ancien ambassadeur de RFA à Moscou, mobilise tous ses agents de la zone Antilles-Guyane pour évaluer les vrais dangers. Des plans secrets de protection des sites de Kourou sont mis au point. Les militaires et la DGSE planchent sur des scénarios d'évacuation vers des bases de repli antillaises. Les armées sont priées d'envoyer leurs troupes d'élite effectuer des stages commando dans la région, pour bien montrer que la Guyane est désormais militarisée.

Une partie du 11ᵉ Choc est également sur le pont. Des équipes du SA sont expédiées en Guyane pendant six mois pour des « entraînements » dans la zone frontalière du Maroni, avec pour consigne de tirer à balles réelles en cas de danger. Il s'agit, écrira Pierre Lethier, « avec une petite équipe et des méthodes qui ne sont pas toujours douces », de « décourager les agents de l'Est trop curieux ». Selon lui, « c'est une opération qui pourrait se transformer en un roman du genre "Mort sur le Maroni", avec tous les ingrédients requis : pluie tropicale, légionnaires et cadavres au fil du fleuve[1] ». Lors d'accrochages, des orpailleurs et des trafiquants armés subissent effectivement des répliques meurtrières, destinées à faire des exemples. Les légionnaires, qui patrouillent de manière officielle le long du fleuve Maroni, s'étonnent de la présence clandestine du SA sur leur terrain, sans pouvoir le freiner.

Au-delà de quelques opérations bien réelles, la DGSE montre surtout ses muscles à titre dissuasif. Elle fait discrètement savoir aux gouvernements des pays de la région latino-américaine, de Cuba au Suriname, que la France ne tolérera

---
1. Pierre Lethier, *Argent secret, op. cit.*, p. 90.

aucune déstabilisation en Guyane. L'avertissement transmis est, en substance : « À la moindre alerte, nous frapperons. En Guyane, nous tuons qui nous voulons. » Résultat : la situation restera calme à Kourou, permettant le lancement de la fusée Ariane 4 en juin 1988.

Par mesure de précaution, la DGSE échange aussi des renseignements sur la situation au Suriname avec les services secrets néerlandais, qui restent très présents dans leur ancienne colonie. En juin 1989, après un changement de gouvernement à Paramaribo, un cessez-le-feu intervient avec les rebelles après des pourparlers négociés par la France, préludant à un accord sur le retour des réfugiés. La base d'écoutes Frégate, gérée conjointement par les Français et les Allemands, sera inaugurée en 1990 par le directeur de la DGSE, Claude Silberzahn, et son homologue du BND. Sous la houlette du président François Mitterrand, du chancelier Helmut Kohl et des ministres de la Défense des deux pays, Jean-Pierre Chevènement et Rupert Scholz, les services français et allemands élargiront secrètement leur coopération technique pour construire d'autres stations d'interception[1].

Le 11ᵉ Choc employé en Nouvelle-Calédonie

Après le Tchad et la Guyane, le général Imbot ne cache pas sa satisfaction. La remilitarisation du SA semble porter ses fruits. Les opérations clandestines, même les plus violentes, ne font plus parler d'elles. Du coup, l'exécutif demande plus expressément au patron de la DGSE d'employer son 11ᵉ Choc un peu partout. Y compris sur un autre morceau du territoire national situé au bout du monde : la Nouvelle-Calédonie.

Fin 1987, le Premier ministre, Jacques Chirac, essaie d'endiguer la tension qui remonte brusquement sur le « Caillou ». Ce territoire n'en est pas à ses premiers soubresauts. Depuis

---

1. Roger Faligot, Jean Guisnel et Rémi Kauffer, *Histoire politique des services secrets français*, op. cit., p. 459-160.

les élections de novembre 1984, remportées par les Caldoches, mais boycottées par les Kanaks du Front de libération nationale kanak et socialiste (FLNKS), dirigé par Jean-Marie Tjibaou et l'un de ses chefs militaires, Éloi Machoro, la Nouvelle-Calédonie connaît de fréquents accès de fièvre. En décembre 1984, lorsque Edgard Pisani, un adepte de la conciliation nommé haut-commissaire en Nouvelle-Calédonie par le gouvernement Fabius, arrive sur place, il constate que le FLNKS contrôle les trois quarts du territoire. Des Caldoches tuent dans une embuscade dix indépendantistes kanaks. Un jeune Européen est assassiné près de La Foa, au nord de Nouméa. Début janvier 1985, le plan Pisani, qui propose un référendum sur l'indépendance, vole en éclats. Une trentaine de combattants d'Éloi Machoro, lourdement armés, marchent sur La Foa et se retranchent dans une ferme, à Digny. Craignant de perdre totalement la maîtrise de la situation, le haut-commissaire ordonne aux gendarmes et aux hommes du GIGN présents sur place d'« empêcher le commando de s'échapper pendant la nuit[1] ».

Dans la soirée du 11 janvier 1985, la situation se dégrade, avec des échanges de coups de feu. Le capitaine du GIGN demande l'autorisation de faire usage des armes. Edgard Pisani donne son accord par écrit, laissant, selon la formule consacrée, l'autorité militaire « libre d'en régler l'emploi ». « Vers 3 heures du matin, témoignera-t-il, j'apprends que les Kanaks ont décidé de passer à la lutte armée. Je donne immédiatement l'ordre de "neutraliser" Machoro[2]. » *A priori*, « neutraliser » le leader kanak ne veut pas dire le « tuer ». Il s'agit plutôt de le blesser avant d'appréhender son groupe.

Éloi Machoro se fait de plus en plus menaçant et refuse de répondre aux sommations. Son lieutenant, Marcel Nonnaro, tente de le calmer. Deux tireurs du GIGN armés de fusils de guerre FRF1 prennent position près de la ferme, attendant les

---

1. Rapporté dans Pierre Favier et Michel Martin-Roland, *La Décennie Mitterrand*, t. 2, *op. cit.*, p. 355.
2. Rapporté *ibid.*, p. 356.

ordres de leur officier, Jean-Pierre Picon. Vers 6 heures du matin, repérant deux silhouettes sur la terrasse de la ferme, ils font feu, semble-t-il pour les atteindre aux épaules. Mais les deux insurgés bougent à l'instant précis des tirs et s'écroulent. Il s'agit d'Éloi Machoro et de Marcel Nonnaro. « Le vieux Éloi, il a mis du temps à mourir, parce qu'ils n'ont pas touché son cœur[1] », racontera Marc Fifita-Né, l'un de ses fidèles. Les hommes du GIGN parlent d'accident imprévisible[2]. Mais le FLNKS accuse les forces de l'ordre et Edgard Pisani d'avoir provoqué des exécutions ciblées.

Quelques mois plus tard, les élections locales de septembre 1985 confirment l'influence des Kanaks sur trois des quatre régions de la Nouvelle-Calédonie. La victoire de la droite aux législatives de mars 1986 redonne cependant de l'espoir aux Caldoches du RPCR (Rassemblement pour la Calédonie dans la République), qui tiennent la zone de Nouméa. Le nouveau ministre des DOM-TOM, Bernard Pons, promet au « Caillou » un nouveau statut et un référendum, fixé au 13 septembre 1987. Le jour du vote, 98 % des électeurs se prononcent contre l'indépendance. Pour le FLNKS, qui a appelé au boycott du scrutin, c'est un échec. Le parti de Jean-Marie Tjibaou parie sur la réélection de François Mitterrand en 1988 pour inverser le cours des choses. Mais les violences reprennent, attisées par l'adoption imminente du nouveau « statut Pons », les élections régionales qui se profilent, et surtout un verdict clément de la cour d'assises de Nouméa, qui acquitte, en octobre 1987, sept Caldoches ayant participé à l'embuscade meurtrière de décembre 1984.

---

1. Rapporté dans Angela Bolis, « Petite histoire du "vieux Éloi" Machoro », *Le Monde*, 13 juin 2014.
2. Voir notamment leur récit dans Daniel Cerdan, *Dans les coulisses du GIGN*, Calmann-Lévy, 2010, p. 126-127.

Chirac presse la DGSE d'intervenir

Fin 1987, à Matignon, Jacques Chirac s'inquiète de possibles dérapages. Avec son chef de cabinet militaire, le général Bernard Norlain, il demande plusieurs fois au général Imbot, patron de la DGSE, d'envoyer son 11ᵉ Choc en Nouvelle-Calédonie pour tenter de maîtriser la situation. Un ancien collaborateur d'Imbot se souvient : « Il a refusé, arguant que le SA ne pouvait pas intervenir sur le territoire national et qu'il n'avait pas vocation à mener des opérations de police. Il a expliqué à Chirac que, s'il voulait le faire, ce serait sans lui. Je pense que c'est une des raisons pour lesquelles il a été évincé fin 1987[1]. » Têtu et parfois ombrageux, le général Imbot aurait ainsi froissé Jacques Chirac et son ministre de la Défense, André Giraud, et également perdu des appuis à l'Élysée. Sans compter qu'il refuse de reprendre à la DGSE Jean-Charles Marchiani, un protégé du ministre de l'Intérieur, Charles Pasqua, qui tente de négocier la libération des otages français au Liban.

Le sort du général Imbot est scellé. En décembre 1987, il est remplacé à la tête de la DGSE par le général François Mermet. Soutenu par Jacques Chirac, bien vu d'André Giraud, cet expert des forces aériennes stratégiques qui a travaillé à l'Élysée sous Giscard dirige le Centre d'expérimentations nucléaires du Pacifique depuis 1985. Lorsqu'il est reçu, fin décembre 1987, par François Mitterrand, celui-ci lui fait part de ses déceptions à l'égard des services secrets. François Mermet se souvient bien de cette conversation : « Il m'a dit : "La DGSE ne m'a jamais donné satisfaction, que ce soit au Tchad ou au Liban. Elle fait n'importe quoi. Les opérations sont mal conçues, mal conduites, les directeurs généraux ont tendance à vouloir faire la politique étrangère." Le président m'a expliqué qu'il avait failli dissoudre la DGSE et que c'était Hernu qui l'avait sauvée. Il a ajouté que la DGSE était une maison à reconstruire, mais

---

1. Entretien avec l'auteur, juin 2014.

sans ajouter de commentaires sur ce qu'il fallait faire ou ne pas faire. Je suis ressorti de l'entretien sans savoir ce qu'il attendait exactement de la DGSE et de moi. Il m'a aussi confié que je devais me méfier de la DST, ce qui était une allusion aux réseaux du ministre de l'Intérieur, Charles Pasqua, et de son conseiller, Jean-Charles Marchiani, que Pasqua a aussi essayé de me faire recruter à la DGSE, ce que j'ai refusé. Je me suis retrouvé dans une situation compliquée, nommé à la fin de la période de cohabitation entre Mitterrand et Chirac, avec la campagne présidentielle qui se profilait[1]. »

Ouvéa : vers une opération conjointe armée/DGSE

À quelques semaines du scrutin, le 22 avril 1988, la Nouvelle-Calédonie s'enflamme à nouveau lorsqu'un commando du FLNKS attaque une gendarmerie à Fayaoué, dans l'île d'Ouvéa, tuant quatre gendarmes et prenant tous les autres en otages. À Paris, le pouvoir est divisé sur la gestion de cette crise : à l'Élysée, François Mitterrand prône plutôt une médiation avec les leaders du FLNKS, tandis que Jacques Chirac, à Matignon, est partisan de la manière forte. Dès le 23 avril, ce dernier décide d'ailleurs l'intervention des militaires à Ouvéa, sous la responsabilité du général Jacques Vidal, qui commande les forces armées de Nouvelle-Calédonie, et du général Alain Jérôme, qui dirige les gendarmes[2].

Dépêché à Nouméa, le ministre des DOM-TOM, Bernard Pons, est bientôt rejoint par le général Norlain, chef du cabinet militaire de Chirac. La tension devient palpable. L'île d'Ouvéa, déclarée « zone militaire », est interdite aux journalistes. Le patron du GIGN, le capitaine Philippe Legorjus, est aussi envoyé sur place avec ses hommes et des membres

---

1. Entretien avec l'auteur, avril et septembre 2014.
2. Voir le récit du général Vidal, *Grotte d'Ouvéa. La libération des otages*, Volum Éditions, 2010, p. 46.

de l'Escadron parachutiste d'intervention de la gendarmerie nationale (EPIGN). Aux côtés du substitut du procureur, Jean Bianconi, il tente une médiation avec les ravisseurs, avant d'être lui-même retenu prisonnier pendant quelques heures. Quelques-uns des gendarmes qui l'accompagnent sont pris en otages, ce qui porte le nombre total d'otages à vingt-deux, retenus dans une grotte située près du village de Gossanah. Parmi eux, le capitaine Jean-Pierre Picon, qui était présent en 1985 lors de la mort d'Éloi Machoro. Mais les ravisseurs ne l'identifient pas.

Le 29 avril, Bernard Pons demande au général Vidal d'étudier « sérieusement » une « action de force » pour libérer les otages. Le gradé envisage différents scénarios d'intervention armée, y compris un bombardement aérien, vite écarté. Un assaut surprise sur la grotte est privilégié. Il doit mobiliser principalement des gendarmes du GIGN et de l'EPIGN, des commandos Hubert de la marine nationale dirigés par le capitaine de corvette Jayot, et un détachement d'une trentaine d'hommes du 11ᵉ Choc de la DGSE, sous la houlette du lieutenant-colonel D.

Les militaires du SA, censés opérer clandestinement et uniquement en territoire étranger, sont employés ici en uniforme et sur le sol français. L'ancien patron de la DGSE, le général François Mermet, le reconnaît : « Nous étions en appui des militaires sous le commandement du général Vidal qui était sur place, ce qui avait l'inconvénient de sortir le Service Action de la clandestinité. Nous n'étions pas en première ligne, mais, comme nos forces ont été engagées en uniforme, j'ai demandé que le colonel Jean Heinrich, chef du SA, soit mis dans la boucle des décisions[1]. » L'ambiguïté de cette « mise à disposition » de forces du SA s'explique aussi par un contexte particulier. En réalité, des officiers du 11ᵉ Choc se sont manifestés pour participer à cette intervention en Nouvelle-Calédonie, qui s'annonçait comme une « première » réunissant le gratin des commandos. « Nous avions fait peu

---

1. Entretien avec l'auteur, avril et septembre 2014.

d'opérations et nous avions besoin d'expérience, témoigne un ancien de la Force spéciale du SA. De plus, nous venions de nous entraîner avec le GIGN à Dreux, en simulant une libération d'otages dans un avion, qui s'était très bien passée. Nous nous étions coordonnés en nous répartissant les missions : le 11ᵉ Choc devait sécuriser la cuvette d'Ouvéa et le GIGN traiter la grotte elle-même[1]. »

Des morts et des actes inexcusables

Alors que se profile le deuxième tour de l'élection présidentielle, qui oppose le président François Mitterrand et son Premier ministre Jacques Chirac, les autorités politiques valident cette opération, baptisée Victor. Selon le général Vidal, elle a « deux chances sur trois de réussir avec des pertes acceptables et une chance sur trois d'aboutir à des pertes très élevées. [...] [Dans] le meilleur des cas, il y aura un à deux tués et six à huit blessés, et dans le pire des cas une dizaine de tués et une vingtaine de blessés[2] ».

À Matignon, Jacques Chirac donne son accord le 3 mai 1988 à 9 heures du matin, après avoir demandé au général Vidal ce que « feraient les Israéliens ou Margaret Thatcher » en pareilles circonstances : « Ils feraient l'opération », a répondu le militaire. « Nous allons la faire[3] », a alors déclaré Chirac. D'abord réticent, François Mitterrand finit, en milieu de journée, par se rallier à l'intervention. Il insiste sur l'« obligation morale » de délivrer les otages et d'« évite[r] le massacre des Kanaks[4] ».

---

1. Entretien avec l'auteur, octobre 2013.
2. Courrier cité dans le documentaire d'Elizabeth Drévillon, « Grotte d'Ouvéa : autopsie d'un massacre », France 2, 2011. Voir aussi Général Vidal, *Grotte d'Ouvéa, op. cit.*, p. 101.
3. Voir le documentaire « Grotte d'Ouvéa : autopsie d'un massacre », et Général Vidal, *Grotte d'Ouvéa, op. cit.*, p. 98 sq.
4. Pierre Favier et Michel Martin-Roland, *La Décennie Mitterrand*, t. 2, *op. cit.*, p. 924. La note du ministre de la Défense, André Giraud, au chef d'état-major des armées, datée du 3 mai 1988 à 16 h 15, précise :

Le capitaine Philippe Legorjus a transmis par fax à son ami Christian Prouteau, à l'Élysée, sa propre évaluation, plus élevée, des victimes possibles : « À partir du moment où l'engrenage militaire était déclenché, il était prévisible qu'il y aurait des morts, se souvient-il. Il aurait même pu y en avoir plus. J'ai écrit qu'il y aurait de dix à vingt morts s'il faisait mauvais temps et de trente à cinquante s'il faisait beau, car les ravisseurs seraient alors à leur poste. Mais j'ai écrit cela à Prouteau en disant que je n'étais pas là pour faire des paris[1]. »

L'opération est lancée le 5 mai à 6 h 10, sous un ciel couvert, avec soixante-quinze hommes. Les ravisseurs ouvrent rapidement le feu, tuant deux soldats du 11e Choc, l'adjudant Régis Pedrazza et le soldat Jean-Yves Véron, et blessant deux gendarmes. Le capitaine Legorjus, censé diriger ses gendarmes du GIGN, est de plus en plus hésitant. Il reconnaîtra avoir eu des « absences dangereuses » durant le raid et s'être mis en retrait[2]. Ses hommes le lui reprocheront vertement. Ils le mettront au ban de leur groupe, ce qui conduira à son départ du GIGN quelque temps après. C'est son adjoint, Michel Lefèvre, qui mène le deuxième assaut, de 12 h 10 à 13 h 20, avec les commandos Hubert et le 11e Choc[3]. Les tirs sont complétés par l'usage de lance-flammes.

Les otages réussissent à sortir par une cheminée naturelle située au fond de la grotte. Ils sont tous libérés sains et saufs. Mais on dénombre dix-neuf morts kanaks : dix-huit ont été tués sur place, dont le chef militaire des ravisseurs, Wenceslas Lavelloi, exécuté, selon l'autopsie, d'une balle dans la tête, et un jeune porteur de thé, Waina Amossa, également mort par

---

« Dans la stricte limite imposée d'une part par la sauvegarde de la vie des otages, d'autre part par la sécurité des forces engagées, vous vous efforcerez de limiter la perte de vies humaines parmi les ravisseurs. » Cité dans Alain Picar, *Ouvéa. Quelle vérité ?*, Éditions LBM, 2008, p. 209.

1. Entretien avec l'auteur, décembre 2012.
2. Voir Philippe Legorjus et Jacques Follorou, *Ouvéa, la République et la morale*, Plon, 2012, p. 19.
3. Voir le témoignage de Michel Lefèvre, *Ouvéa. L'histoire vraie*, Éditions du Rocher, 2012.

balle, probablement après la fin des combats. Le leader des ravisseurs, Alphonse Dianou, blessé et soigné dans un premier temps par un médecin du 11ᵉ Choc, décède de manière suspecte durant son transfert vers l'aéroport d'Ouvéa. L'analyse de ses blessures conduira la justice à les attribuer à un « passage à tabac post-assaut ».

Aussitôt, la polémique enfle. Le FLNKS accuse les forces armées d'avoir assassiné ses militants de sang-froid. Les militaires en charge de l'opération Victor nient toute exaction. Ils plaident la légitime défense et le sauvetage réussi des otages. Mais des dissensions apparaissent entre le GIGN et les forces spéciales, chacun se renvoyant la balle. Une enquête interne aux armées conclura que des « sévices » ont été infligés à Alphonse Dianou et évoquera des « actes individuels inexcusables », sans parler d'exécutions sommaires[1].

Quant aux hommes du SA, ils quittent aussitôt la Nouvelle-Calédonie avec une grande amertume. Officiellement, ils n'étaient pas là. Le général Vidal a demandé au capitaine Legorjus de ne pas mentionner publiquement la présence de la DGSE et des commandos Hubert. Tout juste apprendra-t-on que deux militaires des « forces spéciales » sont morts durant le raid. « Nous sommes rentrés à Paris dans une ambiance morose, se souvient l'un des membres du commando. Nous avions perdu deux d'entre nous dans des conditions de combat difficiles[2]. » Les relations se refroidissent entre le 11ᵉ Choc et le GIGN : il n'y aura plus d'entraînements communs pendant des années.

Le 11ᵉ Choc s'est brûlé les ailes dans une opération sur le territoire français où il n'aurait pas dû intervenir. Placé sous la coupe d'une Direction des opérations créée en 1989 à la DGSE, il continuera de mener des opérations tous azimuts, avec l'aval de ses supérieurs. Mais, après la guerre du Golfe et dans la perspective de la création de la Direction du renseignement

---

1. Voir notamment Alain Rollat et Edwy Plenel, *Mourir à Ouvéa. Le tournant calédonien*, La Découverte/Le Monde, 1988.
2. Entretien avec l'auteur, mai 2013.

militaire et du Commandement des opérations spéciales en 1992, l'état-major des armées fera pression pour y intégrer le SA, et principalement ses soldats d'élite. Avec leur directeur, Claude Silberzahn, ceux-ci se défendront bec et ongles, arguant de leur spécificité et de la nécessité de l'action clandestine, propre à la DGSE[1]. Pour calmer les esprits et clarifier les choses, le bras armé du SA sera finalement contraint, fin 1993, d'abandonner sa dénomination de 11e régiment parachutiste de choc. « C'était trop militaire et cela cultivait un côté nostalgie de la guerre d'Algérie qui n'était plus vraiment de mise[2] », explique un ancien officier du service. Le SA conservera ses commandos. Mais sans la bannière.

---

1. Voir Claude Silberzahn, avec Jean Guisnel, *Au cœur du secret*, *op. cit.*, p. 189-190.
2. Entretien avec l'auteur, octobre 2013.

9

Naissance des Alpha, la cellule clandestine de tueurs

« Plus jamais ça. » Après le scandale du *Rainbow Warrior*, les responsables de la DGSE sont traumatisés. Outre la réorganisation du SA, ils décident de tirer d'autres leçons de ce fiasco. Dans cette affaire, en effet, les « identités fictives » (IF) du commandant Alain Mafart et du capitaine Dominique Prieur, les faux époux Turenge, n'ont pas résisté longtemps à la perspicacité des policiers néo-zélandais. De simples coups de téléphone à Paris ont permis de remonter jusqu'à la « Boîte », boulevard Mortier. Autrement dit : les IF sont trop faciles à décoder. Elles ne constituent pas une protection assez solide pour couvrir des agents en opération à l'étranger. Cela les fragilise en cas de problème. Et cela expose trop directement la DGSE. Il faut donc changer de méthode, en particulier pour les actions les plus sensibles : les opérations Homo visant à éliminer des ennemis du pays.

Jusqu'à présent, lorsqu'une opération de ce type était ordonnée par les plus hautes instances politiques, les consignes étaient transmises à la direction du SA, au fort de Noisy-le-Sec. Ses responsables décidaient ensuite, selon les objectifs fixés, des moyens à employer pour l'exécution. Les agents à qui celle-ci était confiée venaient soit du centre de Cercottes, entraînés à la vie clandestine, soit de la base des nageurs de combat de Quélern, soit du centre de Perpignan, plus axé sur l'action paramilitaire avec sa nouvelle Force spéciale. Fin 1985, les chefs du SA optent pour une nouvelle approche. Désormais, les opérations Homo relèveront exclusivement d'un groupe spécialement créé au sein du SA : la cellule

Alpha. Celle-ci sera organisée de manière encore plus clandestine que le SA. Dans le secret le plus total. Les ordres viendront toujours « d'en haut », sans intermédiaire. Par conséquent, les opérations Homo sont rebaptisées par certains initiés, en langage codé, opérations Alpha.

Pour la première fois, plusieurs acteurs de cette aventure méconnue, ex-responsables de la DGSE ou anciens membres du Service Action, ont accepté d'en parler, sous couvert d'anonymat[1]. Leurs souvenirs précieux, sans être exhaustifs, se complètent.

Des « terroristes » en ligne de mire

Selon les témoins que j'ai rencontrés, la création de la cellule Alpha est effectivement décidée fin 1985-début 1986, dans la foulée de l'affaire du *Rainbow Warrior*. « Il fallait absolument compartimenter davantage les opérations Homo, afin qu'on ne puisse jamais remonter jusqu'au service, qu'on ne soit jamais pris. Les Alpha ont été créés pour disposer d'une équipe d'agents super-clandestins », confirme un ancien dirigeant du SA.

La cellule va fonctionner sans anicroche durant plus d'une quinzaine d'années, de 1987 à 2002. Elle commence à être opérationnelle après la série d'attentats terroristes qui frappent la France en 1986-1987, justifiant, aux yeux de ses promoteurs, la traque de certains « terroristes » en Europe, au Moyen-Orient ou en Afrique. « À partir de 1986, nous avions moins de scrupules, se souvient un ancien officier supérieur du service qui a suivi les préparatifs. Nous avons axé nos stages de formation sur des cas réels. Nous voulions connaître les cellules terroristes, les identifier, préparer des opérations. Nous avons donc repéré des cibles. Mais, entre 1986 et 1988, peut-être à cause

---

[1]. Tous les témoignages recueillis pour ce chapitre l'ont été entre 2012 et 2014. Pour des raisons de confidentialité des sources, nous ne précisons pas les dates.

du souvenir du *Rainbow Warrior* et de la cohabitation entre Mitterrand et Chirac, nous n'avons pas eu beaucoup de feux verts, pas de consignes claires, plutôt des ordres alambiqués. Ensuite, le programme est monté en puissance, avec pas mal d'entraînements, et les Alpha ont été employés. Moins que certains ne l'auraient voulu, ce qui était parfois frustrant, parce qu'on aurait pu éliminer beaucoup de terroristes sur lesquels nous avions des dossiers complets, avec des photos, des profils, des repérages. Mais les Alpha ont eu quelques missions. Très peu de gens, au SA, étaient au courant. Tout était parfaitement cloisonné. »

Selon nos sources, les Alpha sont donc intervenus à plusieurs reprises. Des « terroristes » moyen-orientaux ont été visés à la fin des années 1980. Des cibles serbes ont été atteintes en ex-Yougoslavie. Des réseaux « djihadistes » – notamment des Algériens du GIA (Groupe islamique armé), puis du GSPC (Groupe salafiste pour la prédication et le combat) – se sont retrouvés dans le viseur de la cellule Alpha durant la guerre civile des années 1990 en Algérie, au moment de la Coupe du monde de football organisée en France en 1998, puis lors du passage à l'an 2000, quand des risques d'attentat ont été détectés. « Nous avons ciblé de plus en plus de terroristes dès 1991, avec l'Irak et l'Algérie, explique un ancien cadre du SA qui suivait ces missions. Après l'affaire de l'Airbus d'Alger, fin 1994, qui s'est terminée avec son assaut à Marignane, nous avons élargi nos cibles. Nous avons souvent fait des repérages ou émis des avertissements, sans aller jusqu'à la neutralisation. Nous faisions ainsi passer des messages à certains, afin de leur faire comprendre qu'ils étaient dans notre collimateur s'ils continuaient, et de les inciter à changer de comportement. C'était subtil, parce qu'il s'agissait de faire pression sur des gens sans qu'on puisse nous accuser, tout en se faisant parfaitement comprendre. »

Certains « terroristes » ont ainsi découvert des impacts de balles à leur domicile ou sur leur véhicule, en guise de premier « avertissement ». Le leader libyen Mouammar Kadhafi aurait reçu, durant la guerre du Golfe, des émissaires suggérant que sa famille et lui-même auraient de graves problèmes s'il s'avisait de soutenir Saddam Hussein ou de commanditer des attentats en France. Après la guerre en ex-Yougoslavie, des criminels de guerre serbes ont été discrètement avertis qu'ils vivraient dangereusement s'ils ne se rendaient pas, tôt ou tard, à la justice. « Le but n'était pas forcément de se servir des Alpha de manière intensive, mais de pouvoir disposer de cette arme de dissuasion », témoigne un ancien directeur de la DGSE qui dit avoir été précautionneux dans leur emploi.

Après les attentats du 11 septembre 2001, la cellule Alpha a été mobilisée pour lutter contre Al-Qaïda. Comme nous le verrons[1], un incident survenu en Espagne en 2002 a contraint ses responsables à réadapter les procédures, mais sans la faire disparaître ni altérer ses capacités d'action. « Le dispositif a été parfaitement efficace et hermétique. Nous avons opéré durant des années sans nous faire piquer, c'est l'essentiel », explique un ex-responsable du SA, qui confirme le rôle actif de la cellule Alpha pour des actions ponctuelles. « Tout se passait à l'oral, pour ne laisser aucune trace », précise-t-il. Ces opérations sont donc censées ne jamais avoir existé. « J'ai trouvé ce système quand je suis arrivé. Il a servi plusieurs fois et je l'ai laissé intact à mon successeur », ajoute un ancien directeur de la Boîte.

Des identités fictives pour plusieurs années

La constitution de la cellule Alpha fait l'objet d'un vaste travail de préparation tout au long de l'année 1986. Une poignée de recrues est puisée principalement dans le vivier que représente le centre de Cercottes. Les agents qui y sont rattachés sont, *a priori*, déjà formés à la vie clandestine. Mais il leur faut un nouvel apprentissage, avec des méthodes radicalement différentes.

---

1. Voir *infra*, chapitre 14, « Des tueurs Alpha coincés en Espagne ».

Traditionnellement, lorsqu'ils partent à l'étranger, les agents adoptent une « identité fictive », avec de faux papiers, un *curriculum vitae* qu'ils doivent maîtriser, une couverture – que les experts appellent une « légende » – qui doit fonctionner le temps de la mission, de quelques semaines à quelques mois. « Pour les Alpha, explique un ancien cadre du service, il s'agissait d'imaginer des légendes beaucoup plus solides, qui puissent fonctionner plusieurs années, en créant des doubles vies complètes à des agents. Ceux-ci étaient ensuite destinés à être lâchés dans la vie civile et à être activés par le service de manière ponctuelle, pour des entraînements ou des opérations réelles. Nous devions trouver des candidats discrets, fiables, malins, courageux. Les agents capables de telles immersions ne sont pas légion. » La difficulté est d'autant plus grande que les agents du SA sont surtout des militaires, rompus aux techniques de combat, mais pas forcément aptes à se fondre complètement dans une nouvelle vie sans se faire démasquer, à aller jusqu'à changer leur apparence physique, la longueur de leurs cheveux, les vêtements qu'ils portent...

Des profils particuliers sont recherchés : au début, le SA s'oriente plutôt vers des célibataires, car ils vont « disparaître dans la nature », ce qui implique de couper tous les ponts avec ses proches. Au fil des ans, le choix s'élargira, et plusieurs membres des Alpha seront mariés, menant alors des vies parallèles. « C'était très compliqué, confie un initié du service. On avait déjà des problèmes avec les familles des célibataires – alors, avec des couples, cela relevait du casse-tête. Cela créait de la suspicion et des tentations. »

Autre critère de recrutement : il faut des agents « émotionnellement très stables », selon l'expression consacrée, c'est-à-dire capables de mener de front des existences différentes, avec parfois plusieurs « légendes », en jouant parfaitement leur rôle. De plus, ils doivent être totalement indépendants, car, pendant qu'ils exerceront leurs « fausses » carrières, ils n'auront pas un lien constant avec la Boîte. Enfin, pour ce type de missions périlleuses, le SA ne peut compter que sur des volontaires très déterminés : le but ultime est qu'ils soient capables de tuer n'importe quelle cible désignée, sans poser de questions. Le sang-froid et l'absence d'états d'âme sont des qualités essentielles. « Nous les avons sélectionnés sur l'aspect technique, mais surtout sur le volet psychologique, relate un ancien cadre du SA. Nous ne voulions pas de têtes brûlées, de gens prêts à flinguer n'importe qui. On testait ceux qui avaient la capacité de tuer en leur disant qu'ils ne seraient pas juges de la décision ni de l'opportunité. »

Au printemps 1986, une première liste est constituée, avec moins de cinq noms. « Ils ont été convoqués de manière séparée au fort de Noisy-le-Sec chez le chef du SA, se souvient un ancien officier de Cercottes. On leur a dit dans le plus grand secret qu'on allait leur confier des missions de flingage dans des conditions difficiles. Ils devaient sortir du circuit officiel, disparaître des rangs du SA, pour devenir indétectables. Ceux qui ont accepté ont basculé dans un autre monde. »

Une dizaine d'agents dont personne ne sait rien

Les préparatifs pour la mise en route de la cellule sont minutieux. La DGSE fabrique en son sein de vrais faux papiers pour les Alpha. Elle doit prévoir des boîtes aux lettres, des moyens de communication, des planques, des caches d'armes alimentées par d'autres agents... Elle organise des circuits financiers occultes, avec des comptes secrets à l'étranger, pour rémunérer les Alpha sans qu'il soit possible de les relier à la Boîte – ce qui nécessite d'infinies précautions. Elle leur fournit tous les éléments de leur « légende » : date et lieu de naissance, scolarité, études, preuves de leur carrière, documents administratifs. Après une longue période d'instruction, chaque Alpha doit ensuite s'insérer dans la vie professionnelle comme si de rien n'était, que ce soit comme membre d'une ONG humanitaire, cadre expatrié d'une entreprise, serveur de bar ou agent de sécurité.

Les Alpha sont opérationnels à partir de 1987-1988. Le SA est alors sous la direction du colonel Jean Heinrich. Ses successeurs perfectionneront le dispositif.

Au début, la cellule compte moins de cinq agents. Elle s'étoffe un peu ensuite, mais leur nombre ne dépassera jamais la dizaine. Certains resteront actifs deux ou trois ans, d'autres plus de dix ans, sans qu'aucune règle soit fixée sur le sujet. Leur mode de fonctionnement est très particulier. Tout d'abord, les Alpha sont tenus totalement à l'écart des autres : dans ses Mémoires, Pierre Martinet, un ancien agent du SA qui a travaillé sur des dossiers d'objectifs pour eux sans en savoir plus, reconnaît que cette cellule – qu'il a rebaptisée Draco dans son livre – « restait un mystère pour tout le monde » : « On croisait les Draco de temps à autre au mess quand nous allions manger. Ils ne se distinguaient pas des autres agents, sauf qu'ils ne se mélangeaient pas et personne n'allait chez eux[1]. » Cet isolement volontaire était une manière de préserver leur anonymat, y compris pendant leur instruction particulière, comme me l'ont confirmé plusieurs officiers du SA.

En outre, les Alpha sont mobilisables à tout moment pour des entraînements sur le terrain et des missions réelles approuvées en haut lieu. La chaîne de commandement est courte : le directeur de la DGSE donne directement ses ordres, après consultation de l'Élysée. *A priori*, seuls sont au courant le directeur des opérations, le chef du SA et le responsable de la cellule spéciale. Ni les autres dirigeants de la DGSE ni même le ministre de la Défense, qui a pourtant la tutelle officielle du service, ne sont dans le secret. « C'était une condition de l'efficacité », confie un initié.

---

1. Pierre Martinet, *DGSE : Service Action. Un agent sort de l'ombre*, Éditions Privé, 2005 ; J'ai lu, 2012, p. 201.

Mitterrand : « Si vous échouez, je vous désavoue »

Selon plusieurs témoins, le président Mitterrand, qui commence en 1988 son second septennat, restait souvent évasif au sujet de ces opérations. « Je pouvais décider les choses sans rien lui dire, précise un ancien directeur de la DGSE. Mais si j'estimais qu'une opération Homo risquait d'avoir des conséquences politiques, je préférais l'évoquer en tête-à-tête, sans témoin. Mitterrand ne disait jamais oui ou non. Il avait une formule ambiguë du type : "Si vous l'estimez utile", ou : "Si vous le jugez nécessaire pour le service." À partir du moment où je lui en avais parlé et qu'il n'avait pas dit non, je prenais cela pour un feu vert. Mitterrand ajoutait souvent : "Si vous échouez, je vous désavoue." Dans ce contexte, j'ai décidé moi-même de quelques opérations. C'était rare et jamais sur le territoire français. Rien à voir avec ce qui se passait durant la guerre d'Algérie. Mais il y a des gens qui portent gravement atteinte aux intérêts supérieurs de la France. Il est normal de pouvoir les neutraliser si c'est le seul moyen de les arrêter. Et nous l'avons fait[1]. »

Dans son ouvrage retraçant la période passée à la tête de la DGSE, de 1989 à 1993, le préfet Claude Silberzahn explique que le service exécutait « très peu », seulement dans des cas de légitime défense, et confirme le processus de décision alors en vigueur : « Jamais aucune des actions du service ne doit pouvoir être imputée au président de la République. Il ne saurait donc être question de demander des instructions à la présidence ou une couverture politique. » Ainsi, Silberzahn n'attendait pas d'approbation formelle, estimant que l'initiative d'une opération Homo relevait de sa responsabilité : « Si l'action, à supposer qu'elle vienne à être connue, peut entraîner de graves suites diplomatiques, il est bien évident que le directeur a besoin de l'aval politique. [...] Mais s'il a la conviction d'avoir 98 % de chances de réussir sans que

---

[1]. Entretien avec l'auteur, 2013.

sa main apparaisse, ou que, si elle apparaît, cela n'aura ni influence ni répercussions notables sur la diplomatie française ou la vie politique intérieure du pays, alors c'est son travail et il doit l'accomplir dans la solitude. » En cas de pépin, le directeur doit simplement « remettre son poste à la disposition de l'État, sans la moindre discussion ni le moindre état d'âme[1] ». Autrement dit, des opérations Homo ont pu être décidées sans l'aval explicite du président Mitterrand.

Un ancien chef d'état-major particulier du président reconnaît que des cas de ce genre se sont produits : « Il n'y avait pas de chèque en blanc, tout était question de cas d'espèce. Il y a des fois où l'on a dit qu'on pouvait y aller, et de nombreuses fois où l'on a dit non, parce que cela faisait prendre trop de risques ou que l'affaire était mal montée. » Pour lui, de toute façon, les opérations Homo ne pouvaient pas faire l'objet d'un accord formel du président de la République : « La réponse n'était jamais directe. Il y avait une latitude d'interprétation, parce qu'aucun homme politique n'acceptera de reconnaître qu'il a donné l'autorisation de tuer quelqu'un de manière illégale. On était donc dans le non-dit. C'était aussi une question de confiance. Les personnes en charge devaient sentir si elles pouvaient y aller ou pas[2]. » Nous avons vu que certains directeurs de la DGSE se sont engagés sur ce terrain de leur propre chef. D'autres ont préféré ne pas s'avancer trop loin, faute d'un feu vert explicite ou d'une relation suffisamment étroite avec le président.

Lâchés dans la nature sans filet

En tout état de cause, la cellule Alpha opère sans filet. Aucune consigne écrite, aucun rapport de mission, aucune comptabilité : elle fonctionne dans une confidentialité absolue,

---

1. Claude Silberzahn, avec Jean Guisnel, *Au cœur du secret, op. cit.*, p. 106-111.
2. Entretien avec l'auteur, 2013.

à l'écart du système bien rodé du SA. « [Les Alpha] ont été placés hors de la hiérarchie traditionnelle et des procédures classiques, au risque d'échapper à tout contrôle ou de sortir des clous », explique un ancien officier. Tout repose sur la confiance absolue que l'on prête à quelques hommes lâchés dans la nature, qui ne bénéficient quasiment d'aucune protection. Car, si une opération tourne mal, ils ne peuvent en aucun cas se réfugier derrière leur statut d'agents des services français : cela impliquerait la DGSE. La Boîte ne bougera pas pour les sortir de là. Ce serait contraire aux principes qui ont conduit à la création de cette cellule. Si ses membres sont arrêtés, ils risquent tout simplement d'être poursuivis comme des délinquants et des criminels. Une expérience éprouvante pour ceux qui la connaîtront.

Une seule règle s'impose donc aux agents Alpha : ne pas se faire prendre. Pour cela, ils doivent multiplier les précautions. Tout est censé être balisé, le service fournissant des dossiers RFA (reconnaissance à fin d'action) très complets sur les « objectifs » des opérations Homo : photos, habitudes, lieux fréquentés, trajets, modes de transport, écoutes téléphoniques, vulnérabilités, etc. Différents scénarios sont étudiés en amont par le SA, puis par les membres d'Alpha, envisageant le maximum d'hypothèses, y compris des kidnappings. Tous les cas « non conformes » sont théoriquement passés au crible, et l'on conclut à l'abandon ou au report de la mission, selon le type de problème rencontré. De plus, l'agent Alpha ne doit laisser aucune trace de son passage dans le pays où se déroule l'opération, ce qui proscrit tout paiement en carte de crédit et impose, *a priori*, d'éviter les aéroports, les hôtels et les restaurants. L'agent doit aussi entrer et ressortir du pays clandestinement.

Tuer sans laisser de trace

La manière de tuer, elle, dépend des cibles, des circonstances et de la discrétion souhaitée. Un attentat à la bombe ou l'explosion d'une voiture piégée constituent généralement des

« signatures » trop lisibles. L'usage d'armes à feu, plus classique, laisse aussi des traces. Dans certains cas, ces *modus operandi* ont cependant été utilisés, car, selon plusieurs témoins, il fallait « faire passer des messages ». « Le général Imbot, lui, était un grand partisan des armes blanches, se souvient un cadre de Cercottes. Il voulait que les agents soient particulièrement entraînés à cela. » Au fil des années, d'autres méthodes sont étudiées afin que les commanditaires soient le plus invisibles possible. Il s'agit, par exemple, de maquiller une exécution en crime crapuleux ou en règlement de compte, sans que l'agent Alpha soit lui-même impliqué. « Nous avons travaillé sur des manipulations afin de provoquer la mort de la cible de manière indirecte, mais ce n'est pas facile à monter », confie un ancien responsable du SA.

Les Alpha ont aussi utilisé des moyens létaux moins conventionnels provoquant de graves problèmes de santé, comme des arrêts cardiaques, des attaques cérébrales ou des maladies, notamment *via* des cocktails mortels de médicaments impossibles à détecter après le décès. « Les accidents de voiture sont trop compliqués à monter à l'étranger, car il faut des complicités, explique un ancien directeur à la DGSE. Voilà pourquoi, si l'on veut faire disparaître quelqu'un, le mieux est de neutraliser la cible avec une maladie ou une attaque cérébrale. Cela passe pour une mort naturelle et l'objectif est atteint. »

Envoyé à l'étranger ou vivant déjà sur place, l'agent Alpha est chargé de l'exécution du plan. La sécurité est maximale. Les incertitudes sont étudiées en amont. À la moindre alerte, tout peut être arrêté, jusqu'à la dernière seconde. Les agents ne savent pas s'il s'agit d'un entraînement ou d'une mission effective. Tout est fait pour les mettre en permanence en conditions réelles, et à cette fin on ne leur dit pas s'ils se livrent à un exercice ou non. S'ils doivent poser un explosif pour faire sauter une voiture, ils ignorent *a priori* s'il y aura quelqu'un dans le véhicule. Dans la pratique, ils se rendent tout de même compte de ce qui se trame, surtout s'ils ont quelqu'un dans leur viseur. Selon nos sources, certains ont eu parfois du mal à assumer les missions qui leur étaient confiées. « Ils savaient que c'était pour la bonne cause, pour la France, mais ce n'est pas neutre de tuer quelqu'un, explique un initié. Ils avaient moins de scrupules lorsqu'il s'agissait d'un terroriste avéré. Mais c'est tout de même un assassinat de sang-froid. Ce n'est pas comme dans une guerre, où l'on se défend contre un ennemi qui vous tire dessus. Là, c'est une élimination. Ils l'ont fait, bien sûr, car ils étaient formés pour cela. On ne peut pas hésiter dans l'action. Tout doit être automatique, sinon ce n'est pas la peine de s'être entraîné. »

Concentrés sur leurs missions, soumis à des tensions fortes, parfois plongés dans l'inactivité durant des mois, obligés d'assumer une vie clandestine permanente, certains agents Alpha n'ont pas tenu très longtemps. « Ils finissaient par tourner en rond, car ils n'avaient pas des missions fréquentes, analyse un ancien du SA. Ce n'était pas facile. C'était très obsédant. Certains ont arrêté au bout de quelques années, pour ne pas devenir schizophrènes. » Les ex-Alpha ont dû être traités de manière spéciale par le service. Ils ne pouvaient pas retrouver immédiatement leurs anciens collègues du SA, qui leur auraient posé trop de questions sur ce qu'ils avaient fait ou ce qu'ils étaient devenus.

Quelques-uns ont été mis « au vert » en France ou envoyés à l'étranger, le temps de retrouver une vie « normale » d'agents secrets. D'autres ont continué à mener ces missions Alpha, sans que personne les soupçonne. Jusqu'à ce jour d'avril 2002 où des imprudences ont conduit à l'arrestation de deux d'entre eux par la police espagnole[1]...

---

1. Voir *infra*, chapitre 14, « Des tueurs Alpha coincés en Espagne ».

10

Traques en ex-Yougoslavie

« À ma connaissance, Chirac a toujours été opposé aux opérations Homo. Il me l'a répété plusieurs fois. » Le général Henri Bentégeat est bien placé pour parler de l'état d'esprit de l'ancien président de la République : il fut son chef d'état-major particulier de 1999 à 2002, avant d'être nommé par lui chef d'état-major des armées, poste qu'il a occupé jusqu'en 2006[1]. Durant sept ans, ce gradé au calme olympien et à la voix posée a été associé à la préparation de la plupart des opérations sensibles décidées par Jacques Chirac. Selon lui, le président aurait été très réticent à employer la DGSE pour agir clandestinement à l'étranger dans le but d'éliminer une menace ou un « ennemi ». « Comme Mitterrand, Chirac se méfiait des services secrets, qu'il jugeait peu compétents et peu sûrs[2] », précise un ancien cadre de la DGSE qui a connu les deux présidents.

La circonspection de Jacques Chirac semble avoir son origine dans le scandale Marković, du nom du sulfureux garde du corps d'Alain Delon retrouvé mort fin 1968. À l'époque, certains éléments des services français ont tenté d'exploiter ce mystérieux assassinat en produisant de faux documents afin de déstabiliser Georges Pompidou et son épouse, amis des Delon. Jacques Chirac, jeune secrétaire d'État qui deviendra proche du président Pompidou, partage l'aversion de ce dernier pour ces basses manœuvres concoctées par des

---

1. Entretiens avec l'auteur, avril 2013.
2. Entretien avec l'auteur, janvier 2014.

comploteurs de l'ancien SDECE. Sa défiance à l'égard des services se trouvera renforcée à partir de 2001 lorsqu'il sera informé que la DGSE aurait enquêté sur son supposé « compte japonais », suspectant des fins politiques. Montée en épingle à l'Élysée, cette affaire conduira à l'éviction brutale, en juillet 2002, du directeur de la DGSE de l'époque, le diplomate Jean-Claude Cousseran.

Chirac, la règle et les exceptions

Cependant, la méfiance instinctive de Jacques Chirac envers les services secrets ne vaut pas pour tout. Les grands principes n'excluent pas les accommodements. Face aux crises, de la guerre en ex-Yougoslavie à celle d'Irak, de l'intervention au Kosovo aux soubresauts du Zaïre ou de la Côte d'Ivoire, le président a parfois composé avec les règles intangibles qu'il s'est fixées. Il s'est servi de la DGSE pour des actions clandestines allant jusqu'aux règlements de compte et aux interventions sur le territoire français, comme celle qu'il avait autorisée en tant que Premier ministre lors de l'assaut de la grotte d'Ouvéa en 1988[1].

Tout en clamant haut et fort son refus des opérations Homo, il en a toléré plusieurs, comme son prédécesseur. Il n'en parlait qu'à un petit cercle d'initiés, dont les directeurs de la DGSE, qu'il recevait en tête-à-tête. « En fait, Chirac n'aimait pas qu'on aborde ce sujet délicat, confie un ancien dirigeant des services secrets, un des rares à avoir été informés de ces échanges. Il avait un peu peur de ce type d'opérations, il craignait des dérapages et que cela ne se retourne contre lui. À la limite, il préférait que cela se fasse sans qu'on ait besoin d'en parler, sans même qu'il soit au courant, afin de ne pas y être mêlé et de pouvoir démentir si cela tournait mal[2]. » Un autre haut responsable du service estime, quant à lui, que Jacques

---

1. Voir *supra*, chapitre 8, « Le retour des commandos du 11e Choc ».
2. Entretien avec l'auteur, avril 2014.

Chirac est devenu de plus en plus prudent sur ce sujet au cours de ses deux mandats[1].

Par ailleurs, le président a discrètement envoyé des soldats des forces spéciales pour effectuer des opérations punitives, avec des consignes plus ou moins nettes de « neutralisation » ou de « nettoyage ». Avec son aval au moins tacite, ses conseillers à l'Élysée ont également couvert des guérillas sanglantes menées par des mercenaires dans le but d'épauler des régimes amis ou des dictateurs alliés. Officiellement, il n'y a pas eu d'opérations Homo durant sa présidence. Dans la réalité, les secrètes rétorsions meurtrières n'ont pas manqué.

La première zone où Jacques Chirac a usé de telles prérogatives est l'ex-Yougoslavie. À peine installé à l'Élysée, le 17 mai 1995, le nouveau président est confronté à une situation explosive en Bosnie-Herzégovine. Cela fait des mois que les gouvernements occidentaux échouent à contenir la pression des forces militaires serbo-bosniaques, tenues d'une main de fer par le général Ratko Mladić et qui contrôlent les deux tiers de la Bosnie-Herzégovine. Sur le terrain, trente mille soldats de l'ONU sont censés protéger, depuis 1992, quelques corridors humanitaires, sans pouvoir s'interposer militairement.

Le 26 mai, près de trois cents Casques bleus, dont une centaine de Français, sont pris en otages par les troupes de Mladić près de Sarajevo. Jacques Chirac est furieux de ces humiliations. « Les militaires sont des lâches ! Il faut ordonner aux Casques bleus français de se défendre avec leurs fusils d'assaut. Qu'ils se battent[2] ! » hurle-t-il au chef d'état-major des armées, l'amiral Jacques Lanxade. Ce dernier peine à contenir la colère présidentielle, qui monte encore au cours de la nuit suivante, lorsque des soldats serbes s'emparent du pont de Vrbanja, tenu par des Français.

---

1. Entretien avec l'auteur, septembre 2014.

2. Rapporté à l'auteur par l'amiral Jacques Lanxade (entretiens de décembre 2009 et février 2010), ainsi que par le général Christian Quesnot, chef d'état-major particulier du président (entretien de mars 2010). Voir aussi Vincent Nouzille, *Dans le secret des présidents*, *op. cit.*, p. 289 *sq.*

Opération Balbuzard noir

Prenant le contre-pied de son prédécesseur, lequel était plutôt serbophile et peu enclin à ajouter « de la guerre à la guerre », Jacques Chirac, qui se souvient de ses combats fougueux lorsqu'il était jeune officier en Algérie en 1956, décide de répliquer. Dans son bureau à l'Élysée, son ministre de la Défense, Charles Millon, le pousse en ce sens. « Je lui ai dit qu'on ne pouvait pas rester sans rien faire, qu'il fallait réagir militairement, quitte à passer outre les consignes de l'ONU, se souvient l'ex-ministre. Chirac est un militaire dans l'âme. Il aime les troupes. Il était favorable à l'action. » Sur place, le général Hervé Gobilliard obtient immédiatement le feu vert élyséen pour passer à la contre-offensive : le pont de Vrbanja est repris en quelques heures par des soldats français, dont deux sont tués dans l'assaut. « Nous étions tristes de ces décès, explique Charles Millon. Mais il fallait inverser la tendance et montrer aux Serbes qu'on ne se laisserait plus faire[1]. » Une dizaine de militaires serbes sont abattus, sans état d'âme, durant les combats.

L'élan guerrier de Jacques Chirac ne s'arrête pas là. Pour tenter de libérer les Casques bleus retenus en otages dans huit forteresses qui entourent Sarajevo, le président demande, dans la soirée du 26 mai, qu'une opération militaire secrète soit préparée. Nom de code : Balbuzard noir. Son chef d'état-major particulier, le général Christian Quesnot, et le chef d'état-major des armées, l'amiral Jacques Lanxade, mobilisent les forces spéciales à cette fin.

Les plans de l'opération, d'une ampleur sans précédent, sont aussitôt mis en œuvre : trente-sept hélicoptères de combat sont embarqués, dès le 27 mai dans la soirée, sur le porte-avions *Foch*, lequel quitte le port de Toulon pour se rapprocher des côtes de l'ex-Yougoslavie. Il transporte également deux cent cinquante membres des forces spéciales, dépendant du

---

1. Entretien avec l'auteur, octobre 2012.

Commandement des opérations spéciales (COS) et incluant des experts du GIGN (Groupe d'intervention de la gendarmerie nationale). Depuis le *Foch*, ils doivent être héliportés jusqu'à la base côtière de Lipa, à la frontière avec la Croatie et la Bosnie, avant d'attaquer simultanément deux sites majeurs, Bare et Osijek, dans la banlieue ouest de Sarajevo. Les ordres de cette opération ultra-confidentielle sont transmis le 30 mai par l'état-major des armées[1]. Le dispositif est prêt.

Parallèlement, le chef de l'État a envoyé un émissaire, le général Bertrand de La Presle, auprès des dirigeants bosno-serbes – le général Ratko Mladić et son mentor politique, Radovan Karadžić. Des pourparlers s'engagent à propos des Casques bleus, toujours retenus prisonniers, débouchant sur leur libération progressive début juin. Les commandos des forces spéciales, qui attendaient un feu vert pour passer à l'action en cas d'échec des négociations, n'ont plus besoin d'intervenir.

Inaction face au massacre de Srebrenica

Après cette première et vive réaction, Jacques Chirac formule le souhait d'envoyer dans la région une nouvelle Force de réaction rapide (FRR) permanente, capable d'entraver les offensives serbes autour de Sarajevo. Sur la base d'un accord franco-britannique, le principe de sa création est adopté le 3 juin 1995 lors d'une conférence des chefs d'État de l'Union européenne et de l'OTAN. De plus, à l'occasion d'un bref séjour à Washington, le président français obtient, à l'arraché, le soutien de son homologue américain, Bill Clinton, à une résolution de l'ONU autorisant le déploiement de cette force, qui serait dotée de mortiers lourds, de canons de 155 mm, de brigades aéromobiles et de blindés. Il faudra pourtant attendre quelques semaines supplémentaires avant qu'elle soit opérationnelle.

---

1. Voir Général Jean-Claude Allard et Colonel Jean-Marc Mérialdo, « Balbuzard noir : un modèle opérationnel pour les crises futures ? », *Doctrine* (revue du ministère de la Défense), n° 14, janvier 2008.

Entre-temps, la situation se dégrade dans les enclaves bosno-musulmanes, prétendument protégées par l'ONU, mais assiégées par les troupes et les milices de Mladić. En quelques jours, celles-ci mettent la main sur Srebrenica et y massacrent plus de huit mille civils. Apprenant la chute de Srebrenica lors d'un sommet franco-allemand, à Strasbourg, le 11 juillet, Jacques Chirac enrage. Plusieurs de ses conseillers recommandent l'intervention militaire immédiate de parachutistes héliportés pour stopper les tueries. Mais le président et son Premier ministre, Alain Juppé, jugent l'opération trop risquée et ne veulent pas y engager la France seule. Or aucun pays, pas même les États-Unis, n'entend la rejoindre. En dépit de l'insistance de son chef d'état-major particulier et de son ministre de la Défense, Jacques Chirac se résout à ne rien faire : ni secours aux victimes, ni représailles contre les forces de Mladić, qui ont commis l'innommable.

Une aide secrète aux forces spéciales croates

La priorité demeure le déploiement de la FRR autour de Sarajevo. Durant l'été 1995, son rôle se révèle déterminant pour desserrer l'étau autour de la capitale bosniaque. Installés au sommet du mont Igman, qui domine la ville, les canons de 155 mm pilonnent les positions serbes dès qu'elles sont repérées. Par ailleurs, l'armée croate, encadrée par des mercenaires américains de la société MPRI, dépêchés de manière officieuse par Washington, déclenche l'opération Oluja (« tempête » en croate). En quelques jours, elle reprend l'enclave de la Krajina, tenue par les Serbes. Ces derniers subissent une véritable déroute, au prix de milliers de morts civils et militaires. Pourchassés, assassinés, leurs maisons détruites, les habitants d'origine serbe sont forcés au départ. Secrètement, la DGSE a envoyé sur place, en urgence, un de ses officiers du SA afin d'accompagner les troupes croates dans leurs attaques. Sans pouvoir l'avouer publiquement, la France aide ces dernières à inverser le cours de la guerre, marquée jusqu'alors par une domination serbe sans partage.

Cet appui n'est pas nouveau. Depuis 1992, dans le plus grand secret, la DGSE soutient l'armée croate pour préparer cette offensive. Officiellement, le président Mitterrand ne veut pas se laisser entraîner dans l'engrenage du conflit qui déchire l'ex-Yougoslavie. Il n'est pas question de privilégier de manière visible un camp plutôt qu'un autre. C'est donc à la DGSE d'intervenir pour soutenir les Croates, qui ont discrètement sollicité l'appui de quelques pays amis.

Dans ce contexte, le général croate Ante Gotovina et son bras droit, le général Ante Roso, deux anciens légionnaires de l'armée française, ont pris contact avec la DGSE par l'intermédiaire du général Philippe Rondot, alors conseiller du ministre de la Défense, Pierre Joxe. Le patron des opérations de la DGSE, le colonel Pierre-Jacques Costedoat, s'est rendu à Zagreb pour rencontrer le général Gotovina et monter cette opération clandestine, baptisée Cimonde. Son objectif : stopper l'avancée serbe et préparer les contre-attaques, quitte à vider les territoires reconquis de leur population d'origine serbe. Dès 1992, plusieurs agents du SA sont envoyés en Croatie. « Nous arrivions par la route, de manière clandestine, comme des touristes, et nous nous retrouvions à Zagreb pour nous engager aux côtés des Croates[1] », raconte l'un d'entre eux. Pour ne pas attirer l'attention, les agents français se font recruter comme de simples mercenaires étrangers. Ils sont chargés de former et d'encadrer les troupes d'élite, les unités spéciales de l'armée croate. Seuls les généraux Gotovina et Roso sont au courant de leurs véritables missions.

Lorsque l'armée croate lance l'opération Oluja en juillet 1995, la DGSE est bien présente à ses côtés. Les unités spéciales croates seront soupçonnées d'avoir commis des exactions durant la reprise de la Krajina. Le général Gotovina sera accusé de crimes de guerre, et pourchassé, après 1995, par les procureurs du Tribunal pénal international pour l'ex-Yougoslavie (TPIY). La DGSE fera tout pour dissimuler le soutien clandestin apporté pendant des années à ce militaire controversé. Et elle y parviendra.

---

1. Entretien avec l'auteur, décembre 2013.

Chirac et Clinton d'accord pour éliminer Karadžić et Mladić

Pour l'heure, les Serbes reculent. Le bombardement meurtrier du marché de Sarajevo, le 28 août 1995, attribué aux soldats de Mladić, déclenche, en septembre, des raids aériens massifs de l'OTAN sur toutes les positions bosno-serbes. À Belgrade, le président serbe, Slobodan Milošević, comprend qu'il doit lâcher du lest et que ses alliés bosno-serbes deviennent encombrants. Des négociations diplomatiques sur le découpage de la Bosnie-Herzégovine s'engagent, sous l'égide des Américains. Elles aboutissent aux accords de Dayton, signés à Paris le 14 décembre 1995 par les présidents serbe, croate et bosniaque, en présence de Bill Clinton et de Jacques Chirac.

Lors d'une conversation informelle, le président français et son homologue américain évoquent le sort qui pourrait être réservé au général Ratko Mladić et au leader bosno-serbe Radovan Karadžić. Les accords de Dayton prévoient qu'ils soient écartés de tout pouvoir : Milošević s'y est engagé. De leur côté, Chirac et Clinton entendent que les deux fauteurs de guerre comparaissent un jour devant le TPIY. Et qu'ils soient capturés, voire « neutralisés », s'ils refusent de se rendre.

L'hypothèse de l'« élimination » de Mladić et de Karadžić a-t-elle été émise aussi explicitement durant cet entretien ? C'est très probable, selon plusieurs sources au sein des services diplomatiques et des services de renseignement[1]. « Ils ont parlé de capture, voire de neutralisation, mais sans entrer dans le détail, en s'en remettant à leurs services respectifs[2] », confirme un ancien collaborateur du chef de l'État. Pour sa part, le ministre

---

1. Cette information, confirmée implicitement par l'Élysée, a été d'abord rapportée dans Gilles Delafon et Thomas Sancton, *Dear Jacques, Cher Bill. Au cœur de l'Élysée et de la Maison-Blanche, 1995-1999*, Plon, 1999, p. 152-153.
2. Entretien avec l'auteur, 2010.

de la Défense de l'époque, Charles Millon, affirme n'avoir jamais entendu parler d'une consigne formelle pour procéder à cette élimination. Néanmoins, il précise : « J'ai donné ordre aux services de tout faire pour les arrêter. Nous étions prêts à utiliser tous les moyens pour cela. Simplement, nous n'y arrivions pas. Dès qu'on apprenait où ils étaient, ils disparaissaient aussitôt. Mais, si on les avait tués, cela ne nous aurait pas posé de problème[1]... »

La réalité est, semble-t-il, plus complexe. Fin 1995, après la signature des accords de Dayton, les pays de l'OTAN déploient en Bosnie-Herzégovine soixante mille soldats dans le cadre de l'IFOR (bientôt rebaptisée SFOR), la force internationale chargée de veiller à leur bonne application. Français et Américains attendent du président Milošević qu'il fasse lui-même le nécessaire concernant Karadžić et Mladić. Mais le président serbe n'est guère enclin à livrer ses anciens alliés, qui continuent de parader à Pale, la capitale de la nouvelle petite République bosno-serbe de Srpska. Personne ne les dérange, bien que le TPIY de La Haye les ait inculpés dès juillet 1995 pour crimes contre l'humanité, puis en novembre pour le génocide de Srebrenica.

Une note de Chirac sur un assassinat ciblé

Quelques mois plus tard, en mai 1996, le conseiller diplomatique de Jacques Chirac, Jean-David Levitte, rencontre à Paris, avec un haut responsable de l'administration Clinton, le sous-secrétaire d'État, Peter Tarnoff. Au menu de leurs discussions : le prochain dîner amical prévu entre les couples Chirac et Clinton à Paris, les initiatives américaines au Proche-Orient, l'élargissement prévu de l'OTAN à de nouveaux pays... et le dossier Karadžić. Tarnoff exclut d'envoyer davantage de militaires de la SFOR dans la zone de Pale. « Ce serait absurde, estime-t-il. Envoyer des contingents dans la région où vit Karadžić sans l'arrêter nous ridiculiserait. » La priorité, selon

---

[1]. Entretien avec l'auteur, octobre 2012.

Levitte, semble être « d'accentuer encore, tous ensemble, les pressions sur le président Milošević afin qu'il écarte définitivement Karadžić, comme le prévoient les accords de Dayton ».

Cependant, face à son interlocuteur français, Peter Tarnoff évoque une autre solution, beaucoup plus radicale : « Peut-être conviendrait-il parallèlement d'engager une réflexion discrète, selon une procédure appropriée entre Américains et Français, sur le recours à d'autres méthodes pour régler le problème, dans l'hypothèse où les pressions sur M. Milošević n'aboutiraient pas ? » Cette allusion à une possible élimination de Karadžić est parfaitement comprise par le conseiller diplomatique de Jacques Chirac.

Lorsqu'il rapporte son entretien au président, Levitte cite *in extenso* la question de Tarnoff, ajoutant : « Je me suis borné à indiquer que je vous rendrais compte de cette interrogation. Je vous serais reconnaissant de vos orientations sur ce point. » Jacques Chirac, après avoir lu le mémo, le renvoie à son conseiller avec une annotation manuscrite à côté des mots « autres méthodes », employés par Tarnoff : « Pourquoi pas ? Mais nous ne disposons d'aucun moyen technique pour ce genre d'opération, qui ne pourrait être conduite que par les Américains[1]. » Contrairement aux règles qu'il a édictées, le président n'écarte donc pas le principe de l'assassinat ciblé, mais exclut le recours aux services français. Il avancera cette explication devant divers interlocuteurs, comme s'il voulait botter en touche et éviter de parler de ce type d'opération, un sujet tabou à ses yeux.

De toute façon, même ses plus proches collaborateurs, comme son conseiller diplomatique ou son chef d'état-major particulier, ne sont pas forcément informés de tout ce que trament les services secrets. Le directeur de la DGSE de cette époque, le préfet Jacques Dewatre, nommé à ce poste en juin 1993, durant la phase de cohabitation entre François Mitterrand et Édouard Balladur, n'est pas réputé être un adepte des réunions ni des

---

1. « Entretien avec Peter Tarnoff, secrétaire d'État adjoint », note pour le président de la République, signée de Jean-David Levitte, 28 mai 1996, archives de la présidence de la République, 5AG4, BE66, Archives nationales.

bavardages. Cet officier saint-cyrien impassible est d'abord un homme d'ordre. Il a débuté sa carrière pendant la guerre d'Algérie comme membre du 11e Choc, avant de commander une unité en Allemagne et d'enchaîner les postes de préfet, notamment à la tête des CRS ou dans des zones sensibles comme la Guyane et la Réunion. Lorsqu'il se rend à l'Élysée pour rencontrer Jacques Chirac, l'entretien se déroule la plupart du temps à huis clos dans le bureau du président. Les dossiers confidentiels sont évoqués oralement, pour ne laisser aucune trace.

Les raids franco-américains avortent

Mais les plans concernant Karadžić et Mladić ne se concrétisent pas. Durant de longs mois, Paris et Washington semblent compter sur la bonne volonté de Milošević. À Pale, les deux dirigeants poursuivent leurs activités comme si de rien n'était. La situation change en juillet 1996 lorsque le TPIY édicte des mandats d'arrêt internationaux contre eux[1]. Sentant que le vent tourne, Karadžić et Mladić passent alors progressivement dans la clandestinité.

Dans la foulée, la procureure du TPIY, la Canadienne Louise Arbour, demande la coopération de toutes les forces militaires présentes en ex-Yougoslavie pour arrêter Karadžić et Mladić, ainsi qu'une dizaine d'autres dirigeants serbes et croates, accusés des mêmes crimes, voire de génocide. L'OTAN est censée piloter la traque, plusieurs de ses États membres disposant de soldats sur le terrain.

Une curieuse collaboration mâtinée de concurrence s'engage entre les Britanniques, les Américains, les Allemands, les Italiens, les Néerlandais et les Français. Chacun doit surveiller sa zone de commandement de la SFOR en Bosnie-Herzégovine, ce qui

---

1. « Trial Chamber issues international arrest warrants against Karadzic and Mladic and rebukes Federal Republic of Yugoslavia and Republika Srpska for failing to arrest them », Tribunal pénal international pour l'ex-Yougoslavie, communiqué de presse, 11 juillet 1996.

n'empêche pas d'intervenir ailleurs sans prévenir les autres. Côté français, la Direction du renseignement militaire (DRM) s'occupe de la Bosnie-Herzégovine[1]. La DGSE, elle, est chargée d'opérer partout ailleurs, en Serbie, en Croatie ou au Monténégro. En juillet 1997, des commandos britanniques du Special Air Service (SAS) lancent à Prijedor la première opération contre deux criminels de guerre : Milan Kovačević, accusé de génocide, est arrêté, tandis que Simo Drljaca est abattu.

Officiellement, la traque de Karadžić et de Mladić a débuté. La région de Pale, où ils ont disparu, est sous la surveillance des soldats français de la SFOR. Les services de renseignement et les militaires américains et français ont reçu pour consigne de collaborer. Pourtant, une certaine confusion règne sur le terrain. À la mi-juillet 1997, des commandos des deux pays doivent mener ensemble un raid visant à capturer Radovan Karadžić près de Pale. Mais l'opération est annulée au dernier moment, les Américains affirmant que leurs partenaires français l'ont jugée « trop risquée[2] ». La France nie, et reprend ses recherches de manière unilatérale. « À plusieurs reprises, nous étions sur le point de capturer Karadžić et Mladić lorsque des hélicoptères américains ont survolé la zone, donnant fâcheusement l'alerte[3] », explique un ex-haut responsable du renseignement militaire.

Les services français vont jusqu'à suspecter leurs homologues américains de vouloir faire échouer l'opération. Selon eux, lors des accords de Dayton, Clinton se serait engagé auprès de Milošević à ne pas toucher aux deux criminels. Une hypothèse que la Maison-Blanche démentira, sans totalement convaincre.

---

1. Depuis la mi-1994, après des négociations tendues, la DRM et la DGSE ont passé un accord officiel pour se répartir les tâches : la première doit surveiller les zones où des soldats français sont en opérations, la deuxième toutes les autres régions. L'accord formel a été signé par le chef d'état-major des armées, l'amiral Jacques Lanxade, et le directeur de la DGSE, le préfet Jacques Dewatre (qui se trouve être aussi le beau-frère de Lanxade).

2. Steven Erlanger, « France Said to Balk at 2d Bosnia Raid, Calling it Too Risky », *New York Times*, 16 juillet 1997.

3. Entretien avec l'auteur, novembre 2012.

Washington soupçonne Paris de liens avec Karadžić

À l'inverse, les Américains doutent de la bonne volonté française. Sur la base de communications téléphoniques interceptées par leurs services techniques, ils pensent que l'Élysée a fait la même promesse à Milošević afin de s'assurer de la libération de deux pilotes de Mirage 2000 pris en otages par les forces bosno-serbes fin août 1995. *In fine*, Jacques Chirac a dépêché son chef d'état-major des armées, le général Jean-Philippe Douin, auprès du général Ratko Mladić pour obtenir qu'ils soient relâchés en décembre 1995, juste avant la signature des accords de Dayton. Pour autant, Paris dément avec insistance avoir promis de ne pas pourchasser Mladić et Karadžić.

Un autre reproche formulé par Washington est plus embarrassant : les Américains détiennent des informations sur l'existence de contacts secrets entre des officiers français proserbes et des proches de Karadžić et Mladić. Selon eux, les deux présumés criminels de guerre ont pu être prévenus des opérations préparées contre eux. L'accusation, grave, n'est pas totalement infondée. Les liens historiques entre la France et la Serbie, qui remontent à la Première Guerre mondiale, le penchant serbophile de François Mitterrand et les amitiés entre des militaires français et serbes durant le conflit yougoslave sont établis. « Au sein de l'armée de terre, de la Légion étrangère, des états-majors et de la DRM, il existait un lobby proserbe très influent. Des contacts avec l'entourage de Karadžić et de Mladić ont été encouragés au plus haut niveau, y compris après les accords de Dayton[1] », précise un général français en poste à cette époque.

Malgré la clandestinité, les ponts n'ont pas été coupés – à la fois pour effectuer de la collecte de renseignements et pour échanger des informations, au risque de provoquer des « fuites ». « Nous aurions pu arrêter Karadžić dès 1997 s'il n'y avait pas

---
1. Entretien avec l'auteur, décembre 2012.

eu ces connivences[1] », affirme Arnaud Danjean, un ancien cadre du renseignement de la DGSE alors en poste dans la région.

À plusieurs reprises, entre 1995 et 1997, le commandant Hervé Gourmelon, un officier de liaison de l'armée française à Sarajevo, rencontre à Pale Radovan Karadžić, auquel il a donné le nom de code de Teddy. Que se disent-ils ? Mystère. Mais les Américains finissent par avoir vent de ces contacts. Ils annulent des opérations en cours et refusent de collaborer plus avant avec les Français, jugés peu fiables.

En avril 1998, la presse américaine met les pieds dans le plat, affirmant que Gourmelon aurait transmis des informations sensibles sur les plans de capture de Karadžić[2]. Officiellement, selon le ministère de la Défense, le commandant aurait eu, de son propre chef, des relations qui ont pu apparaître « contestables[3] ». Mais il s'en défendra et sera simplement rappelé en France. Et d'autres cas d'officiers français soupçonnés de contacts sulfureux avec des dirigeants serbes viendront, les années suivantes, perturber la hiérarchie militaire. Ainsi Pierre-Henri Bunel, chef de cabinet du représentant militaire français à l'OTAN, arrêté en 1998 et accusé d'avoir donné à des interlocuteurs serbes des informations sur les plans de frappes de l'OTAN au Kosovo[4]. « Nous avons dû régler plusieurs cas discrètement[5] », admet le général Henri Bentégeat, ancien chef d'état-major des armées.

---

1. Entretien avec l'auteur, juillet 2012. Arnaud Danjean, député européen (UMP) depuis 2009, a présidé jusqu'en 2014 la sous-commission Sécurité et Défense au Parlement européen.

2. Révélations du *Washington Post*. Voir aussi Steven Erlanger, « French Said to Hurt Plan to Capture Karadzic », *New York Times*, 23 avril 1998.

3. Jean-Dominique Merchet, « Gourmelon, commandant en eaux troubles. En Bosnie, l'officier aurait eu des relations "contestables" avec les Serbes », *Libération*, 24 avril 1998.

4. Saint-cyrien et officier de renseignement, Pierre-Henri Bunel affirmera avoir agi sur ordre et pour des motifs humanitaires. En décembre 2001, il sera condamné à cinq ans de prison, dont trois avec sursis, par un tribunal militaire. Voir son témoignage dans son livre *Mes services secrets. Souvenirs d'un agent de l'ombre*, Flammarion, 2001.

5. Entretien avec l'auteur, avril 2013.

Rondot, chargé du dossier « criminels de guerre »

Ces frictions franco-américaines empêchent toute réelle coopération dans la traque de Karadžić et de Mladić. Paris se retrouve sur la défensive. Fin décembre 1997, la procureure du TPIY, Louise Arbour, accuse carrément la France d'obstruction dans la traque des criminels de guerre, qui seraient « en sécurité absolue dans le secteur de Bosnie contrôlé par les troupes françaises ». Jacques Chirac et son Premier ministre de cohabitation, Lionel Jospin, prennent mal la chose. L'heure de la remobilisation a sonné.

Le général Philippe Rondot, qui, après quatre ans passés à la DST, vient d'entrer dans ses fonctions de conseiller pour le renseignement et les opérations spéciales au ministère de la Défense auprès du ministre socialiste, Alain Richard, se saisit du dossier. Il bénéficie d'une bonne réputation pour avoir mené à bien la capture du terroriste Carlos en 1994. À partir du début de 1998, il commence à se rendre régulièrement à Sarajevo et à Belgrade pour ses missions « CDG », autrement dit « criminels de guerre ».

Le général français y rencontre certains hauts responsables serbes susceptibles de l'aider, bien que leur profil soit également controversé. Ainsi, en novembre 1999, il a un entretien avec le général Momčilo Perišić, ancien chef d'état-major de l'armée yougoslave, lui-même poursuivi par le Tribunal pénal international pour crimes de guerre et crimes contre l'humanité[1]. Un ponte de la DRM se souvient : « Rondot s'est beaucoup occupé de ces dossiers, au point d'en faire presque un combat personnel. Agissant souvent en solitaire, il ne coor-

---

[1]. La rencontre a lieu le 25 novembre 1999. Le général Momčilo Perišić, chef d'état-major de l'armée yougoslave de 1993 à 1998, se livrera volontairement au Tribunal pénal international en mars 2005. Il sera condamné en septembre 2011 à vingt-sept ans de prison pour crimes de guerre et crimes contre l'humanité, avant d'être acquitté en appel en mars 2013.

donnait pas réellement les services sur le sujet, que ce soit la DRM, la DGSE ou les forces militaires sur le terrain[1]. » Mais le général bénéficie des renseignements collectés par un nouvel organisme, le Centre interarmées d'évaluation et de fusion des renseignements (CIEF), créé fin 1997 au sein de la DRM sur sa base de Creil.

Selon les premières informations récoltées, Radovan Karadžić aurait probablement quitté la Bosnie en novembre 1997. C'est du moins ce que certains responsables des opérations spéciales laissent entendre en avril 1998, lorsque la presse américaine rend publique l'affaire Gourmelon[2]. Une manière de tenter de se dédouaner. Quant au général Mladić, il serait lui aussi parti se réfugier en Serbie.

Désireux de redorer leur blason, les Français entendent rapidement mettre la main sur l'un des autres criminels de guerre recherchés par le TPIY. Les Britanniques ont eu leurs faits d'armes, les Néerlandais également, avec l'arrestation de deux Croates fin 1997, tout comme les Américains, avec une capture début 1998[3]. La France, quant à elle, procède à deux prises durant la même période, mais il s'agit de « petits poissons ». Or Paris veut à tout prix attraper un « gros poisson ».

L'élimination de Gagović

L'une des cibles s'appelle Dragan Gagović. Né en 1960, cet ancien chef de la police dans la ville de Foča est accusé d'avoir contribué à y installer des camps de prisonniers où la torture était courante et le viol massivement pratiqué sur les

---

1. Entretien avec l'auteur, septembre 2012.
2. Voir Hélène Despic-Popovic et Jean-Dominique Merchet, « L'ange gardien français de Radovan Karadžić. Un officier français aurait fait échouer la capture du leader serbe », *Libération*, 26 avril 1998.
3. Vlatko Kuprešić et Anto Furundzija sont arrêtés par les forces néerlandaises le 18 décembre 1997. Goran Jelisić est arrêté par les Américains le 22 janvier 1998. Voir notamment Jacques Massé, *Nos chers criminels de guerre*, Flammarion, 2006, p. 124 *sq*.

prisonnières musulmanes, à l'instigation de Velibor Ostojić, le chef de la propagande de Karadžić. Gagović clame son innocence, mais l'acte d'accusation du TPIY de juin 1996 contre lui et sept autres Serbes de Bosnie est accablant : « Il savait et avait des raisons de savoir que les femmes qui étaient détenues à la Salle des sports des partisans étaient fréquemment abusées sexuellement », écrivent les procureurs. Ils ajoutent que Gagović a lui-même été présent sur place à plusieurs reprises et aurait participé à un viol en juillet 1992[1].

Depuis la signature des accords de Dayton, l'ancien chef de la police de Foča, devenu professeur de karaté, semble vivre paisiblement dans la région sans être inquiété, comme bon nombre de ses anciens complices, également poursuivis par le TPIY. Plutôt que de l'arrêter en pleine rue ou à son domicile, plusieurs équipes des forces spéciales françaises présentes sur la zone sont chargées de le surveiller à distance – un peu comme dans une RFA (reconnaissance à fin d'action), prélude à une opération Homo. Des experts du GIGN sont appelés en renfort. « Le général Rondot a vu ce que nous savions faire, par exemple poser des balises GSM sur les voitures, se souvient l'un d'eux. C'est ce que nous avons fait pour plusieurs véhicules des présumés criminels de guerre, comme Gagović[2]. » Grâce à cette balise, la VW Golf GTI blanche de Gagović, immatriculée 284K778, est suivie à la trace durant plusieurs jours[3].

Le 9 janvier 1999, sur une route de montagne sinueuse et totalement verglacée, les conditions semblent réunies pour tendre une embuscade. Gagović rentre en voiture d'un tournoi d'arts martiaux. Une équipe des forces spéciales du 13e régiment de dragons parachutistes (RDP) se cache en amont. Elle signale le passage de la Golf et remarque que Gagović n'est pas seul dans le véhicule : il est accompagné de cinq enfants

---

1. Acte d'accusation contre Dragan Gagović et autres, dossier IT-96-23, TPIY, La Haye.
2. Entretien avec l'auteur, février 2013.
3. Voir Jacques Massé, *Nos chers criminels de guerre*, op. cit., p. 178 *sq.*

âgés de onze et douze ans. Cette information capitale, qui aurait dû conduire à annuler l'opération, est-elle bien transmise ? Mystère. Une chose est sûre : les parachutistes d'élite du 1er RPIMa, qui se sont fait passer pour de simples soldats tenant un barrage routier de la SFOR un peu plus loin, ne reçoivent aucun contrordre.

La voiture de Gagović aborde un virage, longeant un ravin, et se rapproche du check-point. Selon la version des militaires français, elle aurait accéléré au dernier moment pour tenter de forcer le passage. Les parachutistes ouvrent le feu, visant prioritairement l'habitacle. Vingt-trois impacts seront retrouvés. Une balle traverse le crâne de Gagović, côté gauche, le tuant sur le coup. La Golf quitte la route neigeuse et se renverse sur le toit. Miraculeusement, aucun des cinq enfants n'est touché. Une énorme bavure a été évitée de justesse, ce qui entraînera quelques explications houleuses entre les équipes des forces spéciales. Mais le criminel de guerre n'a eu aucune chance d'en réchapper. Une véritable exécution, dont plusieurs hauts responsables militaires reconnaissent qu'elle était finalement assumée. « On avait donné ordre soit de les arrêter, soit de les neutraliser s'ils forçaient les barrages[1] », admet un ancien officier supérieur de l'état-major des armées. « Ce qu'on ne savait pas, précise un ancien responsable des opérations spéciales, c'est qu'il y avait des enfants à bord. Ça, c'était une erreur. Mais nous avons tué Gagović, ce n'était pas une erreur, cela rentrait dans le cadre des consignes données[2]. »

Un avertissement clair aux criminels de guerre

Sur le moment, la mort de Gagović est présentée comme accidentelle. Personne ne parle d'un piège tendu par les forces spéciales françaises. Selon les responsables de la SFOR, les soldats ont dû faire usage de leurs armes parce qu'ils étaient

---

1. Entretien avec l'auteur, novembre 2012.
2. Entretien avec l'auteur, avril 2013.

menacés – c'est l'argument de la légitime défense. Certains responsables politiques serbes, eux, critiquent l'opération, jugée « disproportionnée ». La procureure du TPIY, Louise Arbour, se contente de « regretter » la mort de Gagović. À Paris, le Premier ministre, Lionel Jospin, déclare : « Nous aurions préféré pouvoir le conduire au TPIY. Mais il est clair qu'il ne peut pas y avoir d'impunité pour des criminels de ce type. » Le porte-parole du département d'État, à Washington, renchérit : « Cet acte représente un avertissement pour tous ceux qui sont poursuivis pour crimes de guerre[1]. » Une manière explicite de souligner que cette opération française constitue bien un message.

À Foča, des manifestants en colère attaquent des bâtiments de l'ONU. Une enquête est ouverte et deux autopsies sont pratiquées. Des membres de la police militaire française procèdent même à une investigation. La reconstitution de la fusillade conduit les enquêteurs à conclure que la légitime défense ne tient pas. Il faudra des pressions multiples, *via* le ministère de la Justice, pour enterrer le dossier. Un an après l'opération, en janvier 2000, à l'issue d'un tête-à-tête avec son ministre, Alain Richard, le général Philippe Rondot note dans ses carnets secrets : « Légitime défense ? douteuse. Identification du barrage ? = embuscade, en fait[2]. » Un demi-aveu.

La crainte des exécutions se propage parmi les personnes recherchées. Indirectement, des émissaires font passer le message à certaines d'entre elles qu'elles feraient bien de se rendre à la justice, sans quoi elles pourraient connaître le même sort que Gagović. Lorsque, en juillet 2002, les militaires français encerclent la demeure d'un des complices de Gagović, Radovan Stanković, à Trebijina, dans le sud-est de la Bosnie-Herzégovine, le présumé criminel de guerre refuse de sortir. « Il disait qu'on allait le tuer, se souvient un ancien général en poste en Bosnie. Il a fallu faire venir son frère et sa mère pour le convaincre

---

[1]. « Un Serbe de Bosnie meurt au cours d'une tentative d'arrestation de la SFOR », *Le Monde*, 12 janvier 1999.
[2]. Note du 5 janvier 2000, carnets du général Rondot.

de se rendre. Il a exigé que sa mère monte avec lui dans notre hélicoptère pour s'assurer qu'on ne le tuerait pas[1]. »

En réalité, les forces françaises sont désormais plus prudentes. Elles préfèrent arrêter les fugitifs de manière pacifique et les envoyer devant le tribunal de La Haye. En effet, à partir de 1999, la procureure Carla Del Ponte multiplie les démarches pour que les criminels de guerre lui soient livrés. Elle met la pression sur toutes les capitales occidentales, n'hésitant pas à critiquer vertement l'inaction française chaque fois qu'elle rencontre le président Jacques Chirac. Celui-ci peut se targuer de quelques prises au cours de l'année 2000, dont l'arrestation de Mitar Vasiljević, le 25 janvier, puis celle de Momčilo Krajišnik, ancien président du Parlement bosno-serbe, dans la nuit du 2 au 3 avril. Cette dernière opération, préparée dans le plus grand secret par deux cent cinquante soldats des forces spéciales, est menée tambour battant, avec l'aval de l'Élysée et de Matignon. Le « colis » est expédié le jour même à la prison de Scheveningen, à La Haye.

Des moyens insuffisants pour retrouver « K » et « M »

La chute du président Milošević, à Belgrade, en novembre 2000, fait naître de nouveaux espoirs de mettre la main sur ceux qui figurent tout en haut de la liste des criminels de guerre recherchés : Karadžić et Mladić, toujours introuvables. En coulisses, le général Philippe Rondot se remobilise sur ce front. Un accord est passé avec les services allemands afin de partager les renseignements sur quelques « gros poissons ». Un état-major secret est installé en Allemagne. Les Britanniques et les Américains sont également censés coopérer avec les Français sur « K » et « M ».

La traque des deux hommes se voit attribuer un nom de code : opération Fervent Archer. D'importants moyens sont

---

1. Entretien avec l'auteur, juillet 2013.

déployés. Des écoutes sont déclenchées tous azimuts, depuis l'Allemagne et en Bosnie. En janvier 2000, les « grandes oreilles » permettent de localiser Karadžić dans la zone de Trebinjë, mais les militaires arrivés sur place ne trouvent pas leur cible[1]. Les images fournies par les satellites et par les caméras embarquées sur des hélicoptères sont analysées. Des commandos du 13e RDP et des parachutistes des RPIMa, qui ont installé un PC secret à Mostar, organisent des planques et partent en mission de reconnaissance dans la zone de Bosnie attribuée aux Français, mais aussi au-delà. L'entourage de « K » fait l'objet d'une surveillance renforcée. Un de ses gardes du corps, retourné par les services français et américains, a failli livrer son patron en 1999, avant de se raviser.

Les Américains s'activent également. La CIA dispose d'interceptions téléphoniques, notamment grâce à une station installée sur le mont Igman, près de Sarajevo. Et les forces américaines interviennent ici et là. En dépit d'accords négociés, la coordination entre alliés demeure chaotique. « Il y avait des tensions sur le sujet, rapporte un ancien membre des états-majors français. Nous avons fait quelques opérations en zone américaine en prenant de gros risques. Et il y avait parfois des incursions américaines dans notre zone de Bosnie sans que nous soyons prévenus. Un jour, nous avons failli leur tirer dessus[2]. »

De son côté, la DGSE, comme ses homologues américains et britanniques, recueille des renseignements au Monténégro, pays natal de Karadžić. Le leader bosno-serbe passerait régulièrement la frontière. Des commandos du SA s'entraînent en France durant des mois pour participer à son arrestation éventuelle. Une opération de capture de « K » depuis le Monténégro est étudiée à partir de février 2000 par les forces spéciales françaises, la CIA et les commandos britanniques. Le général Rondot recommande d'agir : il faut, selon lui, mettre un « coup de pied dans la fourmilière pour ne pas rester inactifs » et avoir un effet

---
1. Rapporté dans « Le général Rondot raconte la traque », *Le Figaro*, 23 juillet 2008.
2. Entretien avec l'auteur, juillet 2012.

d'« affichage[1] » vis-à-vis du TPIY, qui s'impatiente. Mais l'opération n'a pas lieu. L'ex-président des Serbes de Bosnie échappe aux embuscades qui lui sont tendues. Parallèlement, Philippe Rondot tente une autre approche : en mai 2000, il fait passer à Karadžić un message lui proposant de gagner la France avec sa famille, lui-même s'étant assuré qu'il ne serait pas condamné à la prison « à perpétuité ». L'opération est baptisée Myriam. Elle s'enlise à cause de la « fiabilité réservée[2] » des contacts. Le général Rondot veille à ce que ses démarches restent confidentielles : « Attention à ne pas laisser de traces[3] », écrit-il. En 2003, il notera dans ses carnets que la traque des criminels de guerre occupe « 80 % de [s]on temps » et le contraint à prendre des risques, notamment du fait de « fréquentations douteuses[4] ».

Les commandos à deux doigts de piéger Karadžić

La chasse est d'autant plus délicate que le dispositif français présente encore quelques failles. En février 2001, un officier du renseignement est à nouveau suspecté de « trahison » au profit des Serbes en Bosnie lors d'une opération menée contre « K ». Des enquêtes internes montrent que le commandement français sur place a manqué de « vigilance » en laissant des contacts s'établir entre certains officiers et des proches de Karadžić[5]. En mars et en novembre 2002, les Américains profèrent les mêmes accusations contre d'autres militaires français, ce qui sème de nouveau le trouble dans les relations transatlantiques, déjà refroidies par le différend sur la future guerre en Irak.

Les Serbes de Belgrade, malgré leurs déclarations officielles, freinent toute opération internationale sur leur territoire. Le général Rondot se rend régulièrement sur place pour

---

1. Note du 1ᵉʳ mars 2000, carnets du général Rondot.
2. Note du 6 juin 2000, carnets du général Rondot.
3. Note du 20 février 2003, carnets du général Rondot.
4. Note du 4 juillet 2003, carnets du général Rondot.
5. Note du 15 mai 2001, carnets du général Rondot.

prendre le pouls. Début 2002, par exemple, il tente d'arracher aux autorités serbes la promesse de capturer le général Mladić. Sans succès. Belgrade se contente d'expédier au tribunal de La Haye, en juin 2002, un autre criminel de guerre présumé, Ranko Češić. Au même moment se prépare un raid pour coincer Karadžić dans sa maison familiale de Breznik, près de Pale, placée sous surveillance. Des soldats des forces spéciales françaises sont mobilisés. Philippe Rondot se rend sur les lieux fin juin, espérant une capture très médiatique[1]. En vain.

D'autres opérations sont initiées dans la foulée, dans le courant de l'année 2003, avec l'appui de la DGSE, qui relaie et complète le dispositif des militaires. En pleine crise franco-américaine sur l'Irak, le chef d'état-major particulier du président Chirac, le général Jean-Louis Georgelin, pense que « la capture de K ou de M serait de nature à nous rapprocher des Américains[2] ». De plus, la procureure Carla Del Ponte continue de faire pression sur l'Élysée et sur le ministère de la Défense pour obtenir des résultats, estimant que les Français la « mènent en bateau » et ne se donnent « aucun mal[3] ». Rien n'y fait. « La machine est relancée, mais sans garantie de résultats immédiats[4] », constate le général Rondot en septembre 2003. Radovan Karadžić et Ratko Mladić seront finalement arrêtés bien plus tard par les services serbes, le premier en juillet 2008, le second en mai 2011.

Paris protège un présumé criminel de guerre

Maladroite, la France ne sera donc pas parvenue à donner des gages sérieux dans le dossier des criminels de guerre. Le cas du général croate Ante Gotovina, poursuivi pour crimes

---

1. Il se rend à Breznik du 28 juin au 1er juillet 2002. Note des 25 et 26 juin 2002, carnets du général Rondot.
2. Note du 13 juin 2003, carnets du général Rondot.
3. Note du 13 juin 2003, carnets du général Rondot.
4. Note du 30 septembre 2003, carnets du général Rondot.

de guerre, est même particulièrement troublant. Bien loin de s'empresser de traquer cet officier supérieur que la DGSE a secrètement aidé de 1992 à 1995 pour encadrer les forces spéciales croates dont il avait la charge, les Français l'incitent à se cacher, estimant qu'il n'est pas coupable. « Des milices ont fait des choses terribles sous son commandement, mais Gotovina ne suivait pas tout en direct. Et il avait aussi sauvé des Français[1] », plaide un ancien cadre du SA. La DGSE est même restée en contact avec lui au moins jusqu'en 2000.

Pour traiter ce dossier sensible et éviter que la complicité passée de la DGSE avec ce présumé criminel de guerre ne soit découverte, le général Rondot, qui connaît les dessous de cette histoire pour en avoir été l'un des instigateurs, rencontre secrètement l'ancien bras droit de Gotovina, le général Ante Roso, dans un restaurant de Dubrovnik à la mi-avril 2003. Le message qu'il lui transmet est limpide : Roso doit intimer à Gotovina de « rester où il est ». Autrement dit, le général croate doit demeurer invisible afin d'éviter une arrestation. De retour de cette mission, Rondot rapporte à Philippe Marland, le directeur de cabinet de la ministre de la Défense, Michèle Alliot-Marie, que Gotovina ne compte pas se rendre. Marland approuve, précisant : « Nous y avons intérêt[2]. »

Officiellement, la chasse se poursuit. Mais la DGSE et le général Rondot craignent par-dessus tout que sa capture ne mette au jour les opérations menées par le SA à ses côtés. De plus, s'il était tué, les Français redoutent qu'on ne leur attribue sa mort. Des messages sont échangés avec lui *via* plusieurs émissaires. « Le général Ante Gotovina m'avait fait savoir par l'entremise du général Ante Roso qu'il ne révélerait jamais les liens qui ont pu exister, à l'époque de la guerre, entre lui et nous[3] », note Rondot, rassurant, en mars 2005.

---

1. Entretien avec l'auteur, juillet 2013.
2. Entretien entre Philippe Marland, directeur de cabinet, et Philippe Rondot, le 23 avril 2003 à 15 h 10, carnets du général Rondot.
3. Note du 17 mars 2005, carnets du général Rondot. Note révélée par *Libération*, 7 septembre 2009.

La valse-hésitation française cesse quelques mois plus tard. L'ordre vient de l'Élysée : le général croate ne doit plus bénéficier d'aucune clémence. Il est arrêté le 7 décembre 2005 dans les îles Canaries, où il s'était réfugié. Reconnu coupable de « crimes contre l'humanité » en avril 2011 par le TPIY, le général Gotovina sera condamné à vingt-quatre ans d'emprisonnement, mais il sera acquitté en appel en novembre 2012[1]. Il rentrera en Croatie, accueilli en héros.

Les services français ne se sont jamais vantés de l'aide clandestine qu'ils lui ont apportée. Ni des protections dont il a longtemps bénéficié.

---

1. « Judgment Summary for Gotovina et al. », TPIY, 15 avril 2011 ; « Appeals Chamber Acquits and Orders Release of Ante Gotovina and Mladen Makac », TPIY, 16 novembre 2012.

11

Venger les moines de Tibhirine

30 mai 1996. Dans un communiqué officiel, les autorités algériennes informent qu'elles ont découvert au bord d'une route, près de Médéa, les « dépouilles » des sept moines du monastère de Tibhirine, enlevés dans la nuit du 26 au 27 mars. En réalité, il s'agit des têtes décapitées des frères trappistes. Les corps des sept victimes ne seront pas retrouvés. Leur exécution a été annoncée quelques jours plus tôt par un message du Groupe islamique armé (GIA), qui avait revendiqué la prise d'otages. Daté du 21 mai et publié le surlendemain dans la revue islamiste *Al Ansar*, à Londres, avant d'être transmis à la radio marocaine Medi 1 ainsi qu'à l'AFP, ce texte met directement en cause la France et son président Jacques Chirac. « Le président français et son ministère des Affaires étrangères ont déclaré qu'ils ne vont pas dialoguer et qu'ils ne vont plus négocier avec le GIA, interrompant ainsi ce qu'ils ont déjà entrepris, et nous avons, nous aussi, coupé la gorge des sept moines[1] », écrivent les ravisseurs.

Cet épilogue atroce constitue l'un des épisodes les plus noirs de la « drôle de guerre » menée contre la France par les extrémistes du GIA, groupe que dirige un certain Djamel Zitouni. À leurs yeux, Paris soutient le régime militaire algérien, lequel mène un combat total contre les islamistes après avoir interrompu, en janvier 1992, le processus électoral qui

---

1. Communiqué du GIA, n° 44, 21 mai 1996. Voir aussi René Guitton, *Si nous nous taisons... Le martyre des moines de Tibhirine*, Calmann-Lévy, 2001, p. 222.

devait conduire à la victoire du Front islamique du salut (FIS) aux élections législatives. Depuis cette date, la répression et les attaques du GIA ont fait des dizaines de milliers de victimes de l'autre côté de la Méditerranée.

Dans cette nouvelle guerre d'Algérie qui ne dit pas son nom, les Français sont également visés. Et le pouvoir politique, de François Mitterrand à Jacques Chirac, semble bien incapable d'enrayer la spirale de violence, qui déborde le territoire algérien et gagne l'Hexagone. Les risques d'attentat mobilisent la DST – les services secrets intérieurs –, tandis que la poudrière algérienne alarme la DGSE. De 1993 à 1996, la machine s'emballe, sans que les services de renseignement puissent véritablement répondre aux menaces répétées du GIA. À défaut de lui déclarer une guerre ouverte, les autorités françaises emploient plusieurs canaux officieux et clandestins afin de contenir les dangers. Mais elles sont confrontées à l'hermétisme d'un pouvoir algérien qui ne recule devant rien pour parvenir à ses fins, y compris la manipulation et la duplicité.

Dans l'affaire des moines de Tibhirine, des doutes planent d'emblée sur les réels instigateurs de ce crime. Les carnets du général Philippe Rondot, alors conseiller du directeur de la DST, porteront trace, quelques années plus tard, des réflexions partagées à l'Élysée sur le « double jeu » des services algériens[1]. À défaut de certitudes, Paris va bientôt demander des comptes. Pour venger les trappistes assassinés...

Zitouni, ennemi public numéro un

Officiellement, la France a un ennemi déclaré : le GIA, jugé responsable, de 1993 à 1996, d'une série d'attaques meurtrières contre ses ressortissants. La liste des crimes les plus

---

1. « Double jeu de la DRS : services français, GIA. Ex. : l'affaire des moines de Tibhérine. » Entretien avec le général Georgelin, chef d'état-major particulier du président Jacques Chirac, sur le voyage du président à Alger, le 23 décembre 2002 à 11 h 30, carnets du général Rondot.

spectaculaires attribués à ce groupe est, en effet, impressionnante :

– l'enlèvement et l'assassinat de deux géomètres français, Emmanuel Didion et François Barthelet, dans la région d'Oran, le 21 septembre 1993 ;
– l'assassinat d'un journaliste français, Olivier Quemener, à Alger, le 1er février 1994 ;
– la mort de deux autres Français, Roger-Michel Drouaire et son fils Pascal-Valéry, égorgés près d'Alger le 22 mars 1994 ;
– le meurtre de deux religieux, Henri Vergès et Paul-Hélène Saint-Raymond, à Alger, le 8 mai 1994 ;
– l'attentat contre une résidence française dans la cité d'Aïn Allah, à Alger, où meurent trois gendarmes et deux agents consulaires, le 3 août 1994 ;
– la prise d'otages dans l'Airbus d'Air France à l'aéroport d'Alger, le 24 décembre 1994 ;
– l'assassinat de quatre pères blancs à Tizi Ouzou, le 27 décembre 1994 ;
– la campagne d'attentats en France de juillet à octobre 1995 ;
– enfin, l'enlèvement des moines de Tibhirine, en mars 1996.

Chaque fois, l'organisation islamiste radicale revendique ses actions à travers des communiqués relayés notamment par le journal *Al Ansar*, publié à Londres. De quoi transformer l'émir du GIA, Djamel Zitouni, en ennemi public numéro un aux yeux des hauts responsables français.

La DST main dans la main avec les services algériens

Cependant, durant toute cette période, certains cercles du pouvoir à Paris s'interrogent *mezzo voce* sur la vraie nature de ce groupe de plus en plus sanglant et sur les liens éventuels de Djamel Zitouni avec les services algériens, principalement la sécurité militaire (Département du renseignement et de la sécurité, ou DRS), dirigée d'une main de fer par le général Mohamed

Mediène, dit Toufik. Dans ce jeu de billard à plusieurs bandes, le régime algérien est suspecté d'infiltrer des groupes armés rebelles afin de les décrédibiliser et de semer la terreur. Selon cette hypothèse, le GIA serait instrumentalisé pour faire pression sur Paris afin d'obtenir un plus franc soutien français au régime militaire d'Alger, plongé dans la guerre civile.

Zitouni, marionnette d'Alger ? Ce scénario fait frémir les cénacles diplomatiques, car les relations franco-algériennes sont, de longue date, électriques. Il est démenti avec vigueur par les équipes de la DST, qui travaillent alors main dans la main avec les services algériens pour lutter contre le terrorisme et ne veulent pas croire à l'hypocrisie de leurs interlocuteurs.

En effet, voilà des années que le DRS et la DST sont sur la même longueur d'onde et en contact permanent. Chacun y trouve son compte. Les experts français de l'antiterrorisme ont été guidés par les Algériens dans le maquis des organisations dissidentes palestiniennes et dans le bourbier libanais au début des années 1980, à l'époque où les attentats contre la France et les prises d'otages se succédaient. Les Algériens ont notamment facilité des entrevues secrètes entre la DST et le terroriste Abou Nidal afin de tenter de négocier l'arrêt des attentats en France[1]. De leur côté, à partir de janvier 1992, lorsque les généraux algériens ont commencé à pourchasser les islamistes, ils ont fait appel à la DST.

Principal interlocuteur des Français, le général Smaïl Lamari, dit « Smaïn », numéro deux du DRS, en charge de la Direction du contre-espionnage (DCE), soigne ses relations avec ses amis français, en particulier le général Philippe Rondot et Raymond Nart, directeur adjoint de la DST, qui connaît bien l'Algérie pour y avoir vécu juste avant l'indépendance en 1962[2]. Lamari se rend souvent à Paris pour discuter de toutes ses affaires avec ces derniers, et eux l'appellent très fréquemment, quand ils ne se déplacent pas à Alger. De plus, la DST livre des armes et des équipements de sécurité

---

1. Voir *supra*, p. 112.
2. Voir notamment Éric Merlen et Frédéric Ploquin, *Carnets intimes de la DST. 30 ans au cœur du contre-espionnage français*, Fayard, 2011, p. 284.

aux forces de l'ordre algériennes, et certains de ses policiers donnent parfois des coups de main discrets dans des opérations du DRS. En retour, celui-ci dépêche régulièrement des représentants en France : ils y recueillent des renseignements sensibles sur des Algériens suspectés d'être impliqués dans des réseaux terroristes.

L'ancien directeur de la DST, Jacques Fournet, en poste de 1990 à 1993, le reconnaît : « Nous avons coopéré avec les autorités algériennes, et notamment avec les services de renseignement, en leur fournissant des équipements et des interceptions afin de leur permettre d'identifier, à tout le moins de localiser, certains membres du FIS sur le territoire algérien, en particulier à Alger[1]. »

Il arrive que ces échanges de services prennent des formes étranges. Le 24 octobre 1993, trois agents consulaires français sont enlevés à Alger, avant d'être rapidement relâchés par des ravisseurs qui ressemblent à des policiers algériens. Selon des sources concordantes, cet enlèvement aurait été en partie « arrangé » entre les services algériens et l'équipe de Charles Pasqua, arrivé au ministère de l'Intérieur en mars 1993[2]. Cette vraie-fausse prise d'otages, officiellement attribuée au GIA, a fourni une justification sécuritaire à l'opération Chrysanthème, déclenchée le 9 novembre 1993 par la DST et qui a abouti à l'interpellation d'une centaine d'activistes islamistes du FIS dans l'Hexagone. Ces arrestations étaient demandées expressément par le gouvernement algérien depuis des lustres. « L'opération Chrysanthème servait d'abord nos intérêts, en limitant les risques d'attentat[3] », plaide un ancien dirigeant de la DST.

---

1. Cité dans Sébastien Laurent (dir.), *Les espions français parlent. Archives et témoignages inédits des services secrets français, par J.-P. Bat, F. Vadillo et J.-M. Le Page*, Nouveau Monde Éditions, 2011, p. 445-445.

2. Voir notamment Lounis Aggoun et Jean-Baptiste Rivoire, *Françalgérie, crimes et mensonges d'États*, La Découverte Poche, 2010, p. 342 *sq.*

3. Entretien avec l'auteur, décembre 2013.

Zitouni ne déplaît pas aux services algériens

Cette proximité des services intérieurs français avec leurs homologues algériens favorise également quelques confidences. Smaïn Lamari les dispense souvent de manière elliptique, sans livrer les dessous des plans du tout-puissant DRS. Ainsi, il ne cache pas sa satisfaction lorsque son ennemi officiel, Djamel Zitouni, devient l'émir du GIA, à l'automne 1994. Une attitude étrange qui alimente quelques soupçons sur le profil de ce leader radical.

Ancien vendeur de volailles dans la banlieue d'Alger, Djamel Zitouni a été arrêté en 1992, après le coup d'État des généraux, et emprisonné pendant plusieurs mois. Selon d'anciens membres du DRS, c'est à cette époque qu'il aurait été recruté, puis aidé par les services algériens. L'un de ses officiers traitants aurait été un des cadres du DRS de Blida. Ceux-ci cherchaient à infiltrer et à discréditer les islamistes, lesquels commençaient à négocier leur retour politique avec l'appui du président algérien Liamine Zéroual, partisan du dialogue et peu apprécié des généraux les plus durs. Après sa rencontre avec Chérif Gousmi, l'un des chefs du GIA, Zitouni a pris la tête d'une « phalange de la mort » de l'organisation, bien armée et de plus en plus violente.

En septembre 1994, alors que le président Zéroual fait libérer cinq dirigeants du FIS en échange d'une promesse d'élections générales, plusieurs leaders du GIA, dont Chérif Gousmi, sont tués dans une embuscade. Djamel Zitouni en réchappe miraculeusement, avant d'être brusquement intronisé chef du GIA fin octobre, au terme d'un putsch interne. Selon ce qu'aurait alors confié Smaïn Lamari à son ami Raymond Nart, Zitouni aurait été volontairement épargné lors de l'assaut afin de faciliter ensuite son ascension au sein du GIA[1]. À Paris, la DST comprend que les services algériens ont une relation

---

1. Voir Jean-Baptiste Rivoire, *Le Crime de Tibhirine. Révélations sur les responsables*, La Découverte, 2011, p. 91.

particulière avec le nouveau chef du groupe extrémiste, sans avoir plus de détails. Un ancien haut responsable de la DST s'en souvient : « Lamari nous a parlé de Zitouni en disant qu'il y avait des liens entre Zitouni et le DRS. Il n'en a pas dit plus. Un jour, Lamari nous a expliqué que les Égyptiens avaient des docteurs en théologie à la tête des Frères musulmans, et qu'eux, les Algériens, avaient un marchand de poulets à la tête du GIA. Selon lui, cela les arrangeait bien... »

La DST ne semble pas trop s'appesantir sur les propos troublants de Lamari, qui pourraient se révéler gênants, puisque Zitouni est le chef du GIA, déjà responsable de plusieurs attentats contre des Français. Pour la DST, Lamari mène simplement la guerre chez lui selon des méthodes qui ont déjà fait leurs preuves : « Lamari nous a souvent répété qu'il opérait comme nous avions fait durant la guerre d'Algérie, en infiltrant et divisant les maquis, pour les affaiblir. Nous n'approuvions pas leurs méthodes, mais ils ont fini par réduire le GIA[1] », confie l'ancien de la DST.

La DGSE écoute l'Algérie en direct

La DGSE, elle, se pose davantage de questions sur ce qui se passe en Algérie et sur le GIA. « Nous avions compris que Zitouni faisait partie du jeu, qu'il était lié avec le DRS d'une manière ou d'une autre. Mais nous n'avions pas de preuves absolues[2] », se souvient un de ses anciens hauts responsables. « Tout était miné, précise un ex-cadre de la Direction du renseignement de la DGSE. Le pouvoir algérien vacillait, il ne contrôlait pas tout. On ne savait pas exactement qui avait infiltré quoi. De plus, les généraux algériens se faisaient la guerre entre eux, ce qui rendait les choses encore plus complexes. Ils étaient capables de tout, y compris du pire[3]. »

---

1. Entretien avec l'auteur, novembre 2013.
2. Entretien avec l'auteur, mai 2014.
3. Entretien avec l'auteur, décembre 2013.

Depuis le début de la crise algérienne, les experts de la DGSE ont mis sur pied un dispositif technique spécial qui leur permet de recueillir de précieux renseignements sur ce qui se passe de l'autre côté de la Méditerranée. « L'Algérie est devenue, à compter de 1991, le sujet majeur de préoccupation du service[1] », reconnaîtra le préfet Claude Silberzahn, directeur de la DGSE de 1989 à 1993 et qui a été sous-lieutenant en Algérie à la fin des années 1950.

Le centre d'écoutes près d'Arles ne fonctionnant pas, c'est à partir de bases militaires situées sur la Côte d'Azur que les communications des forces de sécurité algériennes sont surveillées. Des sous-marins français naviguent au plus près des côtes algériennes afin d'intercepter les communications radio au sol. Des avions Breguet Atlantic survolent l'Algérie, avec à leur bord des « grandes oreilles » et des traducteurs. La DGSE dispose aussi d'un cargo désaffecté aménagé en centre d'écoutes et d'un système d'interceptions installé dans les locaux de l'ambassade de France à Alger.

« À partir de 1991, nous avons essayé de capter tout ce qui se disait en Algérie par divers canaux, explique un officier qui travaillait pour la direction du renseignement de la DGSE. C'était une de nos priorités. Nous avons par exemple vécu en direct, le 29 juin 1992, l'assassinat du président Mohamed Boudiaf, à Annaba, par un sous-lieutenant de l'armée. Nous recevions des comptes rendus quotidiens des massacres attribués au GIA. C'était éprouvant, d'une sauvagerie de plus en plus arbitraire, visant surtout à semer la terreur. Progressivement, nous nous sommes rendu compte que l'hypothèse de la guerre du GIA contre le DRS ne tenait pas la route. C'était plus compliqué que cela : le DRS manipulait et terrorisait, lui aussi, pour retourner l'opinion contre les islamistes[2]. »

---

1. Voir Claude Silberzahn, avec Jean Guisnel, *Au cœur du secret*, op. cit., p. 295.
2. Entretien avec l'auteur, avril 2014.

L'Algérie proche du « chaos »

Malgré ces écoutes, la DGSE demeure peu active sur le terrain. Elle y déploie épisodiquement quelques agents clandestins, pour sécuriser l'ambassade et la communauté française, ou encore pour en savoir plus sur le programme nucléaire algérien, notamment sur les travaux autour du réacteur de recherche d'Aïn Oussara, construit avec l'aide des Chinois à deux cents kilomètres au sud d'Alger et mis en service en 1993. Selon la DGSE, le programme algérien n'est pas très avancé, contrairement à ce que disent les experts de la DST et de la CIA. Cependant, les agents du service doivent rester invisibles, car les responsables du DRS ne supportent pas l'ingérence des Français, dont l'image demeure associée aux épisodes sombres de la guerre d'Algérie.

De fait, préférant cultiver ses relations exclusives avec la DST, qui lui fait confiance, Smaïn Lamari se méfie ouvertement de la DGSE, même s'il lui arrive de rencontrer certains de ses dirigeants lorsqu'il se déplace en Europe. Il est vrai que la DGSE est de plus en plus critique sur le cours des événements. En janvier 1992, les services français estiment qu'il faut « envisager avec lucidité l'arrivée du FIS aux commandes du pays ». Après l'assassinat du président Mohamed Boudiaf, la DGSE écrit : « Le chaos est proche, et les termes de l'alternative [sont :] pouvoir islamique ou dictature militaire... » Un autre rapport de 1992 résume la situation en ces termes : « Ainsi qu'il était prévu, le couple violence-répression marque le paysage algérien : attentats, tortures, détention. L'Algérie est d'ores et déjà devenue un État policier, dépourvu de projet politique et économique. »

Claude Silberzahn expliquera qu'il était « raisonnable de parier sur un pouvoir islamique modéré » et que « tout valait mieux que le régime en place[1] ». De quoi se faire détester

---
1. Voir Claude Silberzahn, avec Jean Guisnel, *Au cœur du secret*, *op. cit.*, p. 292-293.

par les généraux du DRS ! De plus, Smaïn Lamari sait que certains dirigeants de la DGSE rencontrent secrètement des représentants du GIA dans de grandes villes d'Europe afin de les sonder. Nommé en juin 1993, le successeur de Silberzahn, Jacques Dewatre, un préfet qui parle arabe et qui connaît bien le pays pour y avoir patrouillé au sein du 11ᵉ Choc durant la guerre d'Algérie, se déplace ainsi plusieurs fois pour discuter avec des islamistes. « Lamari a appris que nous voyions des leaders du GIA en Europe. Cela ne lui a sans doute pas plu. Il craignait peut-être aussi qu'on ne découvre les relations troubles entre le DRS et le GIA[1] », explique un ancien cadre de la DGSE.

Intox autour de la prise d'otages de l'Airbus d'Air France

La tension monte d'un cran avec la prise d'assaut, par un commando du GIA, d'un Airbus d'Air France à l'aéroport d'Alger, le 24 décembre 1994. Alors que les assaillants ont déjà abattu deux passagers, les autorités algériennes distillent les informations au compte-gouttes. Le commando a visiblement bénéficié de complicités pour accéder au tarmac et monter dans l'avion avec des armes et des explosifs. Le dispositif de sécurité de l'aéroport a été curieusement allégé, bien que des risques d'attentat eussent été rapportés. « Nous avions recommandé d'arrêter tous les vols d'Air France à cette période, car nous jugions l'aéroport peu sûr. L'ambassadeur de France, qui s'était inscrit sous un faux nom, devait prendre l'avion qui a été attaqué, mais il a changé de vol au dernier moment[2] », révèle un ancien officier de la DGSE.

Alors que l'avion est toujours immobilisé sur le tarmac, les membres du commando exigent de décoller vers Paris. Nul ne sait s'ils veulent atterrir dans un aéroport parisien

---

1. Entretien avec l'auteur, mai 2014.
2. Entretien avec l'auteur, décembre 2013.

ou précipiter l'avion sur un lieu symbolique, comme la tour Eiffel. Le gouvernement d'Édouard Balladur est divisé. Selon le ministre de l'Intérieur, Charles Pasqua, qui relaie les messages transmis à la DST par les services algériens, le verre du cockpit de l'avion est endommagé, ce qui empêcherait son décollage. Au Quai d'Orsay, Alain Juppé émet des doutes sur les intentions du pouvoir algérien, lequel refuse aussi bien l'intervention du GIGN sur son territoire que le retour de l'avion en France. Les commandos du GIGN, qui se sont positionnés dans un Airbus à l'aéroport de Palma de Majorque pour pouvoir rallier rapidement Alger, doivent patienter.

Selon les informations recueillies par la DGSE, les autorités algériennes sont en train de préparer un assaut contre l'avion avec leurs commandos Ninja. Elles affirment pourtant le contraire aux Français. « Les Algériens nous mentaient[1] », confiera Philippe Rondot. Le Premier ministre, Édouard Balladur, craint que l'affaire ne se termine dans un bain de sang à Alger. Il appelle Jacques Dewatre pour avoir confirmation de l'état du cockpit. Au bout de quelques minutes, le directeur de la DGSE répond que, contrairement à ce que disent les Algériens, la vitre est intacte. La DGSE, qui intercepte en direct les communications entre l'avion et la tour de contrôle, dispose aussi sur place de plusieurs agents qui fournissent des précisions.

À 21 h 30, le dimanche 25 décembre, la situation se dégrade, avec l'assassinat d'un autre passager, Yannick Beugnet, cuisinier à l'ambassade de France. Le commando du GIA annonce qu'il va exécuter un otage toutes les trente minutes. Désormais convaincu que les autorités algériennes ne lui disent pas toute la vérité, Édouard Balladur décide de joindre le président Liamine Zéroual pour exiger le redécollage immédiat de l'Airbus. « Je lui ai dit que je le tenais pour personnellement responsable de la vie des otages et que j'en prendrais à témoin l'opinion

---

1. Rapporté dans Pierre Favier et Michel Martin-Roland, *La Décennie Mitterrand*, t. 4 : *Les déchirements*, Seuil, coll. « Points », 2001, p. 681.

internationale¹ », rapportera l'ancien Premier ministre. Deux coups de téléphone sont nécessaires pour persuader les dirigeants algériens. L'Airbus s'envole vers la France dans la nuit et se pose à Marseille pour une escale technique.

Le 26 décembre, à 8 heures du matin, Édouard Balladur donne le feu vert au GIGN pour prendre d'assaut l'avion, immobilisé sur l'aéroport de Marignane. Le groupe d'élite intervient dans l'après-midi du même jour, dans des conditions périlleuses. Il tue quatre preneurs d'otages et libère les passagers. Le général Rondot, parmi d'autres, a prévenu ses supérieurs que ce raid mené en France risquait de provoquer des réactions : « On allait bientôt en payer les conséquences². »

La réplique ne se fait pas attendre : le lendemain, quatre pères blancs très appréciés de la population locale sont sauvagement assassinés dans leur presbytère de la Société des missionnaires d'Afrique, à Tizi Ouzou. Le raid est signé du GIA de Djamel Zitouni, bien décidé à poursuivre sa stratégie sanguinaire. Alors que des discussions s'engagent à Rome entre plusieurs partis algériens pour esquisser un règlement pacifique du conflit – ces pourparlers buteront rapidement sur le refus du gouvernement algérien et des extrémistes de se joindre aux négociations –, la France est désormais en ligne de mire.

Des avertissements avant les attentats de 1995

Entre Paris et Alger, le climat se refroidit. Les autorités françaises redoublent de prudence face à l'augmentation des risques d'attentat. Le SA envoie des équipes sur les bateaux qui relient Alger aux ports français pour empêcher toute prise d'otages. La sécurité de l'ambassade de France à Alger et des principaux consulats est renforcée. De son côté, le

---

1. Édouard Balladur, *Le pouvoir ne se partage pas. Conversations avec François Mitterrand*, Fayard, 2009, p. 358.
2. Pierre Favier et Michel Martin-Roland, *La Décennie Mitterrand*, t. 4, *op. cit.*, p. 682.

pouvoir algérien redoute que la France ne prenne ses distances avec lui.

Est-ce un geste d'apaisement ou un avertissement indirect ? Toujours est-il que, le 6 mars 1995, tandis que l'élection présidentielle française se profile, le numéro deux du DRS, Smaïn Lamari, rend visite à son ami Raymond Nart à la DST. « Il est venu l'avertir que des attentats auraient lieu en France, se souvient un ancien de la DST. Comme nous l'avions aidé, Lamari nous aidait en retour. Nous supposions qu'il avait des informateurs au sein du GIA, car le GIA était infiltré[1]. » Raymond Nart et la DST croient à la bonne foi de leur correspondant algérien. Dans la foulée, les 11 et 30 mars 1995, le directeur adjoint de la DST rédige deux notes d'alerte sur le sujet. Mais rares sont ceux qui y prêtent attention dans les hautes sphères de l'État français. La campagne présidentielle occupe toute la scène.

Le 7 mai 1995, Jacques Chirac est élu au second tour avec 52,6 % des suffrages. À Matignon, il nomme Alain Juppé, qui n'est guère apprécié à Alger à cause de ses positions critiques sur le régime.

Le nouveau président de la République est rapidement confronté aux soubresauts de la crise algérienne. Le 11 juillet 1995, l'imam Abdelbaki Sahraoui, membre modéré du FIS, est assassiné dans sa mosquée de la rue Myrha, dans le XVIIIe arrondissement de Paris. Le meurtre est revendiqué dans un communiqué signé « Zitouni ». C'est le signe que le GIA internationalise désormais ses opérations, un virage que la DGSE et la DST ont décelé très tôt. En Algérie, le groupe islamiste liquide les maquisards trop proches du FIS. Sur le Vieux Continent, il cible plusieurs dirigeants de ce parti. Pour mettre au point cette stratégie de terreur hors de ses frontières, il bénéficie depuis quelques semaines de l'aide d'un ancien officier du DRS, le capitaine Ahmed Chouchane[2].

---

1. Entretien avec l'auteur, novembre 2013. Voir aussi Éric Merlen et Frédéric Ploquin, *Carnets intimes de la DST*, op. cit., p. 375-376.

2. Ancien instructeur de l'armée, Ahmed Chouchane, emprisonné un temps pour ses opinions islamistes, est libéré fin mars 1995. Sous la

Les doutes de Chirac
sur les commanditaires des attentats

À l'Élysée, le président Chirac ne cache pas ses interrogations après l'assassinat de l'imam Sahraoui. Dans ses Mémoires, l'ancien président les évoque de manière transparente : « Cette première transposition sur notre territoire du conflit interne à l'Algérie a-t-elle été l'œuvre du GIA, la victime ayant condamné les actes de violence commis contre les étrangers, notamment français ? Ou celle de la Sécurité militaire [algérienne], à l'heure où les tentatives de reprise de dialogue entre le FIS et le gouvernement sont loin de faire l'unanimité dans les rangs de l'armée algérienne ? La première piste paraît la plus probable. Mais il est difficile d'évacuer la seconde, dans la mesure où les groupes armés sont souvent infiltrés et manipulés par cette même Sécurité militaire afin de discréditer les islamistes aux yeux de la population et de la communauté internationale[1]. » Le président de la République ne sous-estime donc pas le risque d'instrumentalisation du GIA, mais il n'est pas question de se fâcher avec Alger sur ce sujet tabou.

Malheureusement, comme l'avait annoncé Smaïn Lamari, une vague d'attentats secoue la France. Le 25 juillet 1995, une bombe explose dans le RER à la station Saint-Michel. Bilan : sept morts et plus de quatre-vingts blessés. Le 17 août suivant, une explosion près de la place de l'Étoile blesse dix-sept passants. Une lettre signée « Zitouni » est envoyée à l'ambassade de France à Alger. Le chef du GIA demande à Jacques Chirac de se « convertir à l'islam » et de revoir sa politique à l'égard de l'Algérie. La campagne d'attentats se poursuit. Le

---

menace, il aurait alors été chargé par le DRS d'aider Djamel Zitouni à liquider les autres maquis et de continuer à semer la terreur. Voir Lounis Aggoun et Jean-Baptiste Rivoire, *Françalgérie, crimes et mensonges d'États, op. cit.*, p. 431-433.

1. Jacques Chirac, *Le Temps présidentiel. Mémoires*, Nil, 2011, p. 79.

26 août, une bouteille de butane piégée est découverte le long d'une ligne TGV dans le Rhône. Le 3 septembre, une autre bombe blesse quatre personnes boulevard Richard-Lenoir, à Paris, tandis qu'une voiture piégée est repérée à Villeurbanne, à deux pas d'une école juive. Les enquêteurs remontent quelques pistes, notamment à partir de l'engin explosif trouvé fin août près de la voie ferrée. Un suspect, Khaled Kelkal, est repéré près de Lyon et abattu par des gendarmes le 29 septembre.

La série noire continue. Une bonbonne de gaz explose le 6 octobre près du métro Maison-Blanche, à Paris. Une autre bombe fait des ravages et une trentaine de blessés, le 17 octobre, dans le RER parisien. Boualem Bensaïd, soupçonné d'avoir organisé les attentats avec un certain Ali Touchent, est arrêté à Paris début novembre. Un autre homme, Rachid Ramda, est interpellé à Londres et présenté comme le financier du groupe. Tous sont des membres présumés du GIA, sous les ordres de Djamel Zitouni. Ali Touchent, *alias* Tarek, qui échappe au coup de filet, est le responsable du GIA en Europe. Il est installé depuis avril 1995 à Chasse-sur-Rhône pour recruter de jeunes Maghrébins. Certains anciens membres des services algériens le considèrent aussi comme l'une de leurs « taupes », chargée de terroriser l'Europe.

Le DRS aurait-il orchestré la campagne d'attentats de 1995 en France pour provoquer une réaction anti-islamiste ? Plusieurs de ses ex-responsables l'affirmeront[1]. L'ancien magistrat antiterroriste Alain Marsaud abondera dans ce sens, estimant que derrière le GIA se cachaient les services algériens, qui voulaient « porter le feu en France, prendre la France en otage[2] ». Cette hypothèse ne peut être exclue, même si elle

---

1. Voir notamment le témoignage d'un certain « Joseph » à l'*Observer* le 9 novembre 1997, et celui d'un certain « Hakim », recueilli par Jean-Pierre Tuquoi, « Des fuites impliquent Alger dans les attentats de Paris », *Le Monde*, 11 novembre 1997.

2. Rapporté dans le documentaire de Jean-Baptiste Rivoire et Romain Icard, « Attentats de Paris : enquête sur les commanditaires », Canal+, 2002.

n'a pas été étayée par l'enquête judiciaire menée à la suite des attentats par le juge antiterroriste Jean-Louis Bruguière. Celui-ci, qui a travaillé sur le profil trouble d'Ali Touchent, expliquera : « Cette thèse récurrente n'a pas été validée, bien que le personnage [d'Ali Touchent] fût mystérieux. Tarek, qui a pu regagner l'Algérie, a été abattu par la suite lors d'un affrontement avec l'armée, et son élimination physique, bien réelle, n'est pas, comme on l'a suggéré, une légende pour couvrir sa fuite[1]. » Le juge d'instruction a consulté le dossier d'Ali Touchent à Alger : selon la police algérienne, l'homme aurait été tué en mai 1997 lors d'un assaut des forces de sécurité contre une maison. Cette version peut aussi masquer une exécution décidée en haut lieu pour faire disparaître un témoin embarrassant.

Les doutes sur les réels commanditaires des attentats demeurent. Le ministre de l'Intérieur, Jean-Louis Debré, les exprime ouvertement devant des journalistes en septembre 1995, estimant par ailleurs que « la Sécurité militaire algérienne voulait que l'on parte sur de fausses pistes pour qu'on élimine les gens qui gênent[2] ». Ces propos provoquent de vives réactions à Alger. Fin 1995, le Premier ministre, Alain Juppé, et le président, Jacques Chirac, font passer au président algérien Liamine Zéroual un message sur le thème : « Nous ne sommes pas dupes », mais toujours à mots couverts. Personne n'exige encore des autorités algériennes que Djamel Zitouni, ennemi public numéro un de la France, soit éliminé.

---

1. Jean-Louis Bruguière, *Ce que je n'ai pas pu dire. Entretiens avec Jean-Marie Pontaut*, Robert Laffont, 2009, p. 328.
2. Voir « Jean-Louis Debré se méfierait de la Sécurité militaire algérienne », *Libération*, 22 septembre 1995.

De fausses pistes après l'enlèvement des moines

Ces questions ressurgissent lors de l'enlèvement des sept moines trappistes du monastère cistercien de Notre-Dame de l'Atlas, à Tibhirine, au nord de Médéa, dans la nuit du 26 au 27 mars 1996[1]. Le père Armand Veilleux, aussitôt dépêché sur place par son ordre religieux, exprime des doutes sur les organisateurs du kidnapping, qu'il pense liés aux services algériens. Il n'est pas écouté. Plusieurs anciens officiers du DRS ainsi qu'un émir rival de Zitouni, Ali Benhadjar, accréditeront cette thèse en 1997 et en 2002, accusant la Sécurité militaire d'avoir orchestré l'opération grâce à des agents infiltrés[2]. Ces accusations ne sont pas corroborées sur le moment par la DST et la DGSE, qui attribuent plutôt ces prises d'otages à des règlements de compte entre factions rivales du GIA. De son côté, le FIS condamne sur-le-champ les enlèvements, les jugeant « contraires à la loi islamique » et demandant la « libération immédiate des religieux ».

À Paris, une cellule de crise est mise en place au Quai d'Orsay autour du ministre des Affaires étrangères, Hervé de Charette, avec la DST et la DGSE. Les premières pistes, alimentées par les Algériens, ne donnent pas grand-chose. Les diplomates avancent d'abord l'hypothèse que les auteurs de l'enlèvement seraient un groupe dissident du GIA, dit « algérianiste », qui s'opposerait à la dérive ultra-violente du GIA « internationaliste » de Zitouni. Une fausse piste à laquelle la DGSE et la DST ne croient pas longtemps, puisque le groupe « algérianiste », en guerre contre les « zitounistes », dénonce le

---

[1]. Les moines enlevés sont Christian de Chergé, Luc Dochier, Paul Favre-Miville, Michel Fleury, Christophe Lebreton, Bruno Lemarchand et Célestin Ringeard.

[2]. C'est notamment le cas d'anciens agents du DRS, comme Karim Moulaï ou Abdelkader Tigha (voir son témoignage dans *Libération*, 23 décembre 2002), et d'autres, comme Ali Benhadjar (témoignage publié sur Internet en juillet 1997). Voir notamment Jean-Baptiste Rivoire, *Le Crime de Tibhirine*, op. cit.

rapt. « Il faut, en tout état de cause, éviter de nous laisser entraîner par les Algériens dans leur logique [...] de justification sécuritaire, et de nous laisser mettre sur le côté comme ils avaient tenté de le faire lors du détournement de l'Airbus », écrit un responsable du Quai d'Orsay au cabinet du ministre le 29 mars. Sa recommandation : qu'Hervé de Charette appelle son homologue algérien et répète que la France veut les otages « vivants ». Il ajoute : « La DST pourra appuyer son message d'un avertissement sur le devenir de la coopération avec les services algériens[1]. »

Un émissaire de la DST à Alger

En réalité, la DST s'en remet totalement à ses correspondants traditionnels du DRS, en l'occurrence à Smaïn Lamari, patron de la Direction du contre-espionnage (DCE). Dès le 28 mars, Raymond Nart et le général Philippe Rondot le joignent par téléphone. Lamari assure que « les ravisseurs vont se manifester dans les jours à venir ». Trois jours plus tard, le correspondant de la DCE à Paris indique à la DST qu'il « peut s'agir du groupe de Djamel Zitouni[2] ». Le général Rondot se rend à Alger du 5 au 7 avril pour recueillir des renseignements complémentaires. Sur place, il rencontre naturellement le général Lamari, qui se montre « très disponible et coopératif », précisant que ses services ont localisé le groupe des ravisseurs.

Dans son rapport de mission, Rondot note la remarque préliminaire de son ami algérien sur ses relations avec les services français : « Le général Smaïn Lamari a, dès le départ et à maintes reprises ensuite, insisté sur son exigence que le seul

---

1. « Enlèvement des sept moines trappistes, relevé de conclusions de la réunion de la cellule de crise (28 mars 1996) », note pour le cabinet du ministre, à l'attention d'André Parant, 29 mars 1996, Direction Afrique du Nord-Moyen-Orient, ministère des Affaires étrangères.
2. « Objet : Échanges avec la Direction du contre-espionnage algérien (DCE) durant la prise d'otages des moines de Tibhérine », note du général Philippe Rondot au préfet Philippe Parant, 27 mai 1996.

canal par lequel devait passer la gestion de l'opération était, à travers ma personne, notre service. C'est pour cette raison qu'il refuse toute relation – pour cette affaire comme pour d'autres – avec la DGSE, sa centrale ou son représentant à Alger[1]. » La DGSE, on le sait, n'est pas en cour à Alger, notamment depuis l'affaire de l'Airbus. Cela restera le cas encore longtemps[2].

Lorsqu'il sera entendu en 2006 par le juge Jean-Louis Bruguière – premier magistrat en charge de cette affaire, avant que le juge Marc Trévidic lui succède en 2007 –, Philippe Rondot rapportera les propos de Lamari sur les motifs de l'enlèvement : « Pour lui, le but de Djamel Zitouni était de se saisir d'otages afin de négocier avec la France l'élargissement de nos prisons, [et des prisons] britanniques et marocaines, de membres présumés du groupe Zitouni, et d'obtenir de l'armée algérienne un desserrement de son dispositif. »

Selon l'émissaire de la DST, les forces de sécurité algériennes, qui opèrent sur un « terrain particulièrement difficile », ont « davantage subi que dominé la situation ». Il précise, de manière elliptique : « Il est également possible que la stratégie menée alors, depuis plusieurs mois, par les services algériens pour obtenir l'éclatement du GIA et sa dispersion sur le terrain, en favorisant les luttes intestines entre les groupes armés et des ralliements, ait été de nature à accroître les difficultés[3]. » Autrement dit : les services algériens joueraient un rôle au sein du GIA, en l'occurrence *via* Zitouni, qui est en train de chercher à évincer ses rivaux à travers une surenchère violente. Lamari a laissé

---

[1]. « Objet : Opération Tibhérine, compte rendu de mission à Alger (5-7 avril 1996) », note du général Philippe Rondot à Philippe Parant, directeur de la DST, 8 avril 1996.

[2]. La DGSE aura du mal à se faire admettre en Algérie, puisqu'elle est soupçonnée d'« entretenir le sentiment qu'il y a eu collusion entre les services algériens et le GIA », selon un mot rapporté en 2003 par le général Philippe Rondot avant l'un de ses voyages sur place, en compagnie de responsables de la DST ; note du 27 mai 2003, carnets du général Rondot.

[3]. Audition du général Philippe Rondot devant le juge Jean-Louis Bruguière, 20 octobre 2006.

entendre qu'il ne maîtrisait plus tout sur le terrain. L'enlèvement des moines serait une conséquence de ces bagarres.

À Paris, une cellule de crise impuissante

De retour à Paris, le général Rondot rend immédiatement compte au directeur de cabinet du ministre des Affaires étrangères, Hubert Colin de Verdière. Celui-ci écrit dans la foulée : « Il ne faut pas exclure que les services algériens en sachent plus qu'ils ne le disent sur les intentions de Zitouni : on prétend qu'ils le manipuleraient plus ou moins. Sans avoir trempé dans l'enlèvement, ils peuvent souhaiter attendre jusqu'à être en mesure de traiter avec lui, voire de servir d'honnêtes courtiers entre lui et nous. Quelle que soit l'hypothèse, il est à craindre que cette crise soit longue[1]. » La cellule de crise, visiblement désarmée, a beau s'interroger sur le jeu des Algériens, elle n'a guère de cartes en main.

Pour la DST, Philippe Rondot continue de suivre le dossier. Il cultive des contacts avec des dirigeants du FIS et avec plusieurs services de pays étrangers pouvant avoir une influence en Algérie. Le gouvernement d'Alain Juppé, paralysé et divisé sur le sujet, ne donne pas de consignes claires. Et, à Alger, Rondot dépend toujours du bon vouloir de la DCE de Lamari. « Il faut bien convenir que notre seule source opérationnelle sur le terrain demeure ce service », reconnaît le Français de retour d'Alger, où, selon Lamari, sa présence n'est « pas indispensable, dans l'immédiat ». Rondot conclut son rapport de mission sur cette phrase : « Restons donc prudents dans nos analyses et circonspects par rapport au "produit" livré par la DCE, tout en nous préparant au pire[2]. »

---

1. « Algérie, religieux français », note d'Hubert Colin de Verdière, directeur de cabinet, à l'attention du ministre, 8 avril 1996, ministère des Affaires étrangères.
2. « Objet : Opération Tibhérine, compte rendu de mission à Alger (5-7 avril 1996) », *op. cit.*

Zitouni échappe-t-il à tout contrôle ?

Le patron de la DCE, lorsqu'il se rend à Paris mi-avril, ne délivre aucune information nouvelle à ses amis français. Pourtant, le 16 avril 1996, à l'issue d'une réunion avec le directeur de la DST, Philippe Parant, le directeur adjoint du cabinet du ministre des Affaires étrangères, Philippe Étienne, donne une précision importante : « Le préfet Parant a ajouté un élément. De ses conversations avec le général Lamari, il ressortait que celui-ci, qui considérait il y a peu de temps encore D. Zitouni comme un élément plutôt commode, car fauteur de divisions au sein de l'opposition islamiste armée, semblait le juger désormais moins contrôlable. » L'euphémisme est révélateur : Zitouni paraît échapper à tout contrôle. Malgré cela, la DST entend toujours ménager Lamari : « La DST continue à demander qu'on ne harcèle pas les autorités algériennes, car elle estime que "son" canal, le seul qui existe, fonctionne, même si à peu près rien ne passe dans le tuyau[1] », écrit encore le diplomate. De fait, cette relation particulière ne donne pratiquement aucun résultat.

De son côté, la DGSE collecte quelques renseignements épars, mais demeure en retrait, dans ses analyses comme dans l'action. « La situation particulière de l'Algérie à cette époque, les difficultés du terrain et la clandestinité du groupe des ravisseurs n'ont pas permis de mettre en place des moyens pour recueillir des renseignements opérationnels ou pour mener une opération d'entrave[2] », résumera-t-elle quelques années plus tard dans une note dont la teneur n'avait encore jamais été révélée à ce jour. En d'autres termes : les services secrets n'ont pas

---

1. « Objet : Algérie, moines trappistes », note de Philippe Étienne, directeur adjoint de cabinet, au ministre, 16 avril 1996, ministère des Affaires étrangères. Le 24 avril, dans une autre note, Philippe Étienne écrit : « L'on connaît les interrogations souvent formulées sur les liens entre Zitouni et la sécurité algérienne. »
2. « Objet : Synthèse de l'action du service dans le cadre de l'affaire des moines de Tibhérine », DGSE, 6 juillet 2004.

pu monter d'opération clandestine pour localiser – et encore moins tenter de sauver – les moines. « Nous intervenions parfois en Algérie, mais pas dans la région montagneuse où les moines étaient retenus[1] », confirme un ancien membre du SA.

Seul élément nouveau : le 25 avril 1996, les autorités algériennes transmettent le « communiqué n° 43 » du GIA de Zitouni, daté du 18 avril et adressé à Jacques Chirac. Il revendique clairement l'enlèvement des moines et formule des exigences, en particulier la libération de plusieurs prisonniers, dont Abdelhak Layada, l'un des fondateurs du GIA, détenu en Algérie.

Par ailleurs, le 30 avril, la DGSE reçoit, *via* son chef de poste à l'ambassade de France à Alger, une lettre de Zitouni et une cassette audio déposée par un émissaire du GIA, qui constitue une preuve de vie des sept moines[2]. Elle envoie aussitôt un de ses hauts responsables à Alger, du 1er au 5 mai, pour tenter de poursuivre les contacts. Mais les autorités algériennes lui ferment leurs portes : elles n'apprécient pas que les services extérieurs français interviennent sur leur territoire ou puissent se mêler de leurs propres tractations.

Cependant, plusieurs renseignements collectés par la DGSE en avril et en mai laissent entendre que les religieux seraient détenus dans des zones ou des lieux « contrôlés par la DCE » – des villas du quartier d'Hydra et sur les hauteurs de Belcourt, dans la banlieue d'Alger, une ferme de la région de Berrouaghia, une clinique d'El Biar[3]. La fiabilité des sources n'est pas établie. La DGSE pourrait sans doute creuser la question sur place si on la laissait agir. Mais, pour la DCE de Lamari, il n'en est pas question.

---

1. Entretien avec l'auteur, novembre 2013.

2. Cette livraison sera au centre d'une polémique, car la DGSE, suspectée de vouloir agir dans le dos du DRS, n'en aurait pas informé les autorités algériennes. En réalité, la DGSE a aussitôt prévenu la cellule de crise au Quai d'Orsay, et Philippe Rondot a informé dans la foulée le général Lamari, lui transmettant le contenu de la cassette le 2 mai.

3. « Enlèvement et assassinat des religieux français de Tibhérine, renseignements recueillis par le service », annexe à une note récapitulative du 3 juin 1996, n° 12351, DGSE.

Les Algériens pourraient bien régler « brutalement » ce « fait divers »

En réalité, les jeux semblent déjà faits. Selon d'anciens membres du DRS, les religieux ont probablement été exécutés dès la fin avril 1996[1]. Les autorités françaises, qui affirment publiquement, le 9 mai, qu'elles ne négocieront pas avec le GIA, sont dans le brouillard. Elles continuent de se démener dans le désordre, sans pistes solides pour remonter jusqu'aux ravisseurs. D'autres émissaires, comme Jean-Charles Marchiani et l'ancien patron de la DST, Yves Bonnet, tentent vainement de sonder leurs sources à Alger. Dans une note datée du 10 mai, Philippe Rondot déplore : « Le général Smaïn Lamari m'avait dit, dès le début, que ce serait long, difficile et hasardeux. C'est bien le cas. »

Le conseiller du directeur de la DST suggère tout de même d'étudier avec Lamari la possibilité d'entrer en contact avec le GIA. « Peut-être l'a-t-il déjà fait : il doit alors nous tenir au courant. Sinon, réalisons, ensemble ou séparément, cette opération, étant entendu que, dans le deuxième cas, la DCE, informée, le tolérerait. » Le Français se dit prêt « à en prendre le risque », en activant des contacts directs ou indirects. « Nous ne pouvons rester plus longtemps dans l'expectative », s'impatiente-t-il, car la dépendance à l'égard des services algériens est devenue trop évidente. Or ceux-ci, ajoute Rondot, ont « d'autres impératifs que les nôtres », et ils « peuvent être tentés de régler brutalement ce qu'ils considèrent comme un simple "fait divers" (selon une formule entendue), lequel fait obstacle à la normalisation des relations franco-algériennes[2] ».

Mais il est déjà trop tard. Dans un communiqué daté du 21 mai, le GIA annonce l'exécution des moines. Quelques jours plus tard, Raymond Nart apprend secrètement par

---

1. Jean-Baptiste Rivoire, *Le Crime de Tibhirine*, op. cit., p. 197-201.
2. « Considérations (amères) sur la gestion de l'affaire des moines de Tibhérine et propositions (malgré tout) d'action », note de Philippe Rondot, 10 mai 1996.

son ami Smaïn Lamari que leurs têtes ont été retrouvées[1]. L'information, transmise au ministre de l'Intérieur, Jean-Louis Debré, n'est confirmée officiellement à Alger que le 30 mai. D'après le général Lamari, c'est le « harcèlement sur le terrain » des forces de sécurité qui serait à l'origine de l'exécution, et non pas, comme l'indique le GIA dans son texte, le refus français de négocier, répété par le président Chirac et son gouvernement[2].

Rondot : « Il faut éliminer Zitouni »

Très amer, le général Rondot dresse un sombre bilan de cette affaire dans un document recensant tous les contacts avec la DCE de Lamari. « On ne peut pas dire que l'apport des services algériens a été déterminant, puisque nos sept moines ont perdu la vie », résume-t-il. Selon lui, tout n'a pas été fait, tant du côté algérien que du côté français, pour empêcher ce dénouement tragique : « À vrai dire, dans la guerre sanglante que connaît l'Algérie, le sort des sept moines ne semblait pas devoir être considéré par les responsables militaires algériens comme plus important que le sort d'autres, même si les relations franco-algériennes risquaient de souffrir d'une mauvaise gestion de l'affaire et, plus encore, de son issue fatale. »

Cette note, datée du 27 mai 1996 et destinée au préfet Philippe Parant, patron de la DST, va même beaucoup plus loin. Furieux que la prise d'otages ait mal tourné, le général Rondot exprime en effet, de manière directe, le souhait d'une véritable vengeance : « Pour tenter d'effacer l'échec, la DCE se doit d'éliminer, par tous les moyens, Djamel Zitouni et ses comparses. C'est notre devoir de l'encourager et peut-être même de le lui imposer. »

---

1. Lamari aurait aussi dit à Nart qu'il savait où se trouvaient les corps, sans donner plus de précisions.
2. Conversation téléphonique du 24 mai 1996 à 16 heures du général Rondot avec le général Smaïn Lamari.

La consigne, écrite noir sur blanc, est parfaitement claire : il n'est pas question d'une arrestation en vue d'un procès en bonne et due forme, mais bien de mettre en œuvre une justice expéditive. L'application de la loi du talion, après l'assassinat des trappistes.

Ce document exceptionnel, au ton aussi acerbe que glaçant, pointe à nouveau du doigt les relations troubles entre les autorités algériennes et Djamel Zitouni, le chef du GIA : « Très (trop) longtemps – et pour des raisons d'ordre tactique –, Djamel Zitouni et ses troupes ont bénéficié d'une relative tolérance de la part des services algériens : il aidait (sans doute de manière involontaire) à l'éclatement du GIA et favorisait les luttes intestines entre les groupes armés. Ce temps-là semble aujourd'hui – après le sort qui vient d'être réservé aux religieux (que seule la récupération des corps vérifiera) – révolu[1]. »

La recommandation écrite d'éliminer Zitouni est aussi embarrassante pour celui qui l'a rédigée que pour ceux qui en ont pris connaissance. La note du général Rondot aurait dû rester couverte par le « secret défense » durant des décennies. Pourtant, elle a été déclassifiée en 2009 dans le cadre de l'instruction judiciaire sur la mort des moines, relancée à partir de 2007 par le juge parisien Marc Trévidic. Petit détail troublant : la page où figure ce passage délicat n'a, dans un premier temps, pas été transmise au juge Trévidic, lequel s'est vite rendu compte de l'omission. Prétextant une erreur de reprographie, le ministère de l'Intérieur a finalement été obligé de l'envoyer au magistrat, dévoilant ainsi un secret jusque-là bien gardé sur les intentions françaises à l'égard de Zitouni.

---

1. « Objet : Échanges avec la Direction du contre-espionnage algérien (DCE) durant la prise d'otages des moines de Tibhérine », *op. cit.* Note citée dans Fabrice Arfi et Fabrice Lhomme, « Moines de Tibéhirine : trois rapports secrets sèment le trouble », Mediapart, 23 septembre 2010, et dans Jean-Baptiste Rivoire, *Le Crime de Tibéhirine*, *op. cit.*, p. 249.

L'exécution de Zitouni bien reçue à Paris

Le plus important concerne les suites données à cette note. Selon plusieurs sources concordantes, l'injonction française a été bien comprise par les Algériens. Les agendas du général Rondot font état d'un message adressé, le 5 juin 1996, à Smaïn Lamari, numéro deux du DRS, « au sujet de Djamel Zitouni », sans en préciser le contenu[1]. De son côté, Raymond Nart, directeur adjoint de la DST, a poursuivi ses échanges avec son ami Lamari. « Nous n'avons pas eu besoin de demander formellement d'éliminer Zitouni. C'était un non-dit. Nous nous sommes entendus à demi-mot[2] », confie un ancien dirigeant de la DST au courant de ces conversations.

Quelques semaines plus tard, le 27 juillet 1996, Radio Méditerranée Internationale, basée à Tanger, reçoit un communiqué du GIA annonçant que Djamel Zitouni et son bras droit, Farid Achi, ont été exécutés, accusés de faire partie d'un groupe manipulé par les services algériens. Le communiqué évoque « une embuscade tendue par des ennemis de l'islam, le 16 juillet ». Zitouni, évincé après de fortes dissensions internes à la suite de l'affaire des moines et critiqué pour ses excès sanguinaires, aurait été pourchassé par deux « émirs » concurrents[3]. Selon un ancien lieutenant de la Sécurité militaire, Abdelkader Tigha, le piège aurait en réalité été préparé par les services algériens eux-mêmes pour éliminer un Zitouni devenu trop gênant[4]. Quels qu'en soient les auteurs véritables, cette liquidation est reçue cinq sur cinq à Paris et interprétée comme un signe d'apaisement envoyé par Alger. « Je pense que c'était un message qui

---

1. « Notes, voyages, mission, année 1996 », document du général Philippe Rondot.
2. Entretien avec l'auteur, novembre 2013.
3. « La mort de Djamel Zitouni ne devrait pas mettre fin à l'action des radicaux des Groupes islamiques armés algériens », *Le Monde*, 30 juillet 1996.
4. Jean-Baptiste Rivoire, *Le Crime de Tibhirine*, *op. cit.*, p. 250.

nous était adressé. On s'est compris[1] », estime l'ancien dirigeant de la DST.

Les moines de Tibhirine sont vengés. L'exécution du chef du GIA et de ses proches est une manière de régler des comptes et, probablement, d'effacer aussi quelques lourds secrets embarrassants pour le régime des généraux. Auditionné en 2006 par le juge Jean-Louis Bruguière, le général Philippe Rondot estimera pourtant qu'il n'y a pas eu de « manipulation » de la part des services algériens dans cette histoire : « L'extrémisme de Zitouni [...] explique, sans doute, cette fin tragique, à laquelle d'ailleurs l'initiateur qu'il était ne survivra pas longtemps[2]. »

Près de vingt ans après les faits, l'enquête judiciaire est toujours en cours. La vérité n'a pas encore été faite sur l'affaire des moines. Plusieurs hypothèses demeurent ouvertes sur leur fin tragique, qui a pu être provoquée par le GIA, les services algériens ou l'armée algérienne lors d'une attaque aérienne. La vengeance ne remplace pas la justice.

---

1. Entretien avec l'auteur, novembre 2013.
2. Audition de Philippe Rondot devant le juge Jean-Louis Bruguière, 20 octobre 2006.

12

Quand Chirac envoie ses mercenaires en Afrique

4 octobre 1995. À l'aube, une armada de soldats français débarque par surprise à Moroni, la capitale de l'archipel des Comores, en plein cœur de l'océan Indien. Le président Jacques Chirac a décidé cette intervention militaire unilatérale, baptisée opération Azalée, pour remettre de l'ordre dans cette petite république islamique de cinq cent mille habitants, ancienne productrice de vanille devenue une pétaudière de barbouzes et de trafics en tout genre. Objectif : éliminer le mercenaire Bob Denard et ses alliés, qui, quelques jours auparavant, ont fomenté un coup d'État et évincé le président en place, Saïd Mohamed Djohar.

Après avoir longtemps travaillé en sous-main pour les services secrets français, Bob Denard, figure légendaire du mercenariat français, fait désormais figure de paria. Le vieux « chien de guerre » avait dû quitter les Comores en décembre 1989 après la mort du président Ahmed Abdallah, tué par l'un de ses gardes du corps, en présence de Denard, dans des circonstances restées mystérieuses. Craignant des troubles, Paris avait dépêché des commandos militaires dans le cadre d'une opération baptisée Oside. Des officiers de la DGSE, menés par le colonel L., avaient repris en main la garde prétorienne du nouveau président, Mohamed Taki, plus favorable à la France. Réfugié en Afrique du Sud avec l'accord des services français, Bob Denard était rentré en France en 1993 pour comparaître devant les tribunaux. Il avait été acquitté, faute de preuves, dans l'affaire de l'assassinat d'Abdallah, mais condamné à cinq ans de prison avec sursis pour un putsch avorté au Bénin en 1977.

Deux ans plus tard, Bob Denard, désormais simple dirigeant d'une société de conseil, reste *a priori* surveillé par la justice. Il semble appartenir à la catégorie des anciens combattants, symbole de l'époque révolue de la Françafrique où les « Affreux » avaient toute latitude d'action pourvu qu'ils servent, de près ou de loin, les intérêts français. Cependant, le « soldat de fortune » de soixante-six ans n'a pas abandonné l'idée de revenir en force dans le petit archipel des Comores, dont il avait fait, pendant plus d'une décennie, sa plaque tournante, au point d'épouser une Comorienne, de se convertir à l'islam et de choisir un nom musulman : Saïd Mustapha Mahdjoub.

Un nouveau putsch de Denard avalisé à Paris

Désireux de revenir dans son fief, Bob Denard a pris contact avec d'anciens amis comoriens afin de monter un complot visant à évincer le président Djohar, élu en 1990, à libérer des prisonniers politiques retenus dans le camp de Kandani et à organiser de nouvelles élections. Le mercenaire a acheté un vieux navire en Suède, le *Vulcain*, l'a fait réparer à Rotterdam, puis a embarqué, à Tenerife, un équipage de faux plongeurs-archéologues en direction des Comores.

Des renseignements ont été échangés, comme d'habitude, avec l'ancien ambassadeur Maurice Robert, un pilier des réseaux Foccart qui garde un œil sur tout ce qui se passe en Afrique depuis le petit bureau qu'il occupe avenue Montaigne dans les locaux d'une association chiraquienne, le Club 89. Il est en liaison étroite avec Jeannou Lacaze, ancien du SDECE et ex-chef d'état-major des armées reconverti dans les affaires franco-africaines, et avec Jacques Foccart, le vétéran de la Françafrique gaulliste, qui a repris du service comme éminence grise de Jacques Chirac à l'Élysée.

Également informée des préparatifs de l'opération de Denard, qui porte le nom de code Kachkazi, la DGSE n'a pas mis son veto. En réalité, en mars 1995, elle avait déjà discrètement soutenu un projet de putsch aux Comores initié par Patrick O., ancien lieutenant de Denard, avec une cinquantaine de mercenaires croates, puis l'avait abandonné, les recrues slaves risquant de se comporter un peu trop brutalement une fois arrivées à Moroni.

Dans la nuit du 27 au 28 septembre 1995, Denard débarque avec une trentaine d'hommes sur les côtes comoriennes et renverse le régime de Djohar, confiant le pouvoir à un comité militaire de transition, puis à un gouvernement provisoire coprésidé par Mohamed Taki et Saïd Ali Kemal. Les mercenaires de Denard n'ont aucune peine à interpeller le président Djohar dans son palais, comme le noteront les magistrats en charge de l'affaire : « Le portail d'entrée de la villa du capitaine X, membre de la DGSE et chargé de la sécurité du président Djohar, avait été, semble-t-il, malencontreusement laissé ouvert, de même qu'avait été interrompue l'électrification de la grille séparant cette villa du palais présidentiel[1]. »

Le doute n'est pas permis : la DGSE a implicitement donné son aval à ce coup d'État. Interrogés par les juges d'instruction, plusieurs professionnels du renseignement estimeront qu'il était « impossible et impensable » que cette opération, qui a coûté 10 millions de francs [1,5 million d'euros] et mobilisé des dizaines de personnes, dont Bob Denard, alors placé sous contrôle judiciaire, « ait pu être méconnue des services secrets et de la cellule africaine de l'Élysée ». « On l'a pour le moins laissé faire[2] », dira notamment Michel Roussin, ancien membre du SDECE et proche de Jacques Chirac.

La « neutralisation » de Denard ne met pas fin à l'ère des barbouzes

Dès le 29 septembre 1995, le Premier ministre, Alain Juppé, déclare que la France n'interviendra pas militairement aux

---

1. Jugement du tribunal de grande instance de Paris du 20 juin 2006, condamnant Robert Denard et autres pour « participation à une association de malfaiteurs en vue de la préparation d'un crime ».
2. Déposition de Michel Roussin, rapportée *ibid.*

Comores à la suite de ce putsch. Mais cette promesse ne tient que quelques jours. Le coup d'État, probablement trop visible, et le retour en scène de Bob Denard ne passent pas inaperçus. Le président Chirac et ses conseillers de la cellule africaine, Michel Dupuch et Fernand Wibaux, redoutent une polémique internationale. L'Élysée, qui vient de provoquer une crise en annonçant la reprise temporaire des essais nucléaires à Mururoa, veut éviter un nouveau faux pas. « C'est tombé au mauvais moment pour nous. Et tout n'avait peut-être pas été dit à l'équipe Chirac[1] », estime un des membres de l'aventure, qui avait déjà œuvré au sein de la garde présidentielle des Comores sous la tutelle de Denard.

Élu depuis quelques mois, Jacques Chirac n'apprécie pas qu'un mercenaire controversé, condamné par la justice française, continue d'agir à sa guise et joue les provocateurs à quelques encablures de l'île française de Mayotte. En dépit de l'évidente ambiguïté de son attitude dans cette histoire, la France doit prouver qu'elle ne laisse plus faire ce genre de coup de force, que ce soit en Afrique ou dans l'océan Indien.

Conseillé par son ministre de la Défense, Charles Millon, par son chef d'état-major particulier, le vice-amiral Jean-Luc Delaunay, et par le chef d'état-major des armées, le général Jean-Philippe Douin, Jacques Chirac décide d'employer les grands moyens pour venir à bout des mercenaires de Denard : ils doivent être écartés, voire liquidés. L'opération Azalée mobilise un millier de soldats des forces spéciales, dont des troupes des 1er et 2e régiments parachutistes d'infanterie de marine, du 13e régiment de dragons parachutistes, du commando Jaubert de la marine nationale, des hélicoptères venus de Mayotte, des agents de la DGSE, ainsi que des super-gendarmes du GIGN. « Il fallait montrer nos muscles, se souvient un officier français membre de l'expédition. Mais le déploiement de forces était sans doute disproportionné pour évincer une trentaine de mercenaires et leurs alliés comoriens[2]. »

---

1. Entretien avec l'auteur, mai 2013.
2. Entretien avec l'auteur, juillet 2013.

Le matin du 4 octobre 1995, les soldats français interviennent sans ménagements à Moroni. Certains ont été prévenus qu'ils risquaient d'avoir à affronter des rebelles terroristes islamistes armés. « Il semble que des consignes avaient été données pour que Robert Denard et ses hommes soient carrément éliminés, projet qui aurait avorté en raison de la présence inopinée de journalistes sur place[1] », révéleront les magistrats. Plusieurs civils comoriens sont tués par des tirs. Les commandos d'élite blessent aussi un journaliste, tuent le chauffeur d'un photographe et manquent d'achever un mercenaire blessé et capturé.

Le lieutenant-colonel K., officier de la DGSE, transmet à Bob Denard un message officiel des autorités françaises exigeant qu'il libère sur-le-champ le président Djohar et quitte les Comores « dans les plus brefs délais ». Le vieux baroudeur prévient ses hommes qu'ils ne doivent pas résister. Ces derniers déposent leurs armes et, quelques jours plus tard, embarquent dans un avion français pour Paris afin d'être présentés à la justice. Les gendarmes du GIGN et les parachutistes se comportent « professionnellement », sans dérapage, d'après plusieurs témoins. Toutefois, deux mercenaires arrêtés auraient été maltraités par des membres du commando Jaubert, sans raison apparente : selon leurs témoignages, ils ont été « détenus à fond de cale, giflés et interrogés en ayant une cagoule sur la tête » ; on leur a également « [tiré] des coups de feu au ras des oreilles et [on les a menacés] de les jeter à la mer[2] ».

Malgré ces bavures présumées, l'opération Azalée est présentée comme un succès. À l'Élysée, Jacques Chirac est soulagé. Bob Denard, arrêté et emprisonné pendant plusieurs mois à la prison de la Santé, sera renvoyé devant un tribunal français. Durant l'instruction, plusieurs anciens responsables des services secrets amis du mercenaire, comme Maurice Robert et Michel Roussin, viendront témoigner en sa faveur, assurant

---

1. Jugement du tribunal de grande instance de Paris du 20 juin 2006, *op. cit.*
2. Déposition du maître d'équipage du *Vulcain*, Michel L., et d'un mécanicien, Serge S., rapportée *ibid.*

qu'il a continuellement, dans le passé, été « manipulé » par les services français et qu'il s'est montré « loyal et désintéressé ». Malgré ces soutiens, Bob Denard et ses acolytes seront condamnés, en juin 2006, à des peines avec sursis. Le vieux mercenaire, malade, décédera un an plus tard.

L'ère des barbouzes à l'ancienne serait-elle définitivement révolue ? Paradoxalement, l'éviction de Denard des Comores ne sonne pas le glas de cette pratique du pouvoir consistant à recourir à des mercenaires. Au contraire. Jacques Chirac n'est pas à une contradiction près. Quelques mois après avoir dépêché des soldats pour écarter le vieux « chien de guerre », l'Élysée fait de nouveau appel aux hommes de main de Denard pour mener des coups tordus en Afrique.

De 1996 à 2000, une série d'opérations seront ainsi directement orchestrées depuis Paris par les proches de Chirac afin d'aider des dirigeants africains à se remettre en selle, principalement au Zaïre et au Congo-Brazzaville. Pour masquer ces actions secrètes, souvent sanglantes, l'Élysée utilisera bien des subterfuges. Et quelques gros bras au profil plus que controversé.

Il faut sauver le président Mobutu

Le Zaïre est le premier pays où sonne l'alerte, en septembre 1996. Dirigé d'une main de fer depuis trois décennies par le maréchal-président Mobutu Sese Seko, le pays est en proie à des troubles grandissants depuis que l'opposant Laurent-Désiré Kabila a lancé une offensive décisive dans l'Est. Épaulée par les forces ougandaises et rwandaises, secrètement soutenue par les Américains, qui déploient sur le terrain des forces spéciales et des mercenaires, l'AFDL (Alliance des forces démocratiques pour la libération du Congo-Zaïre) de Kabila affronte d'abord des miliciens hutus basés au Zaïre. Ces derniers tentent des incursions au Rwanda, multipliant les exactions. Des milliers de réfugiés rwandais fuient les combats et s'entassent dans la région zaïroise du Kivu, où ils vivent dans des conditions humanitaires déplorables.

Sous pression, Mobutu a du mal à gérer la situation, et encore plus à contenir l'avancée de Kabila, qui menace de fondre sur Kinshasa. Les troupes des Forces armées zaïroises (FAZ), fidèles au président, sont au bord de la déroute, ce qui ne les empêche pas de semer, elles aussi, la terreur.

À l'Élysée, l'entourage de Jacques Chirac est divisé sur ce dossier. D'un côté, Dominique de Villepin, le secrétaire général, Fernand Wibaux et son ami Jacques Foccart, conseillers officieux, estiment qu'il faut tout faire pour sauver Mobutu. De l'autre, le responsable officiel de la cellule africaine, Michel Dupuch, et ses collaborateurs sont plus réservés, jugeant que la France ne doit pas forcément soutenir un vieux despote malade dont le régime corrompu semble condamné. Un avis que partagent Alain Juppé, à Matignon, et la DGSE. « Il y avait deux lignes qui s'affrontaient, avec deux groupes de conseillers autour de Chirac, qui s'activaient parallèlement, se souvient un ancien dirigeant de la DGSE. Nous savions que Mobutu était perdu. Wibaux a cru l'aider avec des mercenaires. Foccart était derrière tout cela. C'était stupide. Nous ne voulions surtout pas nous en mêler[1]. »

La « Boîte » a pourtant une dette à l'égard du président zaïrois : durant les événements tragiques du génocide au Rwanda, au printemps 1994, elle a eu recours aux services secrets zaïrois pour recueillir des renseignements sur ce qui se passait à l'ouest du pays. « Nous étions mal implantés dans la zone. Mobutu nous a beaucoup aidés », témoigne l'ancien dirigeant. Le directeur de la DGSE, le préfet Jacques Dewatre, avait rendu visite à Mobutu pour évoquer le sujet, tandis que des informations sur l'avancée vers Kigali des forces tutsies du FPR de Paul Kagame parvenaient à Paris *via* des agents du SA infiltrés dans l'entourage de ce dernier.

Durant l'automne 1996, Mobutu, surnommé « le Léopard » à cause de son éternelle toque portant ce motif, est sur la défensive. Il n'a plus beaucoup d'amis. Le 31 octobre, Dominique de Villepin et Fernand Wibaux se rendent à son chevet à l'hôtel

---

1. Entretien avec l'auteur, mars 2014.

Beau-Rivage, à Lausanne, où il se remet après son opération du cancer, avant de rejoindre sa somptueuse villa de Roquebrune-Cap-Martin, dans les Alpes-Maritimes. Le président zaïrois semble encore tenir debout et se dit prêt à tenter de sauver son pays, promettant des élections prochaines[1]. Le tandem Villepin-Wibaux lui assure que la France peut encore l'aider. Lors d'une autre entrevue sur la Côte d'Azur, ils évoquent une assistance militaire discrète afin de reprendre l'offensive. Il est aussi question d'une éventuelle intervention humanitaire dans le Kivu, qui paraît se dessiner avec les Américains et l'aval de l'ONU.

Réélu à la Maison-Blanche début novembre 1996, Bill Clinton se prononce, en effet, pour la création d'une force multinationale humanitaire qui serait déployée à Goma. Au téléphone, le 14 novembre, Jacques Chirac félicite son homologue américain pour cette décision : « Nous devons réfléchir aux risques d'implosion qui menacent le Zaïre. Il nous semble qu'un seul homme a encore la stature pour éviter cette implosion : Mobutu[2]. » L'Élysée parie toujours sur le maintien au pouvoir du « Léopard ».

Quelques jours plus tard, alors que les rebelles de Kabila forcent les réfugiés à rentrer au Rwanda, au prix de nombreux morts, les États-Unis renoncent finalement à intervenir au Kivu. La DGSE, qui avait commencé à envoyer des agents dans la région de Goma, doit les rapatrier en urgence dans des conditions périlleuses. « J'ai donné au directeur de la DGSE, Jacques Dewatre, un feu vert pour employer tous les moyens nécessaires, y compris tuer si cela se révélait indispensable pour exfiltrer ses agents[3] », se souvient l'ancien ministre de la Défense, Charles Millon.

---

1. Voir notamment Vincent Hugeux, « Notre ami Mobutu », *L'Express*, 26 décembre 1996 ; et Hubert Coudurier, *Le Monde selon Chirac. Les coulisses de la diplomatie française*, Calmann-Lévy, 1998, p. 328-329.

2. Entretien entre le président Jacques Chirac et le président Bill Clinton, 14 novembre 1996, télégramme de la cellule diplomatique de l'Élysée signé Jean-David Levitte, archives de la présidence de la République, 5AG5, JFG11, Archives nationales.

3. Entretien avec l'auteur, octobre 2012.

Des Serbes peu recommandables en renfort

Ce repli n'atténue en rien la volonté de Jacques Chirac et de certains de ses proches d'aider Mobutu à tout prix. Poussé par Jacques Foccart, Fernand Wibaux reprend contact avec les équipes de mercenaires de Bob Denard. Il n'est pas possible d'employer directement ce dernier, qui fait l'objet de poursuites judiciaires depuis que la France l'a délogé des Comores. Qu'à cela ne tienne : l'Élysée s'adresse à ses anciens lieutenants, notamment par l'intermédiaire du général Jeannou Lacaze, pilier des réseaux Foccart. « Denard ne pouvait plus apparaître après les Comores, mais il y avait toujours une part financière réservée pour lui dans les affaires. On le consultait et il donnait sa caution, comme une sorte de tuteur ou de parrain[1] », explique un proche du « Vieux ».

Dans un premier temps, René Dulac, dit « le Grand » – ex-bras droit de Denard déjà employé par Mitterrand au Tchad en 1983[2] et qui connaît bien Mobutu –, est approché. « J'ai été convié par Wibaux à l'Élysée, révèle-t-il. Il m'a dit qu'il ne pensait pas qu'on pouvait sauver Mobutu, mais qu'on pouvait quand même faire quelque chose, obliger Kabila à négocier une sortie honorable pour Mobutu. Il m'a demandé d'aller sur place. Mais je n'ai pas donné suite[3]. »

À défaut de Dulac, le conseiller de Chirac se tourne alors vers un autre ancien lieutenant de Denard, le Belge Christian Tavernier, qui a naguère œuvré au Katanga. Déjà reçu à l'Élysée en juin 1996, ce dernier rencontre de nouveau Wibaux en novembre et accepte la mission. Il s'agit de mobiliser au plus vite une trentaine de baroudeurs afin d'aider les Forces armées zaïroises à lancer une contre-offensive contre l'AFDL de Kabila. Christian Tavernier s'attelle immédiatement à la tâche.

---

1. Entretien avec l'auteur, novembre 2013.
2. Voir *supra*, chapitre 7, « Moi, mercenaire, employé par Mitterrand pour faire la guerre ».
3. Entretien avec l'auteur, juillet 2013.

« Il était en relation directe avec l'Élysée, et moi je m'occupais de recrutement[1] », témoigne François-Xavier Sidos, ancien des Comores sollicité pour trouver des recrues avec son ami Emmanuel P., *alias* Charles.

Le vivier de candidats demeure limité : les hommes de Denard ne sont plus tout jeunes, et certains restent marqués par l'affaire des Comores. De plus, la situation du pays en guerre n'est guère encourageante. Pourtant, « lorsque Bob Denard leur révéla qu'il était chargé de recruter des volontaires pour le Zaïre, l'appel de l'aventure fut plus fort que la lumière rouge qui s'allumait à l'examen froid de la situation », rapporte Sidos, qui réussit à trouver une trentaine de mercenaires, d'anciens soldats de fortune et des gros bras venus de l'extrême droite, où ce proche de Jean-Marie Le Pen cultive des contacts[2].

Parallèlement, d'autres réseaux de Jacques Foccart et de Charles Pasqua sont sollicités par l'Élysée pour lever une troupe de mercenaires serbes destinée à compléter le dispositif de Tavernier. C'est un certain colonel Dominic Yugo qui s'en charge. Derrière cette fausse identité se cache Jugoslav P., qui fait partie des « correspondants » de la DST, les services intérieurs français. Ancien videur de squats à Paris, ce colosse franco-serbe aux yeux sombres et à la forte carrure, titulaire de faux papiers, a séjourné plusieurs fois en Bosnie entre 1992 et 1995, nouant des contacts avec un adjoint du général Ratko Mladić et des officiers des services de renseignement de l'armée yougoslave. Il aurait notamment servi d'intermédiaire pour Jean-Charles Marchiani, proche du ministre de l'Intérieur, Charles Pasqua, lors de négociations en vue de la libération de pilotes français retenus en Bosnie par des Serbes fin 1995[3]. Jugoslav P. travaille également avec Philippe P., un respon-

---

1. Entretien avec l'auteur, mai 2013.
2. Voir François-Xavier Sidos, *Les Soldats libres. La grande aventure des mercenaires*, L'Encre, 2002, p. 284 *sq.*
3. Voir notamment Jacques Massé, *Nos chers criminels de guerre*, *op. cit.*, p. 92-93 ; et Arnaud de La Grange, « Zaïre : la débâcle des chiens de guerre », *Le Figaro*, 7 avril 1997.

sable la société française Geolink, spécialiste des radiocommunications, qui est en lien régulier avec la DST.

L'Élysée garde un œil sur les recrutements

Fin 1996, ce tandem reçoit, *via* l'homme d'affaires zaïrois Seti Yale, conseiller de Mobutu, une commande urgente d'équipements militaires et de moyens humains pour aider le « Léopard ». « Un recrutement de grande ampleur fut opéré à Belgrade par Yugo et ses amis des services serbes de sécurité[1] », rapportera Patrick Klein, un autre ancien des Comores proche de Denard, impliqué un temps dans les tractations.

À l'Élysée, Fernand Wibaux et Jacques Foccart surveillent l'opération de près. Plus de deux cents barbouzes – essentiellement des Serbes, mais aussi des Croates, des Russes et des Polonais – reçoivent des visas, notamment à l'ambassade du Zaïre à Paris, et s'envolent pour l'Afrique. La liste de noms est transmise aux autorités françaises, qui laissent faire. Parmi ces hommes figurent d'anciens militaires qui ont opéré en ex-Yougoslavie dans des conditions particulièrement troubles. L'un d'eux s'appelle Milorad P., dit Mila. Selon l'ancien criminel de guerre serbe Dragen Erdemović, condamné par le Tribunal pénal international de La Haye, Mila aurait commis de nombreuses exactions en Bosnie au sein de la 10e unité de sabotage de l'armée bosno-serbe. D'autres membres de ce commando de tueurs font partie du voyage vers le Zaïre[2].

---

1. Patrick Klein, *Par le sang des autres. Coup d'état d'âme*, Éditions du Rocher, 2013, p. 101.
2. Voir « Drozen Erdemovic sentenced to 5 years of imprisonment », Tribunal pénal international pour l'ex-Yougoslavie, 5 mars 1998. En 1999, cinq ex-combattants serbes, dont Milorad P. et Yugoslav P., seront arrêtés à Belgrade. Ils sont accusés d'avoir fait partie du réseau Araignée, soupçonné notamment d'avoir comploté pour assassiner le président Milošević pour le compte des Français. Ces accusations ne tiendront pas lors du procès et les deux hommes seront acquittés. Voir Didier François, « Des criminels de guerre dans l'ombre des services secrets français », *Libération*, 3 décembre 1999.

En décembre 1996, les premiers « chiens de guerre », principalement français et serbes, débarquent à Kinshasa, où leur arrivée ne passe pas inaperçue. L'attaché militaire français, au courant de tous leurs mouvements, les incite à se faire plus discrets. Des armes, des avions et des hélicoptères sont livrés. Censé encadrer cette « légion blanche » de près de trois cents hommes, Christian Tavernier, début 1997, installe son PC à Kisangani afin d'organiser la contre-offensive des Forces armées zaïroises[1]. Celles-ci sont désormais placées sous le commandement du général Marc Mahele, un militaire imposé à Mobutu en décembre par Fernand Wibaux et Jacques Chirac.

Le renfort des mercenaires se révèle inefficace. La situation militaire des soldats zaïrois, souvent abandonnés par leurs chefs et sans solde depuis des mois, est désespérée. La confusion et l'improvisation règnent au sein du groupe de mercenaires. De plus, entre les Français et les Serbes, la coordination est inexistante. « Les Serbes faisaient bien partie de notre dispositif, témoigne un mercenaire français qui a participé à l'opération. Ils devaient nous soutenir au plan aérien, mais ils ne sont pas venus quand nous avons eu des accrochages sévères dans la région de Watsa, fin janvier 1997, et que nous sommes restés coincés sur place plusieurs jours. Qui plus est, ces Serbes étaient des fous furieux. À partir du moment où l'on recrute des mercenaires serbes pour aller en Afrique, il ne faut pas s'attendre à ce qu'ils fassent dans la dentelle[2]. »

---

1. Voir Arnaud de La Grange, « Zaïre, le retour des "affreux" », *Le Figaro*, 1er décembre 1996 ; Stephen Smith, « L'armada de mercenaires au Zaïre », *Libération*, 24 janvier 1997 ; et l'interview de Christian Tavernier par Colette Braeckman, *Le Soir*, 27 janvier 1997.
2. Entretien avec l'auteur, juillet 2014. Voir aussi François-Xavier Sidos, *Les Soldats libres*, *op. cit.*, p. 293-298.

Des exactions incontrôlées

Les barbouzes serbes, tout comme les FAZ, sèment l'effroi dans plusieurs villages des environs de Kisangani où ils traquent les rebelles pro-Kabila. À leur tête, le colonel Dominic Yugo, le protégé de la DST, acquiert une réputation sanguinaire. « Il a imposé sa loi comme un tyran cruel, une sorte de sosie moderne du Kurtz du roman de Joseph Conrad, *Au cœur des ténèbres*[1] », écrit James McKinley dans le *New York Times* en mars 1997. Le journaliste américain cite plusieurs témoignages accablants, dont celui d'un négociant en viande qui, après avoir été arrêté, a décrit les interrogatoires violents, les tortures à l'électricité, les coups de couteau et les disparitions suspectes de nombreux réfugiés.

Les crimes présumés commis par les mercenaires – bombardements massifs, mauvais traitements, tueries – sont également dénoncés par Human Rights Watch. « Yugo a personnellement exécuté et torturé des civils suspectés de collaborer avec l'AFDL, rapportera l'ONG en octobre 1997. Le 8 mars 1997, sur une route près de l'aéroport de Kisangani, Yugo a tué deux missionnaires protestants, avec des bibles à la main, les accusant d'être des espions de l'AFDL[2]. » Un ecclésiastique témoignera dans *La Croix* : « L'interrogatoire est souvent mené par le terrible Yugo, chef incontesté des mercenaires. Tout se passe en plein air. Ce colonel, revolver au poing, appuie chaque question avec un coup de feu tiré près du prisonnier, pour le terroriser. Après cette horrible session, tout le groupe, résigné et silencieux, est conduit par Yugo et ses hommes derrière les hangars, bien loin, dans la partie est de l'aéroport. Et

---

1. James C. McKinley Jr, « Serb Who Went to Defend Zaire Spread Death and Horror Instead », *New York Times*, 19 mars 1997.
2. Human Rights Watch, « What Kabila is Hiding, Civilian Killings and Impunity in Congo », octobre 1997. Le rapport dénonce des atteintes aux droits de l'homme et des crimes de guerre commis aussi bien par les partisans de Kabila que par les soldats et mercenaires de Mobutu.

c'est la fin ! Ils sont abattus avec une mitrailleuse munie de silencieux, puis jetés dans une grande fosse creusée avec une pelle mécanique[1]. »

Patron des mercenaires choisi par l'Élysée, le Belge Christian Tavernier ne maîtrise pas grand-chose. Pendu au téléphone, il sillonne le pays d'un bout à l'autre sans faire montre de beaucoup d'efficacité. Les contre-attaques menées par une poignée de mercenaires français avec les FAZ n'endiguent pas la poussée des rebelles de l'AFDL, qui prennent la ville de Kisangani en mars 1997, avant de fondre sur Kinshasa en mai. Quant aux Serbes et aux autres barbouzes, ils sont évacués en catastrophe. La chute de Mobutu est inexorable. Réfugié *in extremis* dans sa ville natale de Gbadolite, dans le nord-ouest du pays, le « Léopard » se voit contraint de quitter définitivement le Zaïre le 16 mai 1997, laissant la place au vainqueur, Laurent-Désiré Kabila.

L'opération secrète téléguidée par l'Élysée a été un échec, doublé de graves bavures. Furieux, Dominique de Villepin, le secrétaire général de la présidence de la République, prend ses distances avec le vieux Fernand Wibaux, jugé responsable de ce fiasco.

Aider Sassou sur l'autre rive du fleuve Congo

Jacques Chirac souhaiterait tourner rapidement cette page peu reluisante. Mais d'autres crises surgissent dans la région qui nécessitent, là encore, d'envoyer des « Affreux » faire le « sale boulot » que la France ne veut pas assumer publiquement. Ainsi, dès l'été 1997, les mercenaires de Bob Denard, tout juste rentrés du Zaïre, sont appelés sur l'autre rive du fleuve Congo.

Élu en 1992 à la tête du Congo-Brazzaville, l'ancien leader prosoviétique Pascal Lissouba s'oppose violemment à son rival, Denis Sassou Nguesso, qui veut se présenter au prochain scrutin présidentiel. De retour d'un long exil, Sassou, qui a présidé le pays de 1979 à 1992, dénonce les attaques de

---

1. *La Croix*, 18 mars 1997.

Lissouba contre son camp et multiplie les incidents. Les deux leaders organisent leur défense, recrutant des miliciens prêts à tout. Entre les Cobras de Sassou et les Zoulous de Lissouba, les combats tournent à la guerre civile en juin 1997, dévastant la capitale. Sassou, avec l'aide d'officiers supérieurs congolais ralliés, commence à prendre l'ascendant sur son ennemi.

À Paris, le choix est vite fait : Sassou est considéré comme un meilleur ami de la France que Lissouba. Le groupe pétrolier Elf, qui a des intérêts stratégiques au Congo, soutient également l'ancien président dans sa reconquête du pouvoir. Mais, officiellement, la France ne veut pas montrer qu'elle prend parti. La cohabitation entre Lionel Jospin, peu désireux de s'engager sur le terrain africain, et Jacques Chirac, toujours soucieux de son image, joue en faveur de la prudence.

L'opération militaire baptisée Pélican est décrétée en juin. Elle vise officiellement à évacuer en urgence six mille expatriés vivant au Congo-Brazzaville. Le Commandement des opérations spéciales (COS) dépêche des parachutistes du 1er RPIMa et des dragons du 13e RDP, qui restent sur place en tentant de se faire discrets aux côtés des forces de Sassou. Plus secrètement, le SA envoie quelques agents de sa « Force spéciale », basée à Perpignan. Ils sont habillés en civil et doivent assurer la protection rapprochée de Denis Sassou Nguesso. « Il avait rendu beaucoup de services à la France dans le passé. Nous l'avons donc aidé à se remettre en selle[1] », explique un ancien du service.

Toutefois, l'essentiel du coup de pouce donné par la France à son favori doit demeurer invisible. Les mercenaires sont là pour cela. Fin août 1997, deux dizaines d'anciens fidèles de Bob Denard sont recrutés pour cette nouvelle mission, officiellement par des proches de Denis Sassou Nguesso. « Nous sommes arrivés au Congo, *via* le Gabon, d'abord à Oyo, la ville natale de Sassou, avant d'être envoyés à Brazzaville, se souvient un ancien baroudeur ayant participé aux opérations. Nous avons eu pour objectif de reprendre le contrôle des faubourgs nord de la capitale, qui étaient encore tenus par des partisans

---

1. Entretien avec l'auteur, mars 2014.

de Lissouba. Nous avons mené des offensives, notamment pour contrôler les ponts et l'aéroport, afin de faciliter l'arrivée, fin septembre, des forces angolaises qui sont venues soutenir Sassou[1]. »

Parallèlement, toujours afin de sécuriser l'avancée des soldats angolais, Pierre Oba, proche de Sassou et futur ministre de l'Intérieur, appelle à la rescousse un autre ancien officier français, Jean-Renaud F., un saint-cyrien reconnu pour son expertise et tout juste rentré des maquis karens de Birmanie. Durant l'été, s'infiltrant à pied depuis l'enclave angolaise du Cabinda en se faisant passer pour un journaliste, Jean-Renaud F. rejoint les maquisards pro-Sassou à Pointe-Noire et sabote avec eux la petite flotte d'avions et d'hélicoptères encore entre les mains des partisans de Lissouba.

Denis Sassou Nguesso remporte la guerre en octobre 1997. Proclamé président du Congo-Brazzaville, il continue pendant quelques mois d'utiliser les mercenaires français pour achever la mise en place de son pouvoir et encadrer sa nouvelle garde présidentielle. « C'est toujours l'équipe Denard qui menait la danse, en se présentant comme des défenseurs des intérêts français. Il s'agissait surtout de mener des opérations de police ici et là[2] », se rappelle un mercenaire présent sur place.

À Paris, le retour au pouvoir de Denis Sassou Nguesso par la manière forte réjouit l'Élysée. L'aide clandestine française, par l'intermédiaire des réseaux Foccart-Denard, a sans doute été décisive.

Une société de mercenaires couvée par la DGSE

Cependant, le Congo-Brazzaville n'est pas encore totalement « pacifié ». Fin 1998, des troubles renaissent dans le pays, attisés par d'anciens partisans de Lissouba et des miliciens Ninjas

---

1. Entretien avec l'auteur, juillet 2014. Voir aussi François-Xavier Sidos, *Les Soldats libres*, op. cit., p. 302-306.
2. Entretien avec l'auteur, novembre 2013.

soutenant un ancien Premier ministre et n'ayant pas complètement renoncé aux armes. Ces derniers harcèlent les troupes loyalistes de Sassou dans la région du Pool, près de la capitale, et attaquent régulièrement la ligne de chemin de fer reliant Brazzaville à Pointe-Noire. À Paris, l'inquiétude se répand dans les palais du pouvoir. Une fois de plus, il faut voler discrètement au secours de Sassou.

Un mercenaire trentenaire, Marc Garibaldi, *alias* Bruno, qui a participé aux opérations au Zaïre en 1996 et au Congo-Brazzaville en 1997, prépare cette deuxième mission congolaise au printemps 1999. Ancien soldat de l'armée française, il a connu Bob Denard durant son enfance en Afrique et lui voue une fidélité à toute épreuve. Son idée : monter une véritable entreprise de mercenariat, qui pourrait réunir les anciens membres dispersés des équipes Denard, afin de lutter à armes égales avec les sociétés anglo-saxonnes de ce secteur en plein essor. Marc Garibaldi parle de son plan à ses mentors, Bob Denard, Maurice Robert et le général Jeannou Lacaze. « Denard lui a conseillé d'aller voir Maurice Robert, se souvient un des mercenaires proches de Garibaldi. Il lui a dit que celui-ci l'aiderait comme il l'avait aidé, lui, et cela s'est bien passé. Marc a aussi pris le pouls de la DGSE, à qui il rendait compte de toutes ses missions. Comme à son habitude dans ce genre d'affaires, la DGSE n'a pas mis de feu rouge, avalisant ainsi implicitement cette initiative. Mieux, elle a donné un coup de pouce financier d'environ 20 000 francs [3 000 euros] pour créer la société[1]. »

En mai 1999, soutenu par la DGSE, Marc Garibaldi crée avec deux associés la société EHC, domiciliée au Luxembourg. Son premier contrat porte sur le recrutement de mercenaires pour aider Sassou Nguesso. Des contacts sont établis avec le ministère congolais de la Défense et le chef d'état-major de l'armée, le général Okoï. Un homme d'affaires français, Jacques L., franc-maçon très introduit à Brazzaville et à Luanda, lié aux réseaux Foccart autant qu'à la DGSE et à la

---

1. Entretien avec l'auteur, juillet 2014.

DST, sert d'intermédiaire. C'est par la FIBA, la banque gabonaise d'Omar Bongo, allié de Sassou Nguesso (en même temps que son gendre), que transitent les premiers fonds. Le montant du contrat avoisine les 40 millions de francs, soit quelque 6 millions d'euros.

La France soutient discrètement tout ce qui peut conforter son ami Sassou, en dépit de ses méthodes controversées. Au printemps 1999, sur les rives du fleuve Congo, un flot de réfugiés qui avaient fui les combats reviennent dans leur pays, accostant grâce aux navettes fluviales sur les quais, encadrés par des militaires congolais. Soupçonnant la présence de rebelles parmi eux, les soldats font du « tri », conduisant certains réfugiés dans des zones isolées où ils « disparaissent ». « Lorsque nous sommes arrivés à quelques mètres des lieux, j'ai constaté la présence de corps empilés et de brasiers qui servaient à incinérer de nombreux corps, témoignera un officier congolais qui s'inquiétait alors des disparitions. J'estime qu'il y avait plus d'une centaine de corps. Il y avait des groupes de militaires de la garde présidentielle sur les lieux[1]. » Plusieurs rescapés et témoins des massacres accuseront les proches de Sassou Nguesso d'avoir planifié et exécuté ces tueries, qui auraient coûté la vie à plus de trois cent cinquante personnes entre avril et juin 1999. Le président congolais a simplement reconnu des exactions dues, selon lui, à des règlements de compte entre ethnies. L'enquête, après la plainte déposée en France par des victimes et des ONG, subira de nombreuses entraves[2].

---

1. Audition de X. par la section de recherches de Paris de la gendarmerie nationale, juillet 2002, dans le cadre de l'instruction ouverte au tribunal de grande instance de Meaux par le juge Gerville.
2. Un jugement a été rendu en 2005 au Congo-Brazzaville, condamnant des officiers mis en cause, mais les dispensant de peine. Une plainte pour crimes contre l'humanité déposée en France en décembre 2001 par deux survivants a été instruite d'abord à Meaux, puis à Paris. La Ligue des droits de l'homme et la Fédération internationale des droits de l'homme, parties civiles dans cette affaire dite des « disparus du Beach », se sont émues des ingérences politiques répétées dans l'instruction, à ce jour

De l'aide clandestine au soutien assumé

Une chose est sûre : rien de ce qui se passe d'important au Congo-Brazzaville à cette époque n'échappe aux autorités françaises. Le président Sassou est constamment entouré de plusieurs soldats français des forces spéciales. La quarantaine de mercenaires engagés par EHC arrivent à Brazzaville à partir de début juin 1999. Placés sous la tutelle du général Okoï, ils s'installent dans les bâtiments de l'académie militaire Marien Ngouabi, à une quinzaine de kilomètres au nord de la ville. Leur mission, baptisée opération Ades – pour Assistance à la défense et à la sécurité –, est connue des autorités françaises. Elle dure de juin 1999 à mai 2000. Marc Garibaldi rend compte régulièrement de ce que fait son équipe à l'attaché militaire de l'ambassade de France, ainsi qu'à la DGSE.

Outre des missions de renseignement et de surveillance de l'opposition, les baroudeurs d'EHC servent d'abord à former le « bataillon de choc Marien Ngouabi », composé de neuf cents soldats congolais. Puis ils aident ces commandos à réduire les ultimes poches de rebelles Ninjas, principalement dans la région du Pool, où le pasteur Ntumi, chef spirituel et militaire, anime la résistance. Des combats violents se déroulent durant l'été et l'automne 1999. « C'était chaud, raconte un membre de la mission Ades. Nous cassions les lignes de ravitaillement des Ninjas et nous les attaquions. Parfois, nous réussissions à les convaincre de faire défection. En quelques mois, la guérilla a cessé. Nous prenions garde de ne pas commettre de dérapages et de traiter les prisonniers correctement[1]. » D'autres témoins évoquent cependant des exactions commises par les forces congolaises dans leur reconquête du Pool. « Cette prétendue pacification a été rude, commente ainsi un ancien officier français qui a opéré au Congo-Brazzaville. À Paris,

---
toujours ouverte. Voir aussi Patrice Yengo, *La Guerre civile au Congo-Brazzaville*, Karthala, 2006.
1. Entretien avec l'auteur, novembre 2013.

l'Élysée et la DGSE ont fermé les yeux sur ces opérations de nettoyage[1]. »

Au printemps 2000, Denis Sassou Nguesso, après avoir négocié des accords de paix avec plusieurs factions rebelles, reprend le contrôle total de la situation. Il demande alors officiellement l'assistance militaire de la France pour l'aider à sécuriser son pays. À Brazzaville, la présence des mercenaires d'EHC, contrôlée depuis le début de manière discrète, est désormais jugée embarrassante par Paris. Ils sont priés de quitter la scène, au profit d'une coopération militaire plus visible.

Les mercenaires de Chirac doivent se trouver d'autres missions. En 2000, certains d'entre eux, par l'intermédiaire de l'inusable général Jeannou Lacaze, vont protéger le président ivoirien Robert Guéï. Puis quelques-uns tentent vainement une opération à Madagascar en 2002[2], avant de se recycler du côté de l'Afghanistan ou de l'Irak, là où les sociétés militaires privées anglo-saxonnes embauchent à tour de bras.

La galaxie Denard disparaît progressivement des radars. Ses derniers membres se dispersent. En France, une loi prohibant le mercenariat est votée en 2003. Elle tourne la page de quatre décennies de pratiques controversées, orchestrées clandestinement depuis l'Élysée.

---

1. Entretien avec l'auteur, octobre 2013. Voir aussi le récit des opérations menées dans le Pool dans Franck Hugo et Philippe Lobjois, *Mercenaire de la République*, Nouveau Monde Éditions, 2009, p. 282-307.

2. Marc Garibaldi sera impliqué, avec une douzaine d'autres mercenaires, dans cette tentative avortée de coup d'État à Madagascar en juin 2002. Fin 2003, il créera la société américaine EHC LLC, basée dans le Delaware et recrutant pour des missions en Irak et en Afghanistan. En juin 2004, il sera victime d'un accident de la route qui ralentira ses activités.

13

Notre guerre secrète contre Ben Laden

Dès le 11 septembre 2001, le responsable des attentats qui viennent de frapper les États-Unis sur leur sol est formellement désigné : pour la Maison-Blanche comme pour l'Élysée, il s'agit d'Oussama Ben Laden, le chef d'Al-Qaïda.

Depuis plusieurs mois, les services de renseignement occidentaux redoutaient une attaque majeure de cette nébuleuse djihadiste contre des intérêts américains. Le 25 janvier 2001, l'un des coordinateurs de la lutte antiterroriste à la Maison-Blanche, Richard Clarke, a rédigé une note circonstanciée sur la stratégie de terreur d'Al-Qaïda, recommandant, en vain, des actions clandestines plus offensives, et même des frappes préventives de drones contre Ben Laden[1]. Les mois suivants, la CIA et le FBI ont alerté la Maison-Blanche sur des risques d'attaque au camion suicide à Washington, de détournement d'avion ou d'attentat à New York, Boston et Londres.

Entre mai et juillet, la NSA a intercepté plus d'une trentaine de messages indiquant l'imminence d'une opération – une information confirmée par Oussama Ben Laden lui-même, début juin, dans un entretien avec Bakr Atiani, journaliste d'une télévision saoudienne, près de la frontière pakistano-afghane. Prévenu de ces menaces, le président George W. Bush a confié à ses

---

1. « Presidential Policy Initiative/Review – The Al-Qaida Network », mémorandum du coordinateur de la lutte antiterroriste Richard Clarke à Condoleezza Rice, Conseil de sécurité nationale, 25 janvier 2001. Voir aussi Richard Clarke, *Against All Enemies. Inside America's War on Terror*, The Free Press, 2004.

conseillers quelques jours plus tard : « D'une manière ou d'une autre, je veux abattre ce Ben Laden. » Le 10 juillet, le chef du Centre antiterroriste de la CIA, Cofer Black, a évoqué devant le président l'éventualité d'une prochaine frappe « spectaculaire ». Le 6 août, alors qu'il se trouvait en vacances dans son ranch de Crawford, au Texas, George Bush a de nouveau reçu une note de la CIA titrée : « Ben Laden déterminé à frapper aux États-Unis[1] ».

De leur côté, durant l'été, les services secrets français – la DGSE et la DST – ont averti leurs homologues américains que, d'après les confessions de Djamel Beghal, un Franco-Algérien interpellé à Dubaï le 28 juillet, un attentat majeur était en préparation, probablement contre l'ambassade des États-Unis à Paris. Fin août, la DST les a informés que Zacarias Moussaoui, un Franco-Marocain qui avait été interpellé le 16 août aux États-Unis pour un simple problème de visa alors qu'il était en train de prendre des cours de pilotage, était lié à Al-Qaïda.

En dépit de tous ces signaux d'alerte, les États-Unis n'ont pas pu empêcher que des attentats frappent leur territoire.

« Je veux la tête de Ben Laden dans une boîte ! »

Touchée en plein cœur le 11 septembre, l'Amérique déclare aussitôt la guerre au terrorisme. La Maison-Blanche hésite entre porter le fer en Irak ou en Afghanistan. Elle se décide finalement pour le second, fief des Talibans et d'Oussama Ben Laden. Les états-majors militaires préparent les plans de l'opération Enduring Freedom (Liberté immuable). L'intervention en Afghanistan débutera le dimanche 7 octobre par des frappes aériennes. Parallèlement, une guérilla clandestine s'engage contre les leaders d'Al-Qaïda. Dès le 13 septembre, un plan d'actions secrètes est approuvé à la Maison-Blanche, visant à « punir » les présumés coupables. George Bush le

---

1. Voir Steve Coll, *Ghost Wars*, Penguin Books, 2004, p. 566-567.

peaufine deux jours plus tard dans sa résidence présidentielle de Camp David. « Les règles ont changé[1] », écrit à ses agents George Tenet, le patron de la CIA, qui, deux semaines plus tard, envoie en Afghanistan sa première équipe paramilitaire, baptisée Jawbreaker. Pour la diriger sur place, la centrale américaine rappelle un fin connaisseur de la région proche de la retraite, Gary Schroen. Partisan de la manière forte, Cofer Black lui donne ses consignes : « Vous avez une mission : trouver les membres d'Al-Qaïda et les tuer. Nous voulons les éliminer. Cherchez Ben Laden, trouvez-le. Je veux sa tête dans une boîte. Je veux l'avoir en main pour la montrer au président[2]. »

Aux patrons du renseignement britannique, qui sont venus à Washington prendre le pouls de la guerre qui s'annonce en Afghanistan et qui recommandent de ne pas intervenir en Irak, le même Cofer Black explique que son « seul souci, c'est de tuer des terroristes[3] », sans s'éterniser sur les dommages collatéraux. L'affront subi impose, aux yeux de George Bush, des rétorsions sanglantes contre ces ennemis invisibles qui se cachent quelque part dans les montagnes afghanes, protégés par le régime du mollah Omar.

L'interdiction officielle faite à la CIA, depuis 1976, de pratiquer les assassinats ciblés est levée par une directive présidentielle. George Bush donne aussi l'ordre secret de capturer, détenir sans jugement et interroger des suspects dans le monde entier, y compris en utilisant la torture s'il le faut. La traque de Ben Laden a commencé.

---

1. George Tenet, *At the Center of the Storm. The CIA during America's Time of Crisis*, Harper Perennial, 2008, p. 175 sq.
2. Rapporté dans Bob Woodward, *Bush s'en va-t-en guerre*, Denoël, 2003, rééd. Gallimard, coll. « Folio », 2004, p. 228-229. Voir aussi Gary Schroen, *First In*, Presidio Press, 2007.
3. Cité dans Tyler Drumheller, *On the Brink. An Insider's Account of How the White House Compromised American Intelligence*, Carrol & Graf, 2006, p. 36 ; et entretien avec l'auteur de Tyler Drumheller, ancien chef des opérations pour l'Europe de la CIA, mars 2012.

Chirac agacé par l'affaire de son « compte japonais »

À Paris, la volonté américaine de représailles est parfaitement admise. Dès l'après-midi du 11 septembre, les responsables des services français de renseignement, réunis à Matignon autour de Louis Gautier, le conseiller Défense du Premier ministre, Lionel Jospin, estiment qu'Al-Qaïda est bien derrière les attentats. Lors d'un Conseil restreint de défense tenu en fin de journée à l'Élysée, Jacques Chirac s'interroge, avec Lionel Jospin et les ministres concernés, sur l'aide qui pourrait être apportée aux Américains. Il recommande de leur transmettre tous les renseignements possibles. Des émissaires sont envoyés à Washington pour étudier les futurs dispositifs militaires du Pentagone – au sujet desquels les Américains seront finalement assez peu enclins à la coopération, considérant qu'il s'agit d'abord de « leur » guerre. Le 12 septembre, l'ambassadeur de France à l'ONU, Jean-David Levitte, fait adopter au Conseil de sécurité la résolution 1368, qui assimile les actes de terrorisme à des actes de guerre, justifiant la légitime défense et une réplique unilatérale.

Le lendemain, Jacques Chirac reçoit à l'Élysée le diplomate Jean-Claude Cousseran, patron de la DGSE, pour lui demander son avis sur les attentats. Nommé à la tête des services secrets en 2000, d'un commun accord entre le président et le Premier ministre, pour succéder au préfet Jacques Dewatre, Jean-Claude Cousseran est un fin connaisseur du Moyen-Orient. Il a notamment été en poste à Beyrouth, Bagdad, Téhéran, Jérusalem, Damas et Ankara, et a dirigé le département d'Afrique du Nord et du Moyen-Orient du Quai d'Orsay. Durant près de deux heures, il confirme au président les pistes concernant Al-Qaïda. Le 14 septembre, Jacques Chirac convoque de manière confidentielle un autre expert en qui il a toute confiance : le général Philippe Rondot. Officiellement, celui-ci occupe le poste de conseiller pour le renseignement et les opérations spéciales au cabinet du ministre de la Défense, Alain Richard. En réalité, cette éminence grise est aussi devenue, au cours des derniers mois, l'homme des missions confidentielles du président Chirac et de son secrétaire général, Dominique de Villepin, qu'il a connu à la fin des années 1970 au Quai d'Orsay. Et ils ont justement une nouvelle tâche à lui confier.

Depuis mai 2001, l'Élysée soupçonne certains membres de la DGSE d'avoir ressorti des cartons une enquête interne datant de 1996-1997 sur un présumé compte détenu au Japon par Jacques Chirac[1]. Dans son viseur, un magistrat détaché à la DGSE, Gilbert Flam, proche des socialistes, qui aurait exhumé ce dossier en avril au sein du Service de renseignement et de sécurité, où il travaille sous la houlette d'Alain Chouet, l'un des bras droits de Jean-Claude Cousseran. En pleine période de cohabitation, le président croit y déceler une manœuvre de la majorité pour le déstabiliser à quelques mois de l'élection présidentielle. Il a écrit à Lionel Jospin qu'il n'appréciait pas du tout cette histoire. Le 13 septembre, il a exigé des explications de la part de Jean-Claude Cousseran, lequel a promis de faire toute la lumière avec ses subordonnés – ces derniers protesteront contre les accusations.

Jacques Chirac et Dominique de Villepin restent méfiants. Parallèlement à l'avertissement qu'ils adressent au patron de la DGSE, ils veulent demander une contre-enquête discrète sur cette « affaire japonaise » à leur homme de confiance, Philippe Rondot. Celui-ci a rencontré Dominique de Villepin à l'Élysée dans la matinée du 11 septembre pour en parler avec lui.

Actualité oblige, l'entretien du vendredi 14 septembre, qui se déroule en fin de journée, comporte donc plusieurs sujets à

---

1. Selon une source de la DGSE au Japon en 1996, 300 millions de francs auraient été versés sur un compte ouvert à la banque Tokyo Sowa au nom de M. Chirac, un montant repris ensuite dans les notes de Philippe Rondot. Le 11 septembre 2001, lors d'un rendez-vous avec Dominique de Villepin, Rondot, plus prudent, note qu'il a pu y avoir des « indemnités perçues localement » par Jacques Chirac au Japon, « objet possible de l'intérêt de la DGSE », et écrit que le président a « reversé ces sommes à une association ». Jacques Chirac a démenti plusieurs fois avoir détenu un compte au Japon. Sur cette « affaire japonaise » et ses conséquences, voir Nicolas Beau et Olivier Toscer, *L'Incroyable Histoire du compte japonais de Jacques Chirac*, Les Arènes, 2008.

l'ordre du jour. Dans la note confidentielle qu'il rédige dans la foulée, le général Rondot écrit que Jacques Chirac a d'abord évoqué les attentats aux États-Unis : « Le président voulait s'entendre confirmer que la responsabilité de ces actions terroristes revenait bien à Oussama Ben Laden, et s'est interrogé sur la nature des représailles américaines et de la contribution de la France à celles-ci[1]. »

Philippe Rondot est tout à fait préparé à répondre à ces questions. Il est en contact avec le chef de poste de la CIA à Paris, Bill Murray, un colosse rondouillard arrivé en France en juillet et qui connaît bien le Moyen-Orient. Ce dernier explique : « Nous travaillions très bien avec les services français, et il y avait déjà eu cette menace d'attentat à Paris quelques semaines auparavant. Après le 11 septembre, cette coopération efficace a été renforcée[2]. » Bill Murray confirme notamment avoir eu des contacts réguliers avec le général Rondot sur l'Afghanistan. Dès le lendemain des attentats, il l'a joint au téléphone. Au cours de la conversation, il a été question de « dossiers d'objectifs », autrement dit des cibles possibles de la CIA, par exemple les bases de l'ONG islamiste Al Wafa au Pakistan ou les camps d'entraînement d'Al-Qaïda. Celui de Derunta, en Afghanistan, situé à une vingtaine de kilomètres à l'ouest de Jalalabad, est une ancienne grande base militaire soviétique. Selon la CIA, il abrite plusieurs complexes séparés, avec des installations protégées et des experts en explosifs qui tentent de mettre au point des armes chimiques pour l'organisation d'Oussama Ben Laden[3]. Les Américains redoutent par-dessus tout qu'Al-Qaïda ne fasse usage des armes de destruction massive concoctées dans ces laboratoires.

---

1. Toutes les citations provenant de cette réunion sont extraites de la note du général Philippe Rondot intitulée « Objet : Entretien avec le président de la République, le vendredi 14 septembre 2001, de 19 h 00 à 20 h 45 ». Source : carnets du général Rondot.

2. Entretien avec l'auteur, mars 2012.

3. Le commandant Massoud a tenté un raid contre ce camp en 2000, et les agences américaines avaient aussi pris des photos aériennes de ses installations. Voir Steve Coll, *Ghost Wars*, *op. cit.*, p. 491-493.

Le président français s'oppose à des assassinats ciblés...

Sans préciser la nature des cibles que désignent ces « dossiers d'objectifs », le général Rondot évoque la requête américaine devant Jacques Chirac : « Je l'ai informé des demandes de la CIA concernant notre capacité, voire notre volonté de nous associer à des opérations militaires ou clandestines. En particulier, si nous étions en mesure de réaliser des actions sur des objectifs matériels et même humains. J'avais indiqué à la CIA que la décision en revenait au président de la République et au Premier ministre. »

En clair, la CIA demande à la France si elle est prête à lancer des opérations Homo, des assassinats ciblés contre Oussama Ben Laden et ses lieutenants. D'après le compte rendu du général Rondot, Jacques Chirac apporte à cette question une réponse argumentée : « Le chef de l'État m'a longuement expliqué qu'il n'était pas question pour la France de nous livrer à des opérations homicides, à la fois pour des raisons morales (on ne saurait utiliser les méthodes de nos adversaires) et techniques (Jacques Chirac doutant de la capacité du Service Action à réussir de telles opérations depuis le départ d'Alexandre de Marenches de la direction du SDECE). »

Cette réaction confirme les propos de plusieurs conseillers de Jacques Chirac qui m'ont confié ses réticences à l'égard des opérations Homo. Le président considère visiblement que les références en la matière sont celles conduites à l'époque d'Alexandre de Marenches, directeur du SDECE durant les années 1970, sous les mandats des présidents Pompidou et Giscard. À ses yeux, Marenches était un patron solide, et les services secrets français étaient alors plus habiles pour mener de telles missions sensibles. Après les ratages successifs de la DGSE dans les années 1980, celles-ci lui apparaissent désormais, à tort ou à raison, trop risquées. Selon nos sources,

Jacques Chirac a pu tolérer quelques exceptions[1], mais il est de plus en plus réservé sur le sujet. Dans son esprit, les « opérations Alpha » – du nom de la cellule ultra-clandestine de tueurs au sein de la DGSE, qui agit en marge du SA depuis 1986[2] – doivent rester aussi rares qu'indétectables.

Après avoir évoqué devant son interlocuteur les risques grandissants d'attentats en France, et avant d'aborder le dossier du Proche-Orient ainsi que son « affaire japonaise », Jacques Chirac revient sur la participation française à cette « nouvelle guerre contre le terrorisme », dont il doit parler avec George Bush lors d'une visite outre-Atlantique prévue de longue date, les 18 et 19 septembre. Le général Rondot écrit : « Le chef de l'État m'a expressément recommandé d'étudier des opérations du type de celles que j'avais réalisées dans le passé, consistant soit à neutraliser les groupes terroristes (ainsi pour le groupe d'Abou Nidal), soit à capturer des individus recherchés pour les traduire devant la justice (référence à l'opération Carlos). »

Aux assassinats ciblés, le président semble donc préférer les négociations discrètes ou les kidnappings. À l'issue de cet entretien en tête-à-tête, Dominique de Villepin se joint à la conversation pour parler des « affaires » qui agacent vivement le président, notamment celle du « compte japonais ». Jacques Chirac répète qu'il croit à une tentative de déstabilisation de « certains membres de la DGSE » contre lui et veut en avoir le cœur net.

...mais le ministre de la Défense y semble favorable

Le lundi 17 septembre au matin, Philippe Rondot rend compte à son principal interlocuteur à la DGSE, le général Dominique Champtiaux, bras droit de Jean-Claude Cousseran,

---

1. Voir *supra*, chapitre 10, « Traques en ex-Yougoslavie ».
2. Voir *supra*, chapitre 9, « Naissance des Alpha, la cellule clandestine de tueurs ».

du contenu de sa conversation à l'Élysée. « Mon entrevue avec le PR [président de la République]. Affaires américaines. Résumé : feu rouge pour les ops [opérations] Alpha-Homo ; neutralisation ; ops clandestines : enlèvement[1]. » *A priori*, la consigne est claire : pas d'assassinats, mais d'accord pour d'autres opérations secrètes.

À 12 h 45, Philippe Rondot explique la même chose à son ministre, Alain Richard. Mais il semble que ce dernier ne soit pas exactement sur la ligne du président. Cet ex-rocardien austère et peu bavard, homme de confiance de Lionel Jospin, fait partie de ceux qui pensent que la réplique au terrorisme est légitime. Selon lui, des opérations de représailles doivent être lancées sans coup férir contre Oussama Ben Laden (OBL) et ses proches. En début d'après-midi, le général Rondot rappelle le général Champtiaux pour l'« informer des considérations du MD [ministre de la Défense] sur les ops de représailles (OBL), y compris H » – autrement dit, son feu vert possible pour des opérations Homo[2].

À 18 h 45, Philippe Rondot se rend de nouveau dans le bureau du ministre de la Défense. Selon le bref compte rendu de l'entrevue que l'on trouve dans ses carnets, Alain Richard aurait expliqué que Lionel Jospin et lui-même n'étaient pas opposés à d'éventuels assassinats ciblés, à mener en lien avec les Américains : « Contrairement au PR, le PM [Premier ministre] et le MD [ministre de la Défense] seraient assez favorables à des opérations Homo. Choix des cibles : en cours. Localisation des cibles. Concertation avec les Américains à ce sujet[3]. » Si l'on en croit ce document, la décision n'est pas encore prise, mais les préparatifs ont

---

1. Réunion entre le général Dominique Champtiaux (DGSE) et Philippe Rondot, à 8 h 25, le 17 septembre 2001, carnets du général Rondot.
2. Conversation téléphonique entre le général Dominique Champtiaux (DGSE) et le général Philippe Rondot, à 15 h 5, le 17 septembre 2001, carnets du général Rondot.
3. Entrevue entre le ministre de la Défense, Alain Richard, et le général Philippe Rondot, à 18 h 45, le 17 septembre 2001, carnets du général Rondot.

déjà démarré, au moins du côté américain pour des opérations en Afghanistan et au Pakistan. Côté français, l'exécutif est visiblement divisé.

Des carnets révélateurs de bien des secrets

Après la révélation par *Libération*, en septembre 2009, de certains extraits des carnets du général Rondot, Alain Richard démentira leur contenu : « J'écarte la possibilité qu'il y ait des discussions entre responsables concernant l'élimination d'individus. Ceci relève de la pure invention. » Lionel Jospin niera également que la question des opérations Homo ait été abordée à cette époque : « C'est de la fantasmagorie. Jamais cette problématique d'élimination ou ce type d'opération n'a été évoquée à mon niveau[1]. »

Ces démentis, relativement formels, ne suffisent pas à amoindrir l'intérêt des notes minutieusement rédigées par le général Rondot tout au long de ces journées de travail. Ces documents personnels, qui n'auraient jamais dû être rendus publics, ont été saisis par la justice en 2006 dans le cadre de l'affaire Clearstream. Ils se sont alors révélés très précieux, puisqu'ils rendaient parfaitement compte de la chronologie détaillée de cette affaire… et de bien d'autres.

Évoluant au cœur du pouvoir et traitant des dossiers les plus sensibles, le général Rondot a tout noté dans ses petits carnets qui le ne quittaient jamais, des dates et heures de ses rendez-vous au résumé de ses entretiens[2]. « C'est justement ce qui a provoqué un peu de panique dans les milieux du renseignement quand ses carnets ont été saisis : Rondot a été le

---

1. Karl Laske, « Où il est question d'assassinats ciblés », *Libération*, 7 septembre 2009. Voir aussi Karl Laske, « Philippe Rondot, le Français qui voulait la tête de Ben Laden », Mediapart, 10 mai 2011. Sollicité par l'auteur, Alain Richard ne nous a pas répondu.

2. Contacté par l'auteur en août 2012, le général Philippe Rondot n'a pas souhaité répondre à nos questions « pour respecter [s]on obligation de réserve, laissant à chacun la responsabilité de ses dires ».

témoin de beaucoup de choses ultra-confidentielles et il les a bien transcrites, sans erreur... Il notait tout en direct, ce qui surprenait parfois ses interlocuteurs, mais c'était ses habitudes[1] », explique un vétéran du ministère de la Défense qui l'a longuement côtoyé. Les mentions répétées des positions de Jacques Chirac et d'Alain Richard sur les opérations Homo laissent à penser, par conséquent, que le sujet a bien été abordé après les attentats du 11 septembre.

Les tueurs Alpha mobilisés contre le terrorisme

D'autres documents confidentiels de l'ex-conseiller révèlent que les Français ne restent pas simples spectateurs dans cette guerre contre le terrorisme qui s'engage. Le 20 septembre, les Américains exigent des autorités afghanes qu'elles leur livrent Ben Laden. L'ultimatum est aussitôt rejeté par les Talibans. Le 28 septembre, soit neuf jours avant le début des frappes aériennes américaines, le général Rondot fait le point avec son ministre Alain Richard et note que le SA est déjà « sur zone » en Afghanistan. Son objectif est le « renforcement de l'Alliance du Nord », qui était dirigée par le commandant Massoud jusqu'à son assassinat par des membres d'Al-Qaïda le 9 septembre. Deux kamikazes, recrutés *via* des réseaux bruxellois, se sont fait passer pour des journalistes souhaitant interviewer Massoud. Arrivés dans son repaire de la vallée du Panshir, ils ont fait exploser leur caméra piégée.

L'Alliance du Nord, composée essentiellement de maquisards tadjiks, ouzbeks et hazaras qui tiennent certaines provinces septentrionales du pays, est censée être le fer de lance pour évincer le régime des Talibans à Kaboul. Dès le 13 septembre, un commandant du service Mission de la DGSE a rejoint les équipes de Massoud pour proposer de l'aide à l'un de ses principaux lieutenants, Mohammed Fahim. Les combattants lui ont remis les débris de la caméra piégée, qui sera

---
1. Entretien avec l'auteur, mai 2013.

envoyée pour analyse à la DGSE[1]. L'agent français est rapidement épaulé par de petites équipes du SA qui arrivent progressivement, ainsi que par d'autres membres de la Direction du renseignement et du service Mission de la DGSE, venus réactiver leurs sources afghanes, y compris parmi les Talibans.

Cependant, sur place, les Français ne se coordonnent pas avec l'équipe Jawbreaker de la CIA, dirigée par Gary Schroen, qui débarque le 26 septembre dans la vallée du Panshir pour prêter, elle aussi, main-forte à l'Alliance du Nord. Fin septembre, selon Philippe Rondot, la DGSE obtient l'« accord » du président Chirac et du ministre de la Défense pour aider les lieutenants de feu Massoud. Pour toutes ses « opérations clandestines », elle devrait agir dans le cadre d'un « partage des rôles » avec les services américains (CIA) et britanniques (SIS-MI6). L'aide à l'Alliance du Nord pourrait relever de la responsabilité du SA, tandis que la CIA et le SIS-MI6 s'occuperaient notamment de l'« éclatement du système taliban ». Cette « coopération » sur le terrain doit être évoquée par le général Rondot lors d'un entretien avec Richard Dearlove, le patron des services extérieurs britanniques, prévu à Londres début octobre.

Par ailleurs, si l'on en croit les notes du conseiller, la cellule de tueurs Alpha est directement concernée. Les assassinats ciblés doivent faire bientôt l'objet de discussions au centre de Cercottes, qui dépend du SA, en présence du patron de la DGSE, Jean-Claude Cousseran, et de son numéro deux, le général Champtiaux[2]. Il y sera notamment question des « ops OBL », autrement dit des opérations visant à tuer Oussama Ben Laden.

Les préparatifs s'intensifient. À la DGSE, tous les services sont sur le pont. La maison cultive depuis des années des liens

---

1. Jean-Christophe Notin, *La Guerre de l'ombre des Français en Afghanistan, 1979-2011*, Fayard, 2011, p. 626-627.

2. Entretien entre Michel Thénault (directeur de cabinet) et le général Philippe Rondot, à 9 h 30, le 28 septembre 2001 ; et entrevue entre le ministre de la Défense, Alain Richard, et le général Philippe Rondot, à 19 h 15, le 28 septembre 2001, carnets du général Rondot.

étroits avec l'entourage de Massoud, qu'elle finance, aide et arme depuis le milieu des années 1980[1]. Des renseignements ont aussi été recueillis sur l'organigramme d'Al-Qaïda et sur les réseaux financiers sunnites qui le soutiennent. La DGSE dispose d'épais dossiers sur les filières européennes d'Abou Qatada et d'Abou Hamza, basés à Londres, ainsi que sur les filières belges qui ont aidé les deux faux journalistes partis en Afghanistan pour assassiner le commandant Massoud. Grâce à des agents infiltrés dans ces réseaux, elle a également amassé des données précises sur la vingtaine de camps d'entraînement d'Al-Qaïda au Pakistan et en Afghanistan, dont ceux de Derunta et de Khalden[2]. « Tout cela nous a été très utile après le 11 septembre, témoigne un ancien responsable du service. Nous avons spontanément donné énormément de nos renseignements aux Américains[3]. »

À l'issue de sa visite au centre d'instruction de Cercottes, le 3 octobre 2011, le général Rondot fait le « point » avec le ministre Alain Richard sur les « opérations secrètes ». La réunion se tient à 19 h 30. Les objectifs sont clairement annoncés : « Soutien à l'Alliance du Nord ; aider le groupe Massoud à venger le meurtre de Massoud (instruction ALPHA) ; les ops ALPHA : cibler les chimistes et labo d'OBL : planification à faire ; le dispositif SA au Tadjikistan/Afghanistan : hélico Rescue à étudier ; mission à Moscou, Douchambé. » Le conseiller spécial conclut : « Accord du MD [ministre de la Défense] sur l'ensemble de mes propositions[4]. »

D'après ce document, un plan d'action secret est donc bien décidé ce jour-là, en étroite concertation avec la DGSE et le ministre Alain Richard. Les Alpha, la cellule clandestine de la

---

1. Voir Jean-Christophe Notin, *La Guerre de l'ombre des Français en Afghanistan*, op. cit.
2. Voir notamment le témoignage d'Omar Nasiri, *Au cœur du djihad. Mémoires d'un espion infiltré dans les filières d'Al-Qaïda*, Flammarion, 2006.
3. Entretien avec l'auteur, juin 2013.
4. Entrevue entre le ministre de la Défense, Alain Richard, et le général Rondot, à 19 h 30, le 3 octobre 2001, carnets du général Rondot.

DGSE, reçoivent pour « instruction » de « venger » la mort de Massoud et d'éliminer les chimistes et les laboratoires d'Oussama Ben Laden, soupçonnés de vouloir mettre au point des armes de destruction massive.

L'Élysée ne donne pas son feu vert

Toutefois, le document ne fournit aucune précision sur le calendrier réel des opérations, ni sur un accord formel ou une nouvelle consultation de Jacques Chirac sur ce sujet sensible. Or le ministre ne peut agir sans en référer au président de la République et au Premier ministre, comme le rappelle un ancien collaborateur de Jacques Chirac : « Le ministre de la Défense était peut-être favorable à des opérations Homo. Mais cela nécessitait un feu vert de Matignon et de l'Élysée, qui n'est pas arrivé. Entre l'intention et l'action, il y a un écart[1]. » Un ancien dirigeant de la DGSE précise : « Nous nous sommes bien intéressés aux laboratoires de Ben Laden, mais nous n'avons pas utilisé les Alpha pour venger Massoud, car nous ne pouvions le faire que sur ordre de Chirac, et cet ordre n'est pas venu[2]. »

L'Élysée est enclin à la prudence. Si Jacques Chirac a exprimé sa solidarité à l'égard des Américains et sa volonté de coopérer avec eux dans la lutte contre le terrorisme, il n'est pas très enthousiaste à l'idée d'aller combattre à l'autre bout du monde. Comme il le répète aux militaires et à ses collaborateurs, l'Afghanistan ne lui semble pas être une « zone stratégique » pour la France. L'aide apportée aux Américains ne devrait pas impliquer un engagement trop important. « Voyant que les Américains étaient en train de basculer dans une guerre totale, Jacques Chirac se voulait plus prudent, notamment sur l'Afghanistan[3] », confirme le général Henri Bentégeat, qui était alors son chef d'état-major particulier.

---

1. Entretien avec l'auteur, mai 2013.
2. Entretien avec l'auteur, septembre 2014.
3. Entretien avec l'auteur, avril 2013.

De plus, au même moment, les relations entre l'Élysée et la DGSE deviennent polaires. Le 28 septembre, le général Bentégeat explique au téléphone à Philippe Rondot que, à la suite des premiers résultats – jugés accablants par l'Élysée – des enquêtes internes de la DGSE sur le « compte japonais », « l'absence de confiance dans les services [est] justifiée[1] ». Cette affaire parallèle empoisonne le climat au sommet de l'État. Ainsi, bien que la DGSE soit encouragée à agir par le ministère de la Défense, l'Élysée continue de freiner des quatre fers.

Quoi qu'il en soit, les événements se précipitent et tous les agendas s'en trouvent bousculés. Le 7 octobre 2001, les Américains déclenchent de manière unilatérale leur opération militaire Liberté immuable en Afghanistan. Une trentaine de frappes aériennes visent principalement des radars, des sites de missiles sol-air, des centres de commandement talibans et quelques camps d'entraînement, pour la plupart désertés depuis plusieurs jours. À Paris, l'Élysée et le gouvernement, pris de vitesse, se lancent dans une surenchère non concertée pour annoncer la future participation française au dispositif américain. Malgré ses réserves sur le fond, Jacques Chirac, qui a échangé quelques mots avec George Bush au téléphone, affirme à la télévision que la France enverra des forces pour « punir les coupables et détruire en Afghanistan les infrastructures des réseaux terroristes et leurs soutiens ». Le ministère de la Défense ne semble pas au courant de cette déclaration élyséenne, jugée prématurée.

« Dites à la CIA que nous sommes ouverts à toute participation »

Le lendemain, Alain Richard évoque l'engagement possible de dizaines d'avions et de bateaux. La décision doit être prise d'ici à quelques jours. Il précise à l'Agence France-Presse que

---

1. Entretien téléphonique entre le général Bentégeat et le général Philippe Rondot, à 8 h 15, le 28 septembre 2001, carnets du général Rondot.

la DGSE et la Direction du renseignement militaire (DRM) disposent déjà d'équipes sur place, appelées à se renforcer. Cette information sensible n'aurait pas dû être rendue publique. Mais le ministre de la Défense entend bien montrer qu'il occupe le terrain et qu'il est prêt à discuter avec les Américains de toute forme de coopération. Dans l'après-midi du 8 octobre, Michel Thénault, son directeur de cabinet, et Philippe Rondot se plaignent en privé des « impulsions verbales » d'Alain Richard. Le général Bernard Thorette, chef du cabinet militaire, signale que le ministre « a évoqué devant quelques personnes en réunion de cabinet les projets Homo ». Le sujet n'est visiblement pas tabou. Au contraire.

Dans son bureau, un instant plus tard, selon les notes prises par le général Rondot, le même Alain Richard explique à ses collaborateurs qu'il a justement eu au téléphone Paul Wolfowitz, le numéro deux du Pentagone, quelques jours auparavant pour « évoquer les possibles ops "H" [des assassinats ciblés] le 04 et le 05.10 au soir ». Il est peu probable que ces opérations aient effectivement eu lieu aux dates indiquées, puisque, à ce moment-là, les agents de l'équipe Jawbreaker de la CIA en sont encore à tenter de localiser des cibles. Paul Wolfowitz a précisé à Alain Richard que, selon George Tenet, le patron de la CIA, le « maître de la manœuvre » côté français pour ces opérations devait être le général Rondot, en liaison avec le chef du bureau de la CIA à Paris, Bill Murray. « Le voir à ce sujet[1] », note Rondot, qui informe son ministre que le soutien à l'Alliance du Nord s'organise, avec cinq agents du SA et l'envoi possible d'une avant-garde des forces spéciales.

Malgré les vœux du ministère français de la Défense, les choses semblent traîner. La coopération avec les Américains peine à se concrétiser. Le 15 octobre, le général Bernard

---

1. Entrevues du 8 octobre 2001 : entre Michel Thénault et le général Philippe Rondot, à 17 heures ; entre le général Bernard Thorette et le général Philippe Rondot, à 17 h 10 ; entre le ministre de la Défense, Alain Richard, et le général Philippe Rondot, à 17 h 15, carnets du général Rondot.

Thorette constate que, en dépit de l'envoi d'un haut gradé français au QG américain de Tampa, en Floride, « les Américains ne nous ont toujours pas intégrés dans leurs planifications » et que la concertation avec eux est « minimale ». L'armée française ne sait même pas où elle pourrait poser ses avions de chasse pour intervenir en Afghanistan, l'Ouzbékistan ne semblant pas « très désireux » de les accueillir. Philippe Rondot fait remarquer que le SA est « en place pour écluser le terrain ». Il est surtout chargé de transmettre un message important à la CIA sur d'éventuelles opérations conjointes : « Dire à la CIA que nous sommes ouverts à toute participation », bien que « le ministre ne [sache] trop où et comment "y aller"[1] ». Tant du côté des militaires que des services secrets, toutes les portes restent ouvertes...

La France, bon élève de la CIA

Au fil des jours, le dialogue avec la CIA prend une tournure plus concrète. Lors de réunions qui se déroulent une ou deux fois par semaine avec la DGSE, celle-ci fournit à son homologue américaine des renseignements précis, notamment des listings téléphoniques de membres d'Al-Qaïda et des informations sur les camps d'entraînement et les laboratoires que les Américains s'apprêtent à bombarder[2]. Sont également transmis des renseignements issus d'écoutes menées depuis des navires militaires et des photos prises par les satellites et les Mirage IV de reconnaissance basés aux Émirats arabes unis. Les clichés des grottes de Tora Bora intéressent particulièrement les Américains. Dans cette zone frontalière avec le Pakistan, Al-Qaïda a installé des bunkers souterrains que le Pentagone commence à pilonner.

---

1. Entrevue entre le général Bernard Thorette et le général Philippe Rondot, à 8 h 10 et 16 h 30, le 15 octobre 2001, carnets du général Rondot.
2. Voir notamment Jean-Marie Pontaut, « La guerre secrète des Français », *L'Express*, 20 décembre 2001.

Fin octobre 2001, sur les conseils de Tyler Drumheller, directeur des opérations pour l'Europe de la CIA, Cofer Black, chef du Centre antiterroriste de la centrale, effectue une tournée sur le Vieux Continent. Son objectif principal est de convaincre les gouvernements alliés de durcir leurs lois antiterroristes et de leur demander de partager des renseignements. Avec les Français, les choses se présentent bien : « Les Français nous ont été d'une aide incroyable sur le contre-terrorisme, estime Tyler Drumheller. Ils étaient les plus utiles parmi les Européens, davantage que les Britanniques, avec qui nous avons une relation durable et ancienne[1]. »

À Paris, le 22 octobre, Cofer Black s'entretient notamment avec le général Rondot. Il est question de l'« opération OBL » – pour Oussama Ben Laden –, dont Cofer Black supervise la traque depuis Washington, en lien avec les équipes Jawbreaker de la CIA présentes en Afghanistan. Si l'on en croit les notes du général Rondot, les services français sont au minimum informés de ce qui se passe sur ce front : y figurent en effet, courant novembre, des mentions de plusieurs documents sur cette opération et sur l'état des « opérations secrètes » qui s'y rapportent[2]. Surtout, le 8 novembre, le général Rondot obtient un feu vert de son ministre pour se rendre lui-même dans la région dans le cadre de ces « ops Afghanistan-OBL ».

En Afghanistan, après un mois d'atermoiements et de palabres, les quelque douze mille combattants de l'Alliance du Nord et les rebelles pachtounes ralliés, soutenus par des commandos américains et des bombardements aériens, finissent par entrer dans Kaboul, après avoir conquis Mazar-i-Sharif. Les Talibans fuient la capitale, libérée le 12 novembre 2001. Les forces spéciales françaises, qui s'étaient préparées à partir rapidement en Afghanistan, ne participent pas à cette offensive, faute d'une demande américaine et d'un accord sur le

---

1. Entretien avec l'auteur, mars 2012 ; et Tyler Drumheller, *On the Brink*, *op. cit.*, p. 26.
2. Des notes mentionnant une « opération OBL » et des « opérations secrètes » sont datées des 7, 8 et 27 novembre 2001.

sujet dans les cercles du pouvoir. Le dispositif militaire français, d'abord essentiellement aérien, montera progressivement en puissance les semaines suivantes aux côtés des Américains[1].

Pour le moment, côté français, seules les équipes de la DGSE, qui accompagnent l'Alliance du Nord, s'activent sur place. Avec des renforts venus de Paris, elles réinstallent l'ambassade de France à Kaboul et continuent de traquer les dirigeants d'Al-Qaïda dans les zones frontalières où ils ont disparu. Le numéro deux de la DGSE, le général Champtiaux, en tournée dans la région, réussit à rejoindre Kaboul. Le général Rondot, lui, arrive au Pakistan le 13 novembre, puis se rend en Afghanistan. Il arpente durant plusieurs jours la région frontalière près de Tora Bora, très perméable aux mouvements des Talibans. Lorsqu'il rentre à Paris moins d'une semaine plus tard, il rend compte de sa mission à son ministre et partage ses impressions avec Bill Murray, de la CIA : « Il m'a parlé de son expérience, pas très loin de Tora Bora, de ce qu'il avait vu, les Afghans allant et venant facilement dans cette zone[2] », se souvient l'ancien chef de poste.

Les Français et les Américains ont toujours du mal à coordonner leurs efforts sur le terrain. Les agents de la CIA et de la DGSE se côtoient sans mener d'opérations conjointes. « Les équipes françaises en Afghanistan n'étaient ni sous nos ordres ni sous notre contrôle, confiera Henry Crumpton, l'un des chefs des opérations de la CIA dans ce pays. Nous ne l'avions jamais escompté. Nous les considérions comme

---

1. Le dispositif français, baptisé Héraclès, impliquera le déploiement du groupe aéronaval *Charles de Gaulle*, des missions de reconnaissance et de combat, menées par l'armée de l'air et par l'aviation navale à partir d'octobre 2001, ainsi que l'envoi de forces terrestres pour sécuriser l'aéroport de Mazar-i-Sharif. Plus de deux cents soldats des forces spéciales seront ensuite déployés, de mi-2003 à 2006, principalement dans la zone de Spin Boldak, parallèlement à une participation française croissante à la Force internationale d'assistance et de sécurité (FIAS), créée en décembre 2001. La France perdra quatre-vingt-neuf soldats au cours de ces opérations et dénombrera près de cinq cents blessés.
2. Entretien avec l'auteur, mars 2012.

des alliés précieux. Il y avait suffisamment de travail pour nous tous[1]. »

Oussama Ben Laden s'échappe

Oussama Ben Laden demeure une priorité pour les Américains. Localisé près de Jalalabad un peu avant la mi-novembre, le fugitif s'est, semble-t-il, retranché avec plusieurs centaines de ses partisans au sud-ouest de la ville, dans son repaire souterrain de Tora Bora. Mi-décembre, des combattants locaux, soutenus par les avions et les forces spéciales américaines et britanniques, ainsi que par des commandos de la CIA, donnent l'assaut contre cette forteresse naturelle. Des lieutenants de Ben Laden sont tués, d'autres sont capturés. Mais le leader d'Al-Qaïda disparaît, avec quelques fidèles. Il s'est probablement échappé le 16 décembre, *via* Parachinar, en direction des zones tribales incontrôlables du Pakistan. Selon le chef des commandos de la CIA présents sur place, Gary Berntsen, cet échec s'explique notamment par les failles du dispositif militaire américain[2].

Tandis que les combats font rage dans le nord de l'Afghanistan, les hommes du SA participent à l'inspection du complexe souterrain de Tora Bora et d'autres camps d'Al-Qaïda. Mais ils n'ont pas plus de pistes que les Américains pour attraper Oussama Ben Laden « mort ou vif », selon les souhaits du président Bush.

À Paris, les échanges avec la CIA se poursuivent au cours des mois suivants sur les découvertes faites en Afghanistan, auxquelles les Français ont contribué. « Au début de 2002, explique Bill Murray, nous avons réalisé que Ben Laden avait

---

[1]. Cité dans Jean-Christophe Notin, *La Guerre de l'ombre des Français en Afghanistan*, *op. cit.*, p. 662.

[2]. Gary Berntsen, avec Ralph Pezzullo, *Jawbreaker. The Attack on Bin Laden and Al-Qaeda : A Personal Account by the CIA's Key Field Commander*, Crown, 2005.

ses propres plans pour avoir des armes chimiques, qu'il avait déployé des efforts pour avoir des armes bactériologiques. Il avait aussi une esquisse de dessin d'une bombe atomique. Nous savions qu'il y avait eu des échanges, une assistance fournie par des Pakistanais[1]. » Justement, la DGSE a beaucoup travaillé sur les activités prolifératrices du docteur Abdul Qadeer Khan, le père de la bombe atomique pakistanaise. Elle transmet ses renseignements à la CIA.

Une base secrète à Paris et un appui militaire à Djibouti

Washington en veut davantage. Au printemps 2002, le Centre antiterroriste de la CIA demande à la France de mettre sur pied à Paris, avec quelques pays alliés – le Royaume-Uni, l'Allemagne, le Canada et l'Australie –, une base d'échange de renseignements opérationnels dans le cadre de la traque d'Al-Qaïda, totalement secrète et baptisée « base Alliance ». Les responsables de la DGSE, Jean-Claude Cousseran en tête, ne sont pas très chauds pour créer cet outil supplémentaire : ils estiment que les échanges bilatéraux fonctionnent déjà au mieux. De plus, ils craignent que cette base ne serve à couvrir les opérations noires de la CIA, notamment des extraditions illégales et d'autres traitements extrajudiciaires de prisonniers.

Mais les Américains accentuent leur pression. « On ne pouvait rien leur refuser, et l'Élysée a fini par donner son accord[2] », témoigne un ancien cadre de la DGSE. Réélu président en mai 2002, Jacques Chirac avalise en effet la création de la base Alliance. De plus, durant l'été, il évince Jean-Claude Cousseran, responsable, à ses yeux, de l'« affaire japonaise », et le remplace par un homme de confiance, le diplomate Pierre Brochand[3].

---

1. Entretien avec l'auteur, mars 2012.
2. Entretien avec l'auteur, juin 2010.
3. Sur le contexte de l'arrivée de Pierre Brochand et ses suites, voir *infra*, chapitre 14, « Des tueurs Alpha coincés en Espagne ».

Grâce à des financements américains, la base Alliance s'installe dans d'anciens locaux du SDECE aux Invalides, sous la direction d'un ex-chef de poste de la DGSE à Washington[1]. La France ne veut pas se laisser entraîner dans l'engrenage de la répression tous azimuts propre à la CIA. Mais l'heure d'une coordination encore plus étroite avec les Américains a sonné.

Au cabinet de la nouvelle ministre de la Défense, Michèle Alliot-Marie, le général Rondot a conservé son poste de conseiller pour le renseignement et les opérations spéciales. Il continue de suivre de près les dossiers « sensibles ». Le 18 septembre 2002, apprenant que des militaires américains se trouvent à Djibouti pour y installer une base « en vue d'opérations anti-Al-Qaïda au Yémen », le directeur de cabinet de la ministre, Philippe Marland, s'en inquiète auprès de son conseiller : « Est-on au courant ? Est-on dans le coup[2] ? » La réponse est claire : oui, « on » est au courant. Et le ministère n'est, semble-t-il, pas opposé, sur le principe, à une coopération avec les Américains à Djibouti : la base militaire française, implantée de longue date, peut même les dépanner discrètement le temps que la leur soit opérationnelle. L'aménagement de la base américaine vient de débuter au camp Lemonnier, près de l'aéroport international de la ville. Ce complexe, loué aux autorités djiboutiennes, a autrefois hébergé la Légion étrangère française.

Michèle Alliot-Marie, qui se rend à Washington en visite officielle du 16 au 18 octobre 2002, a l'occasion d'évoquer ce sujet avec plusieurs hauts responsables. Elle rencontre notamment son homologue, Donald Rumsfeld, le vice-président, Dick Cheney, le secrétaire d'État, Colin Powell, et le patron de la CIA, George Tenet. Au menu de leurs discussions : la mise en route de la base Alliance, la guerre en Irak qui se profile

---

1. Voir notamment Roger Faligot, Jean Guisnel et Rémi Kauffer, *Histoire politique des services secrets français*, op. cit., p. 553-555 ; et Vincent Nouzille, *Dans le secret des présidents*, op. cit., p. 369-371.
2. Entretien téléphonique entre Philippe Marland, directeur de cabinet, et le général Philippe Rondot, à 8 h 50, le 18 septembre 2002, carnets du général Rondot.

– futur sujet de discorde –, l'aide militaire française pour exfiltrer des Américains de Côte d'Ivoire, et la lutte contre le terrorisme, de l'Afghanistan à la corne de l'Afrique. « Nous devons mener une guerre obstinée et audacieuse contre Al-Qaïda et les autres groupes terroristes qui nous menacent », plaide Michèle Alliot-Marie devant l'université de la Défense nationale, à Washington. Précisant que la France est prête à coopérer et à utiliser la force si nécessaire, elle ajoute : « La France a contribué activement à l'opération Liberté immuable en déployant un groupe aéronaval pendant sept mois et un escadron de bombardiers en Asie centrale pendant six mois. Que ce soit au Yémen, après l'attaque contre l'*USS Cole*, ou en Côte d'Ivoire, nos forces se tiennent au coude à coude avec leurs camarades américains au jour le jour[1]. »

Les Américains ne tardent pas à se servir de l'aide française : le 3 novembre 2002, dans l'est du Yémen, à une centaine de kilomètres de Sanaa, un missile tiré par un drone Predator parti, selon le *Washington Post*, de la base française de Djibouti pulvérise une voiture à bord de laquelle se trouvent six membres importants d'Al-Qaïda[2]. La frappe tue notamment Abu Ali al-Harithi, auteur présumé de l'attentat contre le navire américain *USS Cole*, à Aden, en octobre 2000. Il figurait sur la liste des cibles à exécuter en priorité établie par la CIA. Des drones Predator ont déjà été utilisés en Afghanistan, tuant notamment un homme qui avait été pris pour Oussama Ben Laden. Ce qui se joue à Djibouti, c'est la poursuite, avec un coup de pouce français, de la campagne américaine d'assassinats télécommandés à distance, qui va prendre de l'ampleur au cours des années suivantes sous les administrations Bush et Obama. L'opération clandestine de novembre 2002 sera présentée officieusement comme la preuve d'une bonne entente

---

[1]. Discours de la ministre de la Défense, Michèle Alliot-Marie, devant la National Defense University à Washington, 17 octobre 2002.

[2]. Rapporté dans Dana Priest, « Help From France Key In Covert Operations, Paris "Alliance Base" Targets Terrorism », *The Washington Post*, 3 juillet 2005.

franco-américaine en matière de renseignement dans le cadre de la base Alliance, laquelle résistera à la brouille sur l'Irak.

Quelques semaines plus tard, le 18 décembre 2002, juste avant un rendez-vous avec le représentant de la CIA à Paris, le général Rondot fait le point avec Philippe Marland sur les dossiers en cours et les opérations conjointes. « La liste des cibles CIA "à tuer" me sera-t-elle communiquée ? » s'interroge-t-il. Puis il précise la position française au sujet des opérations Alpha : « Je rappelle que le PR [président de la République] m'avait dit non. En parler au Gal Georgelin [chef d'état-major particulier du président] + note MD [ministère de la Défense][1]. »

Le sujet des assassinats ciblés est donc bien d'actualité, puisque la CIA a dressé des listes et commencé ses frappes. La France est prête à y participer, au minimum de manière indirecte. En revanche, le conseiller spécial ne sait plus exactement sur quel pied danser en ce qui concerne d'éventuelles opérations Homo, qui seraient directement ordonnées par Paris. Quoi qu'il en soit, au vu de la mésaventure espagnole qu'a connue quelques mois auparavant une équipe de tueurs de la cellule Alpha, la prudence s'impose.

---

1. Entretien entre Philippe Marland, directeur de cabinet, et le général Philippe Rondot, à 8 h 15, le 17 décembre 2002, carnets du général Rondot.

14

Des tueurs Alpha coincés en Espagne

Une fausse manœuvre. C'est en voulant entrer par une voie interdite sur l'autoroute en direction de Barcelone, près de la ville de Manresa, qu'une Audi 80 de couleur gris métallisé est arrêtée à minuit et demi, le 18 avril 2002, par une patrouille des Mossos d'Esquadra, la police catalane. Pour les quatre agents des forces de l'ordre, il s'agit d'un simple contrôle de routine.
« Bonsoir, pouvez-vous nous montrer vos papiers ? » lancent-ils au conducteur du véhicule, immatriculé en France. Cheveux bruns coupés courts, silhouette trapue, celui-ci tend son passeport français, délivré en mars 2000 à Paris au nom de Richard Perez, né à Marseille le 10 octobre 1963. Rien de suspect en apparence. Mais, en ouvrant le coffre de l'Audi, les policiers font une découverte surprenante. Dans un long tube en PVC de vingt centimètres de diamètre, ils trouvent un pistolet Ruger de calibre 22 mm équipé d'un silencieux et d'une visée laser, un fusil de 7,62 doté d'un silencieux, une mire télescopique, un tripode, ainsi que divers autres objets tels qu'un GPS, une boussole, un émetteur-récepteur, un téléphone portable Nokia, un appareil photo… Un arsenal digne d'un terroriste. Ou d'un trafiquant d'armes. Ou encore d'un tueur à gages. Le conducteur est aussitôt interpellé et conduit au poste de police de Manresa.

Secousse à la DGSE

Ce banal contrôle routier allume la mèche d'une affaire fort embarrassante. Car l'homme surpris par les Mossos d'Esquadra est, en réalité, un agent Alpha de la DGSE, un membre de la cellule ultra-clandestine du SA composée de tueurs spécialement entraînés pour les opérations Homo. En mission secrète en Espagne, il devait passer totalement inaperçu. Son arrestation va rapidement donner lieu à un véritable casse-tête entre la DGSE, le ministère de la Défense et l'Élysée, avant de nourrir un feuilleton franco-espagnol rocambolesque[1].

Pour l'heure, les policiers catalans ne peuvent se douter du séisme qu'ils viennent de provoquer au sein des services secrets français. Ils ne savent pas vraiment qui est Richard Perez, mais, en l'espace de quelques heures, leurs interrogations se multiplient. Dans la chambre 417 de l'hôtel Pere III, à Manresa, où l'homme dit séjourner, les policiers interpellent une femme. Bien qu'elle possède des papiers au nom de Fatima[2], née à Alger en 1965 et habitant à Marseille, elle s'est inscrite sous le nom d'Isabelle Mari Pietri. Elle reconnaît rapidement que Richard Perez est son mari et qu'il s'appelle en fait Mohamed[3]. Mais elle assure ne rien savoir de plus sur ses autres activités[4]. D'autres papiers d'identité trouvés sur place confirment que Richard Perez est le faux nom de Mohamed, né en Algérie et vivant à Marseille. L'agent secret a, visiblement, commis plusieurs maladresses élémentaires : porter sur lui de faux et de vrais papiers, et être accompagné de son épouse.

---

1. Sur cette affaire, voir notamment Karl Laske, « Rondot à la pêche aux agents », *Libération*, 12 septembre 2009 ; et Jesús Duva et José María Irujo, « La misión secreta del "Chacal" francés », *El País*, 15 novembre 2009.
2. Le nom a été changé.
3. Le nom a été changé.
4. Audition de Fatima, le 19 avril 2002 à 18 h 46, commissariat de Manresa, Catalogne, Espagne.

Les Catalans dubitatifs

Confondu au sujet de sa fausse identité, le suspect se défend en racontant une curieuse histoire aux policiers. Il prétend avoir travaillé comme garde du corps dans une société de sécurité à Marseille. Il y aurait rencontré un certain Antoine qui lui aurait proposé, moyennant 8 000 francs (1 200 euros) par mois, « d'acheter des téléphones portables et de voyager à l'étranger pour photographier des restaurants et des monuments ». Antoine lui aurait procuré de faux papiers au nom de Richard Perez et demandé d'ouvrir un compte dans une agence parisienne du Crédit Agricole. Mohamed aurait ainsi effectué plusieurs voyages à l'étranger pour le compte de son ami. Alors qu'il séjournait en Espagne avec sa femme, il aurait reçu d'Antoine la consigne de se rendre, avec l'aide de son GPS, à un point précis dans la forêt proche d'El Perello pour y enterrer un tube en PVC dont il ne connaissait pas le contenu. N'ayant pas trouvé l'emplacement indiqué, il aurait par curiosité ouvert le tube, découvert les armes, et il s'apprêtait à rejoindre Antoine à Barcelone pour recevoir des explications lorsqu'il avait été arrêté[1].

Dubitatifs, les policiers catalans sont également surpris de constater que, durant l'interrogatoire, Mohamed reçoit sur son portable des appels insistants en provenance de différentes cabines téléphoniques du centre de Barcelone. C'est Antoine, son correspondant inquiet, qui attend de ses nouvelles. Mohamed fournit son portrait robot : entre quarante et cinquante ans, un mètre soixante-cinq à soixante-dix, une barbichette grisonnante.

Dans l'après-midi du 18 avril 2002, une patrouille est dépêchée à Barcelone, sur la grande artère des Ramblas, où les cabines ont été localisées. Après quelques heures de surveillance, un homme qui correspond au profil recherché est interpellé. Antoine s'appelle officiellement Richard Piazzole,

---

[1]. Audition de « Richard Perez »-Mohamed, le 19 avril 2002 à 12 h 53, commissariat de Manresa, Catalogne, Espagne.

résidant à Paris. Il s'agit, là encore, d'une fausse identité. Dans la voiture de ce second suspect, les enquêteurs découvrent un talkie-walkie, des cartes téléphoniques, un GPS, des guides de voyage et un roman policier. L'homme, qui est en réalité un officier traitant de la cellule Alpha, se révèle peu bavard. Sa fausse identité tient la route. Il se présente comme un enseignant en informatique ayant fait son service militaire dans un régiment d'infanterie. Ses explications sur les raisons de sa présence en Catalogne, sur les armes saisies dans la voiture de Mohamed et sur ses relations avec ce dernier demeurent vagues. Il affirme être à Barcelone en vacances et avoir simplement croisé par hasard une « connaissance » du nom de Richard Perez, avec qui il avait fait du vélo à Paris[1].

La justice de Manresa est saisie. Afin d'éviter qu'ils ne disparaissent dans la nature, les deux principaux accusés sont placés en détention provisoire dans deux prisons différentes, à La Roca del Vallès et à Barcelone, puis rapidement inculpés par le juge d'instruction chargé de l'enquête, Raymond Landa Mena, pour possession d'armes de guerre prohibées. Le magistrat tente vainement de retrouver l'endroit où devait être enterré l'arsenal. Aidé par la police criminelle de Barcelone, il lance des investigations tous azimuts, y compris des commissions rogatoires internationales, afin de tenter d'identifier ces curieux trafiquants. Les notes de dépenses des suspects, leurs factures de cartes bancaires, leurs numéros de compte en banque et même leurs cartes de club de sport sont passés au peigne fin. Les appels entrants et sortants de leurs téléphones portables sont épluchés. En dépit de ce travail méticuleux, l'enquête n'avance pas beaucoup. Sollicitées, les autorités françaises ne répondent pas.

---

1. Audition de Richard Piazzole, le 19 avril 2002 à 21 h 54, commissariat de Manresa, Catalogne, Espagne.

DES TUEURS ALPHA COINCÉS EN ESPAGNE

Le cauchemar du Rainbow Warrior *resurgit*

À Paris, l'arrestation et l'emprisonnement des deux agents de la cellule Alpha font l'effet d'une bombe. La direction de la DGSE est rapidement informée de l'incident. « Nous avons immédiatement compris qu'il s'agissait d'une affaire embarrassante, témoigne un ancien cadre du service. Cela risquait de miner la DGSE pour des années. Nous avons donc pris cela très au sérieux et nous avons tout fait pour que rien ne s'ébruite[1]. » La règle, déjà mise en pratique dans le passé, est de ne pas bouger, de couper tout contact avec les agents arrêtés pour éviter une mise en cause du service, comme dans l'affaire du *Rainbow Warrior*, en 1985, quand deux agents du SA avaient été interpellés et démasqués en Nouvelle-Zélande. De plus, la cellule Alpha fonctionne de manière clandestine au sein du SA. Ses membres sont censés, plus que les autres, se débrouiller tout seuls en cas de coup dur.

Mais cette conduite ne peut tenir longtemps. La police catalane mène son enquête. Il semble que l'un des agents emprisonnés ait commis des erreurs, notamment sur son identité. Le risque est grand que les juges espagnols ne remontent la piste jusqu'à Paris. Le cauchemar du *Rainbow Warrior* hante déjà les esprits. « Jamais une opération normale n'aurait été validée de la sorte, commente un ancien officier du SA. Mais il s'agissait des Alpha, qui échappaient un peu à toutes les procédures classiques. Avec le temps, ils ont sans doute relâché leur vigilance[2]. »

Il est vrai que, depuis les attentats du 11 septembre 2001, la pression monte au sein de la DGSE autour d'éventuelles opérations Homo. Bien que l'Élysée et le ministère de la Défense ne soient pas sur la même ligne, des « instructions » ont été données fin septembre pour préparer les Alpha à de possibles missions. Les entraînements ont donc repris d'arrache-pied, au cas où.

---
1. Entretien avec l'auteur, septembre 2014.
2. Entretien avec l'auteur, novembre 2013.

Dès le 24 avril 2002, le général Philippe Rondot, conseiller du ministre de la Défense, Alain Richard, évoque cette affaire sensible avec le directeur de cabinet, Michel Thénault. Il l'informe des suites compromises de l'« exercice Alpha en Espagne », avec la « disparition de l'officier traitant du SA et de son agent[1] ». Car, comme le confirme un ancien haut responsable de la DGSE qui a suivi le dossier, « il s'agissait bien d'un entraînement[2] ». Mais, selon les habitudes prises au sein de la cellule Alpha, créée à la fin des années 1980[3], ces tueurs professionnels appelés à intervenir n'importe où sur des cibles désignées par leurs supérieurs ne savent jamais à l'avance s'ils vont effectuer un entraînement ou une mission réelle. Aux yeux des responsables du SA, c'est là un gage d'efficacité : les Alpha sont formés pour affronter tous les cas de figure et mener à bien les opérations sans poser de questions.

En cette fin d'avril 2002, les détails de l'affaire commencent à circuler, de manière diffuse, dans les coulisses du pouvoir – au fort de Noisy-le-Sec, à Romainville, quartier général du SA dirigé par le colonel Bertrand Fleury ; à la caserne parisienne du boulevard Mortier, siège de la DGSE ; enfin, au ministère de la Défense. Ils transpirent jusqu'à la DST, qui connaît bien les Espagnols du fait de la lutte commune contre le terrorisme basque d'ETA, et jusqu'à Bernard Squarcini, influent directeur central adjoint des Renseignements généraux.

Les politiques, eux, ont la tête ailleurs. Le 21 avril 2002, soit trois jours après l'arrestation des agents en Espagne, les résultats du premier tour de l'élection présidentielle ont surpris la France entière : Jean-Marie Le Pen est arrivé deuxième, derrière le président sortant, Jacques Chirac, privant Lionel Jospin de second tour. Secoué, le gouvernement de la « gauche plurielle » expédie les affaires courantes. Il faut attendre la

---

1. Entretien entre Michel Thénault, directeur de cabinet, et le général Philippe Rondot, à 9 h 15, le 24 avril 2002, carnets du général Rondot.

2. Entretien avec l'auteur, mars 2013.

3. Voir *supra*, chapitre 9, « Naissance des Alpha, la cellule clandestine de tueurs ».

réélection de Jacques Chirac, le 5 mai, pour que le pouvoir exécutif se remette au travail dans la perspective des élections législatives, prévues en juin.

L'affaire Alpha, dossier sensible en pleine passation de pouvoirs

Au ministère de la Défense, la chiraquienne Michèle Alliot-Marie remplace Alain Richard. Le 21 mai, le nouveau directeur de cabinet de la ministre, le préfet Philippe Marland, rencontre le général Philippe Rondot. Ce dernier conserve son poste de conseiller pour le renseignement et les opérations spéciales auprès d'eux, et peut se prévaloir de la confiance du président Chirac ainsi que de Dominique de Villepin, ancien secrétaire général de l'Élysée devenu ministre des Affaires étrangères.

Rondot fait état des dossiers en cours au cabinet, notamment les plus délicats. Parmi eux, l'« affaire Alpha » – qu'il prévoit d'évoquer avec Dominique de Villepin – et les « affaires du président ». Depuis plusieurs mois, en effet, le général cherche à déterminer si certains membres de la DGSE ont bien tenté de déstabiliser Jacques Chirac avec des renseignements sur son présumé « compte japonais ». Il n'est toujours pas parvenu à des conclusions tranchées, mais, dans le doute, le magistrat Gilbert Flam, qui est détaché à la DGSE et est suspecté d'avoir orchestré cet éventuel complot, doit être réintégré au ministère de la Justice. Gilbert Flam s'est défendu en disant n'avoir fait que son travail et s'estime victime de cette affaire. Rien n'y fait. Quant au directeur de la DGSE, Jean-Claude Cousseran, bien qu'il soit reconnu pour son expertise et sa loyauté, il est sur la sellette pour n'avoir rien vu venir.

À la rubrique « Problèmes de la DGSE », Rondot énumère les dossiers chauds devant sa ministre : « Ops Alpha » et « confiance du PR [président], JC Cousseran, à voir en août[1] ».

---

1. Entretien entre Michèle Alliot-Marie, ministre de la Défense, et le général Philippe Rondot, à 14 h 45, le 22 mai 2002, carnets du général Rondot.

En coulisses, le conseiller est chargé de trouver un successeur au patron de la DGSE avant l'été, en sondant différents profils de candidats possibles. Plusieurs noms circulent, comme ceux du général Pierre-Jacques Costedoat, un ancien directeur des opérations de la maison, de l'ancien chef d'entreprise et réserviste du SA Alain Juillet, du préfet Rémy Pautrat, ou encore des diplomates Maurice Gourdault-Montagne et Hubert Colin de Verdière, proches de Villepin. Aucun nom ne semble trouver grâce aux yeux du président Chirac. À défaut de consensus, Jean-Claude Cousseran est provisoirement confirmé à son poste. Mais, le 23 juin 2002, des articles de presse accréditent l'idée que l'Élysée en veut aux services secrets et qu'un coup de torchon se prépare[1].

Jusqu'où faut-il « éclairer » le juge espagnol ?

La DGSE est en ébullition. Parallèlement, les démarches officieuses pour tenter de libérer ses deux agents, qui croupissent en prison près de Barcelone, ne commencent que fin juin. Elles visent à faire passer un message au magistrat catalan en charge de l'affaire. Dans une note confidentielle, Philippe Rondot explique la stratégie au directeur de cabinet de sa ministre, le 28 juin : « Après un contact pris par la DGSE avec ses correspondants espagnols, nous avons pu obtenir les documents de procédure établis par le juge de Catalogne. Il est prévu le 5 juillet un contact avec ce juge, auquel nous serons associés. La DGSE demande si vous voyez un inconvénient à ce qu'on "éclaire" (partiellement) le juge sur les tenants et aboutissants de cette opération (un exercice d'entraînement logistique destiné à tester un agent de la DGSE) : en ce qui me concerne, je n'en vois pas, car il

---

[1]. Hervé Gattegno, « L'Élysée accuse les services secrets d'avoir enquêté sur M. Chirac sous le gouvernement de M. Jospin », *Le Monde*, 23 juin 2002 ; Denis Boulard, « Les services secrets dans la tourmente », *Le Journal du dimanche*, 23 juin 2002.

faut bien trouver une sortie[1]. » Le directeur de cabinet donne son aval à l'initiative.

Un émissaire est donc envoyé à Barcelone, début juillet, auprès de la Division d'enquêtes criminelles catalane. Il se présente comme un commissaire de police français du nom de Bernard Chardonye. Accompagné d'un commandant de la Guardia Civil venu de Madrid, il explique aux enquêteurs catalans que Richard Piazzole est un « fonctionnaire de l'État français » et que la France se porte garante de lui, tout comme de Mohamed, dont l'identité doit être officiellement certifiée. L'émissaire assure que les deux hommes étaient simplement en train d'effectuer un « exercice de transport d'armes » du sud de Barcelone jusqu'à la France[2]. Puisqu'ils ont coopéré avec les autorités policières espagnoles, il demande qu'ils soient libérés sur parole, moyennant l'engagement de se présenter devant la justice ibérique lors d'un futur procès.

Informé de la visite de l'émissaire français, le juge d'instruction de Manresa ne se laisse pas impressionner. Il refuse de croire sur parole ce policier, visiblement soutenu par le pouvoir madrilène. La démarche est même assimilée à une ingérence. Or les magistrats catalans n'ont aucune envie qu'on leur dicte leur conduite, que ce soit depuis Paris ou depuis Madrid. Les enquêteurs commencent à comprendre que les deux suspects français qu'ils détiennent sont des agents en mission. Ils ne croient pas du tout à la thèse de l'« exercice de transport d'armes » et penchent plutôt pour un assassinat bien réel visant une cible islamiste – ils ne savent pas exactement laquelle – dans un bar de Barcelone. Ces derniers mois, les services secrets espagnols (CESID, rebaptisé CNI) ont collaboré avec

---

1. Note du général Philippe Rondot à Philippe Marland, directeur de cabinet de la ministre de la Défense, « Objet : l'"affaire" espagnole », 28 juin 2002, carnets du général Rondot.
2. Compte rendu de l'entretien de Bernard Chardonye avec l'inspecteur Antoni Alcantara, signé de l'inspecteur Aguilari Alemany, Comissaria Central d'Investigacio Criminal, Divisio d'Investigacio Criminal, Area Central Operativa de Criminalitat Local, Direccio General de Seguretat Ciutadana, Barcelone, 15 juillet 2002.

leurs homologues français dans le repérage des filières européennes d'Al-Qaïda[1]. Mais les Catalans, eux, ne sont pas au courant. Et les deux agents français ne les éclairent pas beaucoup sur le sujet.

Remaniement au sommet de la DGSE

La tentative de médiation ayant échoué, l'affaire reste en suspens jusqu'à la fin de l'été. La DGSE a d'autres chats à fouetter. En effet, son directeur, Jean-Claude Cousseran, est débarqué de son poste fin juillet, sur ordre exprès de Chirac. Son lieutenant Alain Chouet, chef du Service de renseignement et de sécurité, qui supervisait Gilbert Flam, déjà reparti au ministère de la Justice, est placé en congé spécial.

Pour remplacer Cousseran, l'Élysée fait appel au dernier moment à un candidat qui ne s'y attendait pas : le diplomate Pierre Brochand. Ambassadeur de France au Portugal, cet énarque polyglotte, frère du publicitaire Bernard Brochand, qui conseille Jacques Chirac, a également l'appui de Dominique de Villepin. Dans un premier temps, Pierre Brochand refuse la proposition qui lui est faite, mais il finit par accepter le poste. Fin août 2002, cet homme à la réputation d'austérité rigoureuse débarque dans une maison tétanisée par l'« affaire japonaise » et par la purge récente. « Le climat était délétère, la crise de confiance terrible, se souvient un témoin. Chirac a dit à Brochand que la DGSE était un sac d'embrouilles et qu'il fallait tout reprendre en main. Qu'il devait désormais éviter les dérapages et restaurer la crédibilité de la Boîte[2]. »

Les chantiers sont nombreux : il faut panser les plaies, surveiller les menaces terroristes, évaluer la présence d'armes de destruction massive en Irak, discuter avec les Américains de la future base Alliance qu'ils veulent implanter à Paris pour

---

1. Rapporté dans Roger Faligot, Jean Guisnel et Rémi Kauffer, *Histoire politique des services secrets français*, op. cit., p. 565.
2. Entretien avec l'auteur, mars 2013.

échanger des renseignements... et libérer les deux agents Alpha détenus de l'autre côté des Pyrénées. Pierre Brochand veut régler cette affaire au plus vite. Et tant pis s'il faut, pour cela, se dévoiler un peu et faire pression sur les Espagnols.

Il promet donc de recevoir les familles des deux agents et de leur assurer qu'on va s'occuper d'eux. Le 15 octobre, il évoque l'affaire au téléphone avec Philippe Marland, directeur de cabinet de Michèle Alliot-Marie, pour s'enquérir des démarches possibles. « Quels éléments de langage s'il y a diffusion dans la presse ? » demande Marland au général Rondot dans la foulée. Le ministère de la Défense redoute en effet que cette histoire ne soit révélée par les médias, notamment espagnols. Il s'agit de s'y préparer, avec une version officielle minimale. Réponse de Rondot : « C'est un exercice en situation réelle, ce qui explique la présence d'armement. » Dans la foulée, Philippe Marland se demande s'il est utile d'évoquer l'affaire avec les représentants à Paris des services secrets espagnols (CESID). « Cela ne servira à rien, le CESID étant peu coopératif sur ce dossier[1] », répond Rondot.

Rondot en mission spéciale chez le procureur catalan

Le lendemain, 16 octobre 2002, la DGSE et la ministre de la Défense insistent pour qu'on agisse rapidement en Espagne. Le général Rondot est chargé de cette mission délicate par Philippe Marland. Les consignes sont les suivantes : « aller – sans délai ! – à Barcelone voir le procureur général ; si cela ne marche pas, le MD [ministre de la Défense] pourrait se rendre à Madrid vendredi ». Le numéro deux de la DGSE, le général Champtiaux, confirme aussitôt l'ordre au général Rondot : « On y va ! » Les instructions lui sont détaillées par écrit dans l'après-midi : il s'agit de rencontrer « personnellement » le procureur pour « attester de la personne en cause »,

---

1. Entretien entre Philippe Marland et le général Philippe Rondot, à 16 h 50, le 15 octobre 2002, carnets du général Rondot.

en l'occurrence Richard Piazzole – le cas de Mohamed est un peu oublié dans cette note[1].

Peu coutumier des interventions aussi directes et qui plus est à l'étranger, le conseiller spécial peaufine son argumentaire avec Philippe Marland : sa démarche doit être officielle, il lui faut répéter qu'il s'agissait d'un simple exercice et demander l'expulsion de l'agent. Il devra aussi insister sur le fait que la France et l'Espagne coopèrent de manière efficace contre le terrorisme depuis longtemps. En d'autres termes, les Espagnols devraient passer l'éponge sur cette histoire au nom des combats communs. La démarche est validée au plus haut niveau, y compris à l'Élysée, ce qui tend à démontrer l'importance cruciale que revêt cette affaire : les deux agents en question opérant dans le cadre de la cellule Alpha, leur détention est délicate, d'autant que la presse risque de s'interroger sur leurs missions.

Le général Rondot arrive à Barcelone le 17 octobre, accompagné du général Champtiaux et d'un autre responsable de la DGSE. Le message est délivré comme il se doit au procureur général de Catalogne, José María de Mena Álvarez, qui accepte de libérer les deux agents sur-le-champ. « Une personne s'est présentée à mon bureau comme général de l'armée française, racontera le magistrat au journal *Libération* fin 2009. J'ai fait vérifier sa qualité et le général a fait une déclaration officielle devant moi, affirmant que les détenus étaient des fonctionnaires français qui avaient effectué sous ses ordres un exercice de simulation. Il a demandé leur remise en liberté et s'est engagé sur l'honneur à ce qu'ils soient présents à l'audience le jour du procès. Devant cette garantie officielle, le juge d'instruction a remis les détenus en liberté[2]. » Le 18 octobre 2002, Richard Piazzole et Mohamed bénéficient d'une ordonnance qui leur permet de regagner le territoire français. Dès son

---

1. Entretiens entre Philippe Marland et le général Philippe Rondot, à 11 et 15 heures, le 16 octobre 2002, note manuscrite de Philippe Marland au général Philippe Rondot, datée du 16 octobre, carnets du général Rondot.

2. Karl Laske, « Rondot à la pêche aux agents », art. cité.

retour à Paris, Philippe Rondot envoie un mot de remerciement au procureur.

En réalité, d'autres pressions ont été exercées sur les autorités espagnoles pour parvenir à ce résultat. Dès le 12 octobre, un général français a profité de sa présence à une cérémonie de l'armée espagnole pour expliquer à ses interlocuteurs que, si cette affaire n'était pas réglée rapidement, elle risquait d'altérer la bonne coopération antiterroriste entre Paris et Madrid. Alerté par son homologue français, le ministre espagnol de l'Intérieur, Mariano Rajoy, est également intervenu auprès de son homologue catalan, Xavier Pomés[1].

Libérés, mais pas innocentés

L'histoire ne s'arrête pas là. Car, s'ils sont libres, les deux agents de la DGSE doivent encore comparaître devant un tribunal. Dans le cas où ils ne se présenteraient pas, la justice ibérique pourrait émettre à leur encontre des « avis de recherche », puis des mandats d'arrêt internationaux. Ces procédures seraient peu gênantes pour l'officier traitant Richard Piazzole, protégé par son identité fictive, mais elles seraient extrêmement embarrassantes pour Mohamed, qui a été arrêté sous son vrai nom. De quoi l'empêcher à tout jamais de se mouvoir hors de France. Et de quoi empoisonner durablement la DGSE.

Philippe Rondot continue de surveiller cette affaire ultrasensible. En décembre 2002, avec le directeur de cabinet de sa ministre, il évoque la « nécessité d'obtenir la clôture du dossier par le procureur général de Barcelone ». Le conseiller prévoit de lui envoyer ses vœux « pour le remercier ». Mais il faut, ajoute-t-il, prendre garde de « ne pas exercer trop de pressions, car ce serait donner le sentiment qu'il y avait autre chose à cacher[2] ».

---

[1]. Voir Jesús Duva et José María Irujo, « La misión secreta del "Chacal" francés », art. cité.

[2]. Entretien entre Philippe Marland et le général Philippe Rondot, à 16 h 15, le 3 décembre 2002, carnets du général Rondot.

Le cabinet de Michèle Alliot-Marie suggère que le directeur de la DGSE prenne contact avec son homologue des services espagnols afin qu'il intercède pour enterrer le dossier. La piste ne semble pas suffire.

Début 2003, d'autres plans sont envisagés. La ministre de la Défense propose d'en parler directement avec son homologue espagnol. Il est également question d'« exercer une pression » sur le procureur de Barcelone ou sur le ministère de la Justice à Madrid. « Aller chez le CNI [nouveau nom des services secrets espagnols] et éventuellement chez le procureur général pour mise au point et en garde[1] », note le général Rondot, désormais prêt à tout pour régler l'affaire. Pourtant, personne ne bouge, de crainte de se prendre les pieds dans le tapis.

En septembre 2003, alors que la perspective d'un procès se rapproche, le conseiller spécial repart à l'offensive. Il s'interroge sur l'opportunité de se présenter lui-même le jour de l'audience pour faire une déposition publique et élabore un discours officiel qui pourrait être tenu aux médias dans la foulée. Il évoque ce sujet avec Laurent Le Mesle, le conseiller Justice de l'Élysée, pour savoir si, juridiquement, il est obligé de se rendre au procès. Ce dernier lui répond que ce ne sera pas forcément nécessaire et promet de sonder les autorités espagnoles pour éviter tout faux pas. D'intenses tractations judiciaires débutent alors avec Madrid.

Tout le monde, on le voit, est mobilisé sur le dossier Alpha : l'Élysée, le ministère de la Justice, le ministère de la Défense, la DGSE, sans oublier le Quai d'Orsay. Et l'affaire semble s'enliser. Un brin dépité, le général Rondot se demande, en novembre 2003, s'il ne faut pas la « laisser [...] pourrir ». Il suggère de « ne rien faire », de se contenter de donner une « identité fictive » à l'agent Mohamed pour le protéger un peu. Selon le directeur de cabinet de Michèle Alliot-Marie, l'enterrement judiciaire en Espagne est loin d'être garanti : « La justice

---

1. Entretiens entre Philippe Marland et le général Philippe Rondot, à 11 h 40, le 9 janvier 2003, et à 9 h 10, le 20 février 2003, carnets du général Rondot.

espagnole ne croit pas en notre version : les armes étaient réelles et l'agent ne savait pas que c'était un exercice[1]. » Autrement dit : pour les magistrats catalans, les deux agents français étaient bien là pour tuer quelqu'un. Ils ignorent que le fait de laisser ses agents dans le flou quant au degré d'authenticité de leur mission est une pratique courante de la cellule Alpha.

L'arme ultime : le chantage

La justice catalane, qui semble imperméable aux pressions, fixe la date du procès au 28 janvier 2004. Contrairement aux promesses faites par le général Rondot au procureur – qui s'estimera « trompé » –, les deux inculpés ne se présentent pas à l'audience, pas plus que le conseiller spécial. La DGSE a sans doute édicté des consignes en ce sens afin de ne pas être exposée publiquement. Le parquet requiert sept ans de prison pour les agents absents. « La DGSE s'agite beaucoup », écrit Rondot le 28 janvier, parlant du « risque de médiatisation » et de la possibilité qu'un mandat d'arrêt international soit lancé par les Espagnols contre les suspects après le jugement[2]. L'exfiltration hors de France de l'agent Alpha démasqué, Mohamed, est même envisagée.

En réalité, l'homme pourra reprendre une vie normale, car les Espagnols finissent par lâcher prise. Selon certains initiés, le général Rondot aurait employé des arguments décisifs pour bien se faire comprendre de ses interlocuteurs espagnols. « Il leur a dit que la police française avait des dossiers très épais sur les commandos des GAL [Groupes antiterroristes de libération] qui étaient venus tuer des militants basques de l'ETA sur le territoire français dans les années 1970 et 1980, révèle

---

1. Entretien entre Philippe Marland et le général Philippe Rondot, à 10 h 15, le 14 novembre 2003, carnets du général Rondot.
2. Entretien entre Philippe Marland et le général Philippe Rondot, à 15 heures, le 28 janvier 2004, carnets du général Rondot.

un de ses proches. Il a expliqué que le gouvernement espagnol n'aurait sans doute pas intérêt à ce qu'on ouvre ces vieux dossiers, qui montreraient que les commandos des GAL avaient des complicités au cœur de l'État espagnol. Par conséquent, il devait classer l'affaire[1]... »

Le message, semble-t-il, est parfaitement reçu à Madrid. Le dossier judiciaire sera totalement refermé au parquet de Manresa en septembre 2009, quelques jours après que l'affaire eut été révélée dans la presse française et espagnole. Comme s'il était urgent de tourner définitivement cette page, plus de sept ans après les faits.

Les Alpha sur la touche

Cependant, la DGSE a du mal à se remettre de cette affaire. Dès l'arrestation des deux agents en avril 2002, ses plans d'opérations ont été bousculés. Des failles sont apparues dans le dispositif, compliquant *de facto* le recours aux Alpha, censés demeurer totalement clandestins et coupés du service.

Au lendemain de l'opération réussie pour les faire sortir de leur prison catalane, en octobre 2002, le général Rondot dresse un bilan plus que mitigé de cette affaire devant le directeur de cabinet de sa ministre : il s'interroge sur les « lenteurs de la DGSE », les « enseignements à tirer » et le « bon emploi des ALPHA », notamment le « choix des agents (arabes ?)[2] ». Soucieux d'efficacité, le général Rondot se demande si l'élargissement du recrutement des Alpha, souhaité par la DGSE pour pouvoir opérer dans le monde arabo-musulman, ne comporte pas plus d'inconvénients que d'avantages.

L'affaire espagnole entraîne donc des transformations. « Nous avons complètement modifié notre dispositif Alpha après cet incident, tout en prenant soin de conserver cette cellule

---

1. Entretien avec l'auteur, mai 2013.
2. Entretien entre Philippe Marland et le général Philippe Rondot, à 8 h 30, le 22 octobre 2002, carnets du général Rondot.

afin de préserver notre capacité d'action clandestine extrême, qui nous est indispensable[1] », confie un ancien dirigeant de la DGSE. L'heure est aux remises en question. Et au coup de frein. « Après les attentats du 11 septembre, on nous avait dit qu'on allait être plus actifs, qu'on allait frapper davantage de cibles, mais finalement ce n'est pas venu, au contraire[2] », se rappelle un ancien responsable du SA.

Il est vrai aussi que le remplacement de Jean-Claude Cousseran par Pierre Brochand, fin août 2002, a changé la donne. Homme de confiance de Jacques Chirac et de Dominique de Villepin, le nouvel arrivant, encore plus précautionneux que son prédécesseur, entend désormais tout surveiller lui-même pour éviter les incidents ou les dérives internes, comme celles qui ont conduit, selon l'Élysée, à l'affaire du « compte japonais ».

Chaque matin, dès 4 heures, Pierre Brochand se fait porter à son domicile parisien les dizaines de notes de renseignement qui sont parvenues à la DGSE durant la nuit. « Il lisait tout et, arrivé au bureau à 8 heures, interrogeait les chefs de service sur les moindres détails, se souvient l'un de ses collaborateurs. De plus, aucun agent ne partait plus à l'étranger sans qu'il ait validé la mission. Et il voulait piloter lui-même la gestion des crises depuis la salle spéciale que son prédécesseur avait fait installer. Son objectif était de tout verrouiller pour éviter les problèmes[3]. »

Prudent à l'extrême, le diplomate, qui n'est visiblement pas très à l'aise dans le monde du renseignement, ralentit les opérations menées par la DGSE. À juste titre, selon l'un de ses proches : « Le SA proposait toujours beaucoup de choses et il était nécessaire d'évaluer sérieusement les risques et les bénéfices éventuels de chaque opération avant de donner un feu vert. Le directeur devait souvent dire non à ses troupes, ce qui n'était pas toujours facile[4]. »

---

1. Entretien avec l'auteur, septembre 2014.
2. Entretien avec l'auteur, juin 2013.
3. Entretien avec l'auteur, juillet 2013.
4. Entretien avec l'auteur, mars 2013.

2005 : la DGSE propose à nouveau des assassinats

Après une période de rodage, la DGSE retrouve progressivement une plus grande marge de manœuvre. Elle est notamment en première ligne, fin 2004, pour mener les négociations visant à libérer les journalistes Georges Malbrunot et Christian Chesnot, enlevés en Irak le 20 août. Tous ses services sont mobilisés sur ce dossier, de la Direction du renseignement au SA. Pierre Brochand est en lien permanent avec le directeur de cabinet du ministre des Affaires étrangères, Pierre Vimont, celui du Premier ministre, Michel Boyon, et le chef d'état-major particulier du président Chirac, le général Jean-Louis Georgelin. « Le dénouement réussi de cette prise d'otages, fin décembre 2004, nous a permis de retrouver de la crédibilité auprès de l'Élysée. Chirac a appelé Brochand pour le féliciter[1] », témoigne un ancien dirigeant de la DGSE.

De plus, les attentats de Madrid en mars 2004 et de Londres en juillet 2005 remettent la lutte contre Al-Qaïda au cœur des préoccupations. Dans le cadre des travaux lancés en mai 2005 par le gouvernement Raffarin en vue de la rédaction d'un « Livre blanc sur la sécurité intérieure face au terrorisme » – dont la teneur détaillée restera confidentielle –, la DGSE rédige un rapport sur cette question. Pierre Brochand pilote l'un des six groupes de travail préparatoires[2]. « Les attentats en Europe avaient commencé à faire bouger les lignes, se souvient un des cadres de la maison. Nous avons recommandé un plan d'action visant notamment à éliminer les têtes des réseaux

---

1. Entretien avec l'auteur, avril 2013.

2. Les premières conclusions des six groupes de travail composés d'experts, confidentielles, feront l'objet d'une synthèse expurgée en octobre 2005, puis un rapport final sera publié un an plus tard : *La France face au terrorisme. Livre blanc du gouvernement sur la sécurité intérieure face au terrorisme*, La Documentation française, 2006. Une loi de sécurité intérieure sera votée le 23 janvier 2006 pour renforcer les mesures antiterroristes, permettant notamment aux services de renseignement d'accéder plus facilement à des fichiers administratifs.

terroristes. Mais ce n'était visiblement pas encore très bien vu dans les services, ni du côté des décideurs politiques[1]. »

Seule entorse aux règles de précaution auxquelles s'astreint la DGSE : la France aide discrètement dans leur lutte contre le terrorisme certains pays alliés pas toujours très regardants sur leurs méthodes. Il n'est pas question de participer aux « opérations noires » de la CIA, qui pratique l'enlèvement, la torture et la détention arbitraire dans des pays amis. Les consignes de l'Élysée sur le sujet sont claires. Mais la base Alliance, qui fonctionne à Paris de fin 2002 à 2009, en collaboration avec la CIA et une poignée d'autres services occidentaux, permet d'échanger des renseignements opérationnels qui peuvent être exploités par d'autres pays. « Sur la base de certains de nos renseignements, des suspects ont sans doute été arrêtés, par exemple en Afrique, et expédiés dans des pays tiers, comme la Jordanie ou le Liban, confie un ancien cadre. Nous n'étions pas en première ligne. Et nous ne savions pas exactement ce qui se passait ensuite. »

En effet, les services extérieurs français, échaudés, se méfient de toute implication trop visible. La cellule de tueurs existe toujours. Mais ils ne veulent à aucun prix revivre une « affaire Alpha »…

---

1. Entretien avec l'auteur, décembre 2013.

15

Sarkozy frappe avec les forces spéciales

20 octobre 2011, 8 h 30. Un Mirage 2000-D français plonge sur un convoi de plusieurs dizaines de véhicules arrêtés au bord d'une route à la sortie sud de Syrte, sur la côte libyenne. La cible a été désignée au pilote par les états-majors de l'OTAN. Un drone américain a donné l'alerte. À l'intérieur d'une des voitures se trouve Mouammar Kadhafi, l'ancien Guide libyen, qui depuis la chute de Tripoli, fin août, se cache dans sa ville natale avec une poignée de fidèles.

Quinze minutes plus tôt, un missile Hellfire tiré depuis un drone américain Predator a déjà détruit un des véhicules qui essayaient de quitter la ville. Une vingtaine de voitures ont tenté leur chance dans une autre direction, mais sont tombées sur une base de rebelles de la brigade (*katiba*) Tiger, qui les ont attaquées. Pris dans des tirs croisés, les véhicules se sont immobilisés. L'avion de chasse français, qui patrouillait au-dessus de Syrte avec un Mirage F1CR de reconnaissance, ne tarde pas à arriver sur les lieux. Il largue deux bombes de deux cent cinquante kilos chacune guidées par laser GBU-12. L'une d'elles pulvérise le convoi.

Les ravages sont énormes : la plupart des voitures, qui transportaient des munitions et des bidons d'essence, prennent feu. Le Mirage 2000-D a rempli sa mission. Il quitte les lieux. On dénombrera sur le site plus d'une cinquantaine de cadavres, dont vingt-huit totalement carbonisés[1].

---

1. L'ONG Human Rights Watch comptabilisera cinquante-trois corps et quatorze véhicules détruits sur le site de la deuxième frappe de l'OTAN

Kadhafi miraculeusement indemne

Le chasseur français a largué des bombes surpuissantes. L'intention meurtrière de la frappe ne fait pas de doute. Sans l'avouer publiquement, la France et ses alliés de l'OTAN mènent bien une guerre clandestine visant à éliminer l'ex-dictateur libyen et ses proches. Mais Kadhafi en réchappe miraculeusement. Plusieurs de ses fidèles, qui l'accompagnaient dans sa fuite, sont morts, et l'un de ses fils, Moatassem, est blessé.

Les survivants – Kadhafi, Moatassem, le général Mansour Dhao, l'ex-ministre de la Défense, Abou Bakr Younès, et des gardes du corps – se réfugient dans deux immeubles voisins. Les miliciens rebelles les assiègent à coups de mortiers et de mitrailleuses. « Je vais essayer de vous sortir de là », lance Moatassem à son père. Le petit groupe décide de courir jusqu'à une canalisation où ils pourront s'abriter, à une centaine de mètres de là. Les gardes de Kadhafi lancent des grenades pour repousser les assaillants, qui approchent. L'une d'elles explose dans la canalisation, tuant un garde du corps et blessant grièvement Abou Bakr Younès, qui meurt peu après.

Kadhafi est en sang, touché à la tête. Les combattants de la *katiba* Tiger le sortent de sa cachette, surpris de le trouver là. Pour la plupart issus de la ville de Misrata, qui a été durement frappée pendant deux mois par les forces kadhafistes, ils commencent aussitôt à lyncher l'ancien dictateur. « Allah Akbar ! Misrata ! » crient-ils en le frappant sauvagement. En trois minutes, la situation devient incontrôlable. Des tirs fusent. Les miliciens poussent Kadhafi sanguinolent, à moitié nu et visiblement inconscient, dans une ambulance qui part immédiatement pour Misrata. Lorsqu'il arrive sur place, deux heures

---

– celle du Mirage français. Voir son rapport détaillé sur les faits, « Death of a Dictator : Bloody Vengeance in Sirte », 17 octobre 2012. Voir aussi Claude Angeli, « Kadhafi condamné à mort par Washington et Paris », *Le Canard enchaîné*, 26 octobre 2011 ; et Jean-Christophe Notin, *La Vérité sur notre guerre en Libye*, Fayard, 2012, p. 506-507.

plus tard, le dictateur est décédé. « Les circonstances de sa mort demeurent peu claires[1] », affimera l'ONG Human Rights Watch au terme d'une enquête minutieuse s'appuyant sur des images et des témoignages. L'investigation apportera également des détails sur des dizaines d'exécutions sommaires commises dans les environs juste après la capture de Kadhafi et de ses lieutenants. Ancien conseiller à la sécurité de son père, Moatassem Kadhafi, embarqué par les miliciens à Misrata, sera, lui aussi, abattu.

Des écoutes pour localiser l'ex-dictateur libyen

Les images de l'ex-dictateur ensanglanté font le tour du monde dans la journée du 20 octobre 2011. L'OTAN annonce aussitôt publiquement que les informations sur la présence de Kadhafi dans le convoi ciblé ne lui sont parvenues qu'après le raid aérien, de la part de « sources ouvertes » et de services de renseignement « alliés ». La nationalité de l'avion ayant tiré la salve n'est pas précisée. À Paris, les états-majors militaires et l'Élysée n'en disent pas plus. La participation d'un chasseur français ne sera confirmée que plus tard, dans les milieux initiés[2]. Le général Didier Castres, chef du Centre de planification et de conduite des opérations (CPCO), situé dans les sous-sols de l'état-major des armées, boulevard Saint-Germain, sait que le drone américain et le Mirage 2000-D ont frappé, mais il expliquera n'avoir pas fait le rapprochement avec la capture de Kadhafi, qu'il aurait apprise par d'autres voies[3].

---

1. « Death of a Dictator : Bloody Vengeance in Sirte », *op. cit.*
2. Elle le sera notamment par le général Bertrand Ract-Madoux, chef d'état-major de l'armée de terre, devant Athéna, club parlementaire sur la défense et les forces armées, « Quel bilan des opérations en Libye pour les forces armées ? », compte rendu n° 8, 2011. Voir aussi Jean-Dominique Merchet, « Comment le convoi de Kadhafi a été stoppé », blog Secret Défense, *Marianne*, 21 octobre 2011.
3. Rapporté dans Jean-Christophe Notin, *La Vérité sur notre guerre en Libye*, *op. cit.*, p. 506-507.

En réalité, les services de renseignement de la coalition, principalement américains, britanniques et français, surveillaient de près tout ce qui bougeait à Syrte. La cité côtière constituait l'un des derniers bastions kadhafistes résistant encore aux assauts des rebelles du Conseil national de transition (CNT), qui avaient pris le pouvoir à Tripoli. Depuis la mi-octobre, ils savaient probablement que Kadhafi et son fils Moatassem se trouvaient sur place, réfugiés dans le « District Deux » de la ville. Des écoutes téléphoniques auraient permis de le localiser. Discrètement déployés, des commandos de forces spéciales américaines et françaises apportaient leur aide aux rebelles. L'objectif était de traquer l'ex-dictateur et ses proches. « Il n'y a pas eu de consigne formelle donnée par Sarkozy pour l'éliminer, confie un expert militaire fin connaisseur des opérations spéciales. Mais peut-être que tout le monde s'est compris[1]. » Un proche de l'ancien leader libyen avance sa version de l'issue finale : « Les Américains et les Français l'ont trouvé grâce au téléphone. Ils lui ont fait miroiter qu'il pourrait quitter Syrte indemne. Ils l'ont piégé[2]. »

Assiégés, contraints de changer de cachette tous les quatre ou cinq jours, Kadhafi et sa garde rapprochée étaient aux abois. « Nous n'avions plus de nourriture, plus d'eau, pas de médicaments, pas d'électricité, pas de communications, raconteront certains de ses fidèles. Nous pouvions seulement utiliser un téléphone satellitaire Thuraya. Kadhafi était de plus en plus en colère[3]. » Selon *Le Canard enchaîné*, dans l'après-midi du 19 octobre, un responsable du Pentagone a joint l'un de ses correspondants au sein des services secrets français : il lui a indiqué qu'il était impossible de « manquer » Kadhafi dans son fief de Syrte, et que le laisser en vie serait l'équivalent d'une « bombe atomique », vu les foucades dont il était capable et les secrets qu'il détenait[4]. Un message très bien reçu par Paris, où,

---

1. Entretien avec l'auteur, mai 2013.
2. Entretien avec l'auteur, mars 2014.
3. « Death of a Dictator : Bloody Vengeance in Sirte », *op. cit.*
4. Claude Angeli, « Kadhafi condamné à mort par Washington et Paris », art. cité.

après avoir été accueilli avec faste en 2007, Kadhafi est désormais considéré comme sulfureux[1].

Le 19 octobre, Moatassem a conseillé à son père de tenter une évacuation nocturne. Initialement prévue à 4 heures du matin, elle n'a eu lieu qu'à 8 heures à cause du retard causé par l'embarquement des blessés dans les voitures. En l'absence de preuves formelles, il est difficile d'affirmer que l'OTAN savait que Kadhafi était dans le convoi quand elle a déclenché ses raids aériens. Mais, visiblement alertée, la flotte des drones et des avions de chasse veillait non loin de là. Cette sortie matinale d'un convoi surarmé de soixante-quinze voitures pouvait difficilement passer inaperçue. Il était plus que probable que le leader libyen en fuite s'y trouvait. La frappe de l'OTAN n'ayant pas suffi, les miliciens accourus sur place ont, semble-t-il, achevé le dictateur déchu.

Lorsque le journal italien *Corriere della Sera* affirmera en 2012, sur la foi de témoignages non étayés, qu'un agent français infiltré parmi les rebelles aurait exécuté Kadhafi après sa capture, le ministre de la Défense, Gérard Longuet, réagira fermement, évoquant une hypothèse « totalement farfelue[2] ». Un démenti peu surprenant, mais le ministre ne parlera pas de la frappe délibérément meurtrière du Mirage 2000-D, restée confidentielle.

Sarkozy : « Je connais Kadhafi, il est fou ! »

Nicolas Sarkozy, lui, ne semble pas vraiment chagriné par la mort de Kadhafi. L'opération militaire Harmattan, lancée

---

1. En avril 2012, Mediapart a publié un document attribué à un ex-proche de Kadhafi évoquant un versement de 50 millions d'euros pour la campagne présidentielle de Nicolas Sarkozy en 2007. L'authenticité de ce document a été contestée. D'autres anciens collaborateurs du dictateur libyen ont parlé eux aussi de versements, sans fournir de preuves. L'information judiciaire ouverte au parquet de Paris n'est pas achevée à l'heure où nous mettons sous presse.
2. Lorenzo Creminosi, *Il Corriere della Sera*, 1er octobre 2012 ; et Frédéric Gerschel, « Kadhafi tué par un espion français, c'est totalement farfelu », *Le Parisien*, 2 octobre 2012.

le 19 mars 2011 par des bombardements aériens, a facilité la contre-offensive des insurgés du CNT, qui sont entrés dans Tripoli à la mi-août. Au-delà de la protection des populations civiles, qui a servi de justification publique pour le déclenchement de l'opération avec un aval de l'ONU, il s'agissait bien de renverser le régime et de liquider le dictateur et ses proches. « Je connais Kadhafi, il est fou[1] ! » a répété Nicolas Sarkozy à son entourage, affirmant ne rien attendre de lui.

Les messages envoyés au leader libyen pour le convaincre de démissionner et de quitter le pays n'ont pas trouvé d'écho. « M. Kadhafi a en main sa situation personnelle : il part, et évite bien des souffrances au peuple libyen ; il s'entête, et lui-même en paiera les conséquences. Il n'y a pas de médiation possible », déclare le président français lors de sa conférence de presse à l'issue du sommet du G8, à Deauville, le 27 mai. Le sort qui lui serait réservé était donc parfaitement clair. Le 15 août 2011, lors d'une entrevue avec Bachir Saleh, directeur de cabinet du Guide, à l'hôtel Radisson de Djerba, Dominique de Villepin, missionné par le secrétaire général de l'Élysée, Claude Guéant, lui a aussi demandé de transmettre ce message à Kadhafi de la part de Sarkozy : « Il va terminer comme Saddam Hussein s'il ne s'en va pas[2]. »

Plusieurs frappes aériennes ont spécifiquement visé les sanctuaires du despote et de sa famille. L'une d'elles, dans la nuit du 30 avril au 1er mai, l'a raté à quelques minutes près, mais a tué l'un de ses fils, Seïf el-Arab, et trois de ses petits-enfants. Un autre de ses fils, Khamis, qui commandait la 32e brigade de l'armée libyenne, est mort lors d'un raid de l'OTAN le 29 août alors qu'il fuyait Tripoli. Un troisième fils du Raïs, Seïf el-Islam, affirmera avoir été blessé, le 17 octobre, lors d'une

---

1. Rapporté dans Jean-Christophe Notin, *La Vérité sur notre guerre en Libye*, op. cit., p. 357.

2. Durant cette visite à Djerba, Dominique de Villepin est accompagné de l'intermédiaire Alexandre Djouhri, proche de Claude Guéant. Voir Ariane Chemin et Emeline Cazi, « Un businessman nommé Villepin », *M. Le magazine du Monde*, 11 janvier 2013.

frappe qui visait directement son convoi à Wadi Zamzam. Il sera finalement capturé par des rebelles le 19 novembre au sud du pays, dans la région frontalière de Zintan[1]. Selon des proches de Seïf el-Islam, celui-ci, lors de son arrestation, aurait été traqué par des soldats des forces spéciales françaises venus pour le liquider, mais des agents russes l'auraient protégé[2]. Une version difficile à authentifier, puisque, officiellement, les forces spéciales françaises n'ont pas participé aux combats. La France s'est bien engagée militairement dans l'opération Harmattan, mais il n'était pas question, selon le mandat de l'ONU, d'envoyer des troupes au sol.

Des commandos clandestins envoyés en Libye

En réalité, des commandos se trouvaient bien en Libye, pour des missions quasi clandestines s'apparentant à celles du SA. Recevant le 20 avril 2011 à l'Élysée le chef politique du CNT, Moustafa Abdel Jalil, et son entourage, Nicolas Sarkozy a discuté avec eux des futurs plans secrets pour la prise de Tripoli. Il leur a promis l'envoi d'« officiers de liaison » des forces spéciales pour mieux coordonner les offensives des rebelles avec les frappes aériennes de l'OTAN. Publiquement, il a simplement annoncé que des « éléments militaires » escorteraient à Benghazi son représentant français, le diplomate Antoine Sivan. Un camouflage de pure forme.

Habillés en civil pour plus de discrétion, ces soldats d'élite du Commandement des opérations spéciales (COS), dont les effectifs auraient dépassé la quarantaine d'hommes, se sont activés dans la région de Benghazi dès le début du mois d'avril, à Misrata fin avril et tout au long de l'opération Harmattan, surtout pour des missions d'encadrement et de renseignement,

---

1. Témoignage de Khamis Kadhafi recueilli par Human Rights Watch, « Death of a Dictator : Bloody Vengeance in Sirte », *op. cit.*
2. Rapporté dans Catherine Graciet, *Sarkozy-Kadhafi. Histoire secrète d'une trahison*, Seuil, 2013, p. 102-103.

en lien avec la DGSE et avec quelques gendarmes du GIGN[1]. Pour leur part, les agents du SA se sont chargés de la protection de plusieurs leaders du CNT, dont Moustafa Abdel Jalil. À partir de mai 2011, ils ont aussi livré des armes aux insurgés du djebel Nefoussa, dans la région de Zintan.

Les détachements du COS de Benghazi et Misrata, quant à eux, ont été renforcés par d'autres commandos clandestins qui venaient ponctuellement prêter main-forte aux rebelles, en plus des frappes aériennes de l'OTAN et des raids destructeurs menés par des nuées d'hélicoptères français venus de la mer. Parmi eux, des membres des commandos marine Hubert, réputés pour leurs interventions nocturnes, ont fait le coup de feu le long de la côte libyenne. « Ils débarquaient dans la nuit, raconte un bon connaisseur de leurs faits d'armes. Ils entraînaient les groupes rebelles, les aidaient à passer à l'assaut de positions des forces kadhafistes, puis disparaissaient le jour[2]. »

En août 2011, des commandos marine venant de Misrata ont également débarqué en force aux côtés de la *katiba* Tiger lors de l'opération Mermaid Dawn (Aube de sirène), c'est-à-dire la prise de Tripoli[3]. D'autres soldats du COS ont été envoyés durant l'automne à Syrte et dans le Sud, près de Sebha et de Bani Walid. Selon un gradé proche des états-majors, les forces spéciales ont été confrontées à des situations tendues : « Ce fut très chaud et il y a eu un peu de casse côté français[4]. »

---

1. Voir notamment Nathalie Guibert, « Les forces spéciales, un outil privilégié de la diplomatie militaire de l'Élysée », *Le Monde*, 9 décembre 2011 ; Samia Nakhoul, « Special Report : The Secret Plan to Take Tripoli », Reuters, 6 septembre 2011 ; Jean-Christophe Notin, *La Vérité sur notre guerre en Libye*, op. cit., p. 323-330.
2. Entretien avec l'auteur, mai 2013.
3. Voir notamment Roger Faligot, Jean Guisnel et Rémi Kauffer, *Histoire politique des services secrets français*, op. cit., p. 646-647 ; et Natalie Nougayrède, « Des forces spéciales françaises, britanniques et arabes auprès de la rébellion, *Le Monde*, 24 août 2011.
4. Entretien avec l'auteur, mai 2014.

Dans une étude minutieuse, le *think tank* britannique Royal United Services Institute a confirmé que des forces spéciales françaises se sont déployées dans plusieurs régions libyennes aux côtés de commandos britanniques, italiens, égyptiens, qataris, émiratis et autres. Les Qataris ont installé des centres d'entraînement à Benghazi et dans le djebel Nefoussa, tout en facilitant les livraisons d'armes clandestines de la DGSE. « Ni les forces spéciales britanniques ni les françaises n'ont dicté le calendrier de l'avancée des rebelles vers Tripoli en août », ont résumé les chercheurs britanniques, mais elles ont, avec d'autres, joué un rôle « vital de facilitateur[1] ». « Elles n'étaient jamais en première ligne[2] », plaidera le général Christophe Gomart, patron du COS.

Rappelons que, selon la version officielle du ministère de la Défense, la France n'avait pas de soldats au sol en Libye. Cette guerre clandestine n'a donc pas eu lieu...

Des forces spéciales aguerries au service de Sarkozy

Nicolas Sarkozy s'est donc servi de ces commandos pour faire tomber son ennemi Kadhafi. Pourtant, rien ne prédestinait le président à ce type de guerre secrète. Avant son élection, il n'a jamais cultivé une passion débordante pour les opérations spéciales ni pour le renseignement. À l'aise avec les préfets et les policiers du ministère de l'Intérieur, Nicolas Sarkozy méconnaissait le monde des armées. Il a fait son service militaire en 1978 comme simple agent d'entretien à l'état-major de l'armée de l'air. Lorsqu'il était ministre du Budget en 2004, il a tout fait pour rogner les dépenses du ministère de la Défense, ce qui a laissé de mauvais souvenirs au sein des états-majors.

---

1. Royal United Services Institute (RUSI), « Accidental Heroes : Britain, France and the Libya Campaign. RUSI Interim Libya Campaign Report », septembre 2011.
2. Nathalie Guibert, « Les forces spéciales, un outil privilégié de la diplomatie militaire de l'Élysée », art. cité.

À son arrivée à l'Élysée, en mai 2007, les dossiers militaires et de renseignement ne semblent pas être prioritaires à ses yeux. En dépit de la rupture annoncée avec l'ère chiraquienne, la continuité prévaut dans ce qui relève du domaine réservé, puisqu'il garde à ses côtés les responsables qui suivaient ces dossiers pour Jacques Chirac. Son chef d'état-major particulier, l'amiral Édouard Guillaud, ancien commandant du porte-avions *Charles de Gaulle*, occupe ce poste depuis 2006. Le patron des armées, le général Jean-Louis Georgelin, était le prédécesseur de l'amiral Guillaud auprès du président Chirac. Et le diplomate Pierre Brochand est maintenu à la tête de la DGSE jusqu'à fin 2008, date à laquelle il est remplacé par un fidèle de Sarkozy, Érard Corbin de Mangoux, ancien préfet des Hauts-de-Seine.

Toutefois, la donne change rapidement. Nicolas Sarkozy découvre en effet une arme efficace que ses prédécesseurs lui ont laissée en héritage : les forces spéciales, un vivier de trois mille soldats issus des régiments d'élite[1]. Fondé en 1992, le COS, placé sous l'autorité du chef d'état-major des armées, a fait ses premiers pas sur différents théâtres de guerre, de la Somalie à la Bosnie, en passant par la Côte d'Ivoire, la République démocratique du Congo et le Rwanda. Ses missions sont qualifiées de « discrètes », car elles restent couvertes par le « secret défense ». Mais, sauf exception, comme en Libye, ses soldats opèrent en uniforme, ce qui les distingue des agents « clandestins » de la DGSE, lesquels officient en civil afin de ne pas être repérables.

Le COS a surtout pris son essor sous la direction du général Henri Poncet, un homme à poigne qui l'a commandé de 2001 à 2004. Sa devise : « faire la guerre autrement », avec des soldats surentraînés, à l'esprit peu conventionnel, capables de prendre de gros risques – « des emmerdeurs, des iconoclastes, des

---

1. Le vivier du Commandement des opérations spéciales est composé principalement des soldats et des équipements des forces suivantes : 1er RPIMa, 13e RDP, hélicoptères du 4e RHFS, commandos de marine (Hubert, Jaubert, Kieffer, Trépel, de Penfentenyo, de Montfort), flotte de l'escadron Poitou, de l'ESH, commandos parachutistes de l'air CPA-10 et vivier de réservistes du COS.

trublions[1] », résumera-t-il. Au printemps 2002, lors d'exercices communs effectués en Europe avec leurs homologues britanniques et américaines, les forces spéciales françaises ont obtenu des certifications internationales qui les ont placées au meilleur niveau opérationnel.

Missions de « neutralisation » en Afghanistan

Les soldats du COS se sont ensuite aguerris en Afghanistan. Après avoir refusé, fin 2002, d'engager la France dans la guerre d'Irak aux côtés des Américains, Jacques Chirac a cherché un moyen de se réconcilier avec l'administration Bush, qui avait gelé presque toute la coopération militaire bilatérale en guise de mesure de rétorsion. En juin 2003, le président français a décidé de faire un « geste » en envoyant un contingent de forces spéciales en Afghanistan pour épauler les Américains.

Formée de deux cents soldats issus de toutes les composantes du COS, la *task force* Ares, basée d'abord dans la région de Spin Boldak, au sud-est du pays, puis rattachée à la base de Bagram, a rapidement fait ses preuves, appliquant des techniques de contre-insurrection inspirées de la guerre d'Algérie. Son premier chef, le capitaine de vaisseau Martin Flepp, s'est même plongé dans les archives militaires, au château de Vincennes, avant de partir en Afghanistan, où ses soldats n'ont, selon lui, pas fait que jouer les « Rambo[2] ».

Placées sous commandement américain, les forces spéciales françaises ont sécurisé la zone de Spin Boldak. Puis elles ont été missionnées dans d'autres régions pour tendre des embuscades et traquer des High Value Targets (HVT). « Nous

---

1. Rapporté dans Jean-Dominique Merchet, *Une histoire des forces spéciales*, Éditions Jacob-Duvernet, 2010, p. 175.
2. « L'image du combattant des forces spéciales "à la Rambo" est une image très fausse. Le combattant des forces spéciales est aussi un diplomate », dira le capitaine de vaisseau Martin Flepp devant la commission du Livre blanc de la Défense, le 11 octobre 2007.

avions les listes des HVT, les têtes des réseaux à neutraliser. Nous menions des opérations précises contre des Talibans et des gens d'Al-Qaïda, mais nous n'étions pas toujours assez armés et nous manquions parfois de l'appui d'hélicoptères pour frapper[1] », se souvient un membre des commandos présents sur place. Selon certains témoignages, des *snipers* français auraient eu « Ben Laden dans le viseur » à plusieurs reprises en 2003, mais n'auraient pas obtenu le feu vert américain pour tirer[2]. Cependant, les autorités françaises ont démenti vigoureusement cette information.

Fin 2005 et début 2006, les combats ont été particulièrement tendus, notamment dans la région du Helmand, où les Talibans étaient très actifs. « Nous avons accepté d'engager nos forces spéciales dans des zones très difficiles, révèle le général Henri Bentégeat. Nous avons eu beaucoup de dégâts, sept tués et une trentaine de blessés. J'ai conseillé au président Chirac de rapatrier nos hommes[3]. » Malgré ces dommages, le contingent, qui a vu défiler sur place près de deux mille soldats d'élite, est revenu d'Afghanistan avec une solide expérience. « L'Afghanistan a été un terrain d'entraînement en grandeur réelle, dans des conditions difficiles, témoigne le capitaine de vaisseau Bruno de Zélicourt, qui a dirigé la *task force* Ares en 2006. Nous avons pu améliorer nos procédures d'action, intégrer les équipes, renforcer notre cohésion[4]. »

---

1. Entretien avec l'auteur, septembre 2013. Sur leur rôle, voir notamment Jean-Dominique Merchet, *Une histoire des forces spéciales, op. cit.*, p. 219-234.
2. Voir notamment Emmanuel Razavi, auteur d'un reportage, « Afghanistan : des Français sur la piste de Ben Laden », publié dans *Paris-Match* en 2004, et d'un documentaire, « Ben Laden : les ratés d'une traque », Planète/Radio Canada, 2006. Selon le témoignage qu'il a recueilli, un *sniper* a annoncé lors d'un accrochage à la frontière : « J'ai Ben Laden. » Le temps que l'information soit rapportée au QG américain de Bagram, le contexte avait changé et il n'y a pas eu de suites. En dépit des démentis officiels, des rumeurs persistantes ont continué de circuler au sujet de ces événements, y compris au sein des forces spéciales.
3. Entretien avec l'auteur, avril 2013.
4. Entretien avec l'auteur, octobre 2013.

Raids contre des pirates somaliens

Nicolas Sarkozy trouve donc à sa disposition, lorsqu'il arrive à l'Élysée, des soldats du COS rompus aux techniques de guerre semi-clandestines et prêts à intervenir n'importe où dans le monde, pourvu qu'on leur en donne l'ordre.

Justement, des crises ne tardent pas à éclater. En février 2008, les forces spéciales sont dépêchées auprès du président tchadien Idriss Déby, confronté à une offensive armée de rebelles. Un soldat du 1er RPIMa, l'un des viviers du COS, meurt sous les tirs alors qu'il se trouve au Soudan, en route vers le Tchad. Assiégé dans son palais en compagnie d'un officier de la DGSE qui lui sert de conseiller, le président Déby ne doit sa survie qu'à l'intervention de quelques chars de son armée et des commandos français. Il est en contact téléphonique avec Nicolas Sarkozy, qui a suivi l'opération en direct depuis le palais de l'Élysée.

Quelques semaines plus tard, c'est une prise d'otages spectaculaire qui mobilise l'attention. Le 4 avril, le voilier *Ponant* est attaqué par des pirates au large des côtes somaliennes. Les trente personnes présentes à bord sont retenues prisonnières, tandis que des négociations débutent entre les ravisseurs et l'armateur, le groupe marseillais CMA CGM. Nicolas Sarkozy suit cette crise heure par heure. Il décide aussitôt de lancer l'assaut contre le trois-mâts de croisière.

En coulisses, tous les commandos disponibles se préparent, mais une sourde bataille oppose la DGSE et le COS. La DGSE peut mobiliser les membres du SA : le hasard veut qu'une centaine de ses hommes, dont ses nageurs de combat, viennent d'achever des stages d'entraînement à Djibouti et se trouvent donc dans la région, avec un bateau, des avions et des hélicoptères. « Nous aurions pu intervenir immédiatement, notamment pour entraver le bateau en provoquant une panne, ce qui aurait ensuite permis de négocier rapidement la reddition des pirates[1] », témoigne un membre du SA.

---

1. Entretien avec l'auteur, mai 2014.

Cependant, les états-majors militaires font savoir à l'Élysée que cette affaire est de leur ressort et doit être traitée par les forces spéciales. En plein débat sur le futur « Livre blanc de la Défense », qui conditionne les attributions budgétaires pour les années à venir, le COS entend bien garder la main. Le patron de la DGSE, Pierre Brochand, ne souhaite pas envenimer les choses. Il finit par lâcher prise.

Nicolas Sarkozy tranche en faveur d'une intervention des forces spéciales, avec l'appui du GIGN. Le groupe d'élite de la gendarmerie, habitué aux prises d'otages, s'est aussi mobilisé pour rester dans la course des opérations à l'étranger. Depuis quelques années, il s'est rapproché de ses homologues étrangers et des forces spéciales, notamment les Delta Forces américaines, afin de s'adapter aux opérations antiterroristes. « Après les attentats du 11 septembre et les prises d'otages massives, comme à Beslan, en Russie, en 2004, nous avons changé de discours pour former nos recrues à tuer, et plus seulement à blesser. Face à des terroristes, il fallait adapter nos entraînements et nos méthodes[1] », se souvient un cadre du GIGN, dirigé de 2002 à 2007 par le colonel Frédéric Gallois, qui a ensuite cédé la place au colonel Denis Favier.

Le 11 avril 2008, après huit jours interminables pour les otages retenus sur le *Ponant*, Nicolas Sarkozy, depuis l'Élysée, lance l'opération Thalathine. La marine nationale mobilise quelques navires de sa flotte, notamment le *Var*, le *Commandant Bouan*, la frégate *Jean Bart* et le porte-hélicoptères *Jeanne d'Arc*. Sous le commandement de l'amiral Marin Gillier et du colonel Denis Favier, une trentaine de membres des commandos Hubert et du GIGN sont parachutés en mer pour s'approcher du trois-mâts. Des pourparlers menés par le GIGN avec les pirates aboutissent à la libération des otages, moyennant le versement d'une rançon de plus de 2 millions de dollars. Puis les forces spéciales traquent six des pirates somaliens lorsqu'ils reviennent sur la côte : après avoir stoppé leur véhicule 4 × 4 grâce à un tir de précision effectué

---

1. Entretien avec l'auteur, février 2013.

depuis un hélicoptère, ils procèdent à leur arrestation sur le sol somalien[1].

Fort de ce résultat, obtenu sans dommages collatéraux, le COS se sent pousser des ailes. Début septembre 2008, Nicolas Sarkozy fait de nouveau appel aux commandos Hubert après une attaque de pirates contre le bateau *Carré d'as*. L'opération permet la libération du couple de navigateurs français et se solde par la mort d'un assaillant et l'arrestation de six pirates. « Cette opération a été un succès, elle constitue un avertissement pour tous ceux qui se livrent à cette activité criminelle et un appel à la mobilisation de la communauté internationale », commente le président de la République à la télévision. Cependant, en avril 2009, au cours d'une troisième intervention des commandos sur le yacht *Tanit*, détourné avec cinq passagers au large des côtes somaliennes, un tir français tue accidentellement le capitaine du navire, Florent Lemaçon.

Sarkozy se convertit à la manière forte

Malgré cet incident, l'Élysée continue de plaider en faveur d'actions « de vive force » lors des prises d'otages à l'étranger. Conseillé à partir de 2010 par son nouveau chef d'état-major particulier, le général Benoît Puga, ancien patron du COS, Nicolas Sarkozy est désormais partisan de l'action violente. Les patientes négociations et les tractations clandestines paraissent dépassées.

Plusieurs événements renforcent encore cette position. Le 19 avril 2010, l'ingénieur Michel Germaneau est enlevé lors d'une mission humanitaire par le groupe d'Abou Zeid, l'un des dirigeants d'Al-Qaïda au Maghreb islamique (AQMI). Cette fois-ci, l'Élysée tente d'utiliser les commandos du SA : ils semblent le mieux placés pour attaquer le campement d'Abou Zeid, repéré par un avion de la DGSE dans la région malienne de l'Akla, au nord-est de Tombouctou. Le 23 juillet, une trentaine

---

[1]. Ils seront déférés devant la justice française. En juin 2012, quatre d'entre eux seront condamnés à des peines de prison, et deux acquittés.

de membres du Centre parachutiste d'instruction spécialisée (CPIS) de Perpignan, le bras armé du SA, lance l'assaut. Six djihadistes sont tués, mais on ne retrouve pas l'otage sur place. Les ravisseurs ont exécuté Michel Germaneau, probablement juste après le raid[1].

Après cette opération, considérée comme un grave échec par le SA et par l'Élysée, Nicolas Sarkozy est tenté de recommencer à faire confiance aux forces spéciales plutôt qu'à la DGSE et au GIGN pour résoudre ce type de crise.

Opération Archange foudroyant

L'une des opérations secrètes révélatrices de cette approche ultra-militarisée se déroule au Niger. Dans la soirée du 7 janvier 2011, alors qu'ils dînent au restaurant Le Toulousain, à Niamey, deux jeunes Français, Antoine de Léocour et Vincent Delory, sont kidnappés par huit hommes liés au groupe de Mokhtar Belmokhtar, un autre leader d'AQMI. Les ravisseurs repartent avec les deux otages dans un véhicule 4 × 4 et foncent, de nuit, vers la zone frontalière avec le Mali. Des patrouilles de l'armée et de la gendarmerie nigériennes les prennent alors en chasse, mais elles tombent dans une embuscade tendue par le commando d'AQMI. L'un des gendarmes est tué.

À Paris, dès l'annonce de l'enlèvement, la cellule de crise de l'Élysée se mobilise. Le général Puga est favorable à une réaction immédiate afin de rattraper les ravisseurs sur la route. Les états-majors militaires et celui du COS sont alertés un peu avant minuit. Aussitôt, des avions Atlantique 2 décollent de Niamey pour localiser le convoi. Le 4 × 4 blanc, repéré à 2 h 54 (heure GMT), est surveillé toute la nuit. Des écoutes permettent de capter une conversation téléphonique entre les ravisseurs et l'un des responsables d'AQMI : « On est poursuivis par l'armée. Il faut se débarrasser de ces chiens. »

---

1. Voir notamment Jean Guisnel, « Les nouvelles guerres de nos services secrets », *Le Point*, 7 août 2014.

SARKOZY FRAPPE AVEC LES FORCES SPÉCIALES

Nicolas Sarkozy, alors en voyage officiel aux Antilles, joint son ministre de la Défense, Alain Juppé. La décision est prise de frapper. « Une décision grave, mais il fallait la prendre[1] », commentera le président de la République en Conseil des ministres après le raid. Le risque est grand que les deux otages français soient blessés, voire tués, durant l'assaut. Il semble être assumé. L'Élysée veut surtout donner un coup d'arrêt aux prises d'otages dans le Sahel, après celles de Michel Germaneau en avril 2010 et de quatre Français sur le site sensible des mines d'uranium d'Arlit, au Niger, en septembre de la même année.

L'opération commando porte un nom de code : Archange foudroyant. Son but est d'attaquer par surprise la voiture d'AQMI. Un rapport secret rédigé après la mission rappelle qu'il s'agissait « d'intercepter le convoi des preneurs d'otages, avant qu'ils ne reçoivent d'éventuels renforcements ou ne gagnent une zone refuge, et de libérer nos deux ressortissants[2] ». Deux objectifs qui peuvent se révéler difficilement compatibles.

Le « vert action », qui donne le signal du début de l'opération, est transmis le 8 janvier à 8 h 9, après une ultime consultation de l'Élysée. La consigne est de stopper les véhicules à tout prix, mais « aussi, bien évidemment, [de] neutraliser et détruire tout élément AQMI hostile[3] », comme le résumera l'un des tireurs d'élite interrogés par la justice française. Selon des documents déclassifiés détaillant le déroulement des faits, des interceptions de communications laissent penser aux Français qu'un groupe « lourdement armé » du chef Mokhtar Belmokhtar pourrait venir rapidement protéger le convoi, qui subit un affrontement sanglant avec des gendarmes nigériens, dont certains finissent par rallier la cause des ravisseurs.

---

1. Rapporté dans Bruno Le Maire, *Jours de pouvoir*, Gallimard, coll. « Folio », 2013, p. 125.
2. Rapport du colonel B., commandant le groupement des forces spéciales Sabre Carlit, au général de division Frédéric Beth, commandant les opérations spéciales, 14 janvier 2011, déclassifié par le ministère de la Défense.
3. Audition du tireur d'élite F., témoin n° 95, par le juge Yves Jannier, 14 septembre 2011.

À 10 h 20, les trois hélicoptères Cougar transportant les commandos français s'approchent du 4 × 4 blanc, qui a été rejoint par deux autres pick-up, à cinq kilomètres de la ville malienne d'Akabar. L'effet de surprise est nul : le ciel est bleu et ils sont visibles à l'œil nu. Les neuf ravisseurs armés ont le temps de mettre deux voitures à couvert sous les arbres près d'un oued et de faire feu sur les appareils qui fondent sur eux. Le pilote d'un des Cougar est blessé à la jambe. Dans les deux autres hélicoptères, des tireurs d'élite ripostent, ciblant notamment les preneurs d'otages et les véhicules pour les immobiliser, sans savoir où se trouvent les deux Français. Un *sniper* tire une dizaine de balles sur le bloc moteur du 4 × 4 blanc. Un autre témoignera : « J'ai vu le véhicule blanc, je l'ai traité. Aussitôt après, un individu est apparu, je l'ai traité. Puis il y a eu un individu à la tunique bleue, que j'ai traité[1]. » Les militaires français n'ont pas été informés de la présence dans le convoi de gendarmes nigériens, qui leur tirent également dessus.

Les otages de Niamey ont-ils été sacrifiés ?

Les vingt parachutistes déposés dans les environs par deux des Cougar doivent ensuite « sécuriser » la zone. Les échanges de tirs se poursuivent. Mais il est déjà trop tard. Deux véhicules s'enflamment pour des raisons indéterminées. Antoine de Léocour et Vincent Delory sont déjà morts, ainsi que trois gendarmes nigériens et deux preneurs d'otages. « Les opérateurs et les membres d'équipage ont dû conduire un assaut à partir d'une zone découverte, sous un feu nourri. Dans de telles conditions, même si nos hélicoptères ont déposé les opérateurs au plus près de l'objectif, il n'a malheureusement pas été possible de sauver nos deux compatriotes, malgré les précautions prises pour préserver leur vie[2] », écrira le colonel B., commandant des forces spéciales de la région, dans son rapport à ses supérieurs.

---
1. *Ibid.*
2. Rapport du colonel B., *op. cit.*

D'après les premiers éléments de l'enquête menée par le juge d'instruction parisien Yves Jannier à la suite des plaintes déposées par les familles des deux otages décédés, Antoine de Léocour aurait bien été assassiné par l'un de ses gardes à trois cents mètres des véhicules. Vincent Delory, lui, coincé dans le 4 × 4 blanc en feu, a pu être victime des échanges de tirs. Une hypothèse plausible, puisque, selon les propos informels tenus par le pilote blessé au Premier ministre, François Fillon, la visibilité n'était pas bonne lors de l'assaut à cause des hélicoptères : « À la fin de la poursuite, lorsqu'ils ont atterri, il y a eu un nuage de poussière effrayant. Et, quand le nuage est retombé, ils se sont retrouvés nez à nez avec les ravisseurs[1] », rapportera Fillon. Un bilan terrible pour une opération qui devait officiellement servir à libérer les otages.

Se défendant de les avoir sacrifiés, le général Frédéric Beth, patron du COS au moment des faits, invoquera l'urgence, la complexité de l'opération et les risques élevés qu'ont pris les membres du commando. Dans son rapport au chef d'état-major des armées, il note : « C'est bien le caractère interarmées permanent et l'entraînement très poussé des forces spéciales, disposant de moyens dédiés, qui ont permis la réalisation de cette opération. En dépit de sa conclusion malheureuse pour nos deux compatriotes et pour certains de nos camarades nigériens, elle est la meilleure démonstration du bien-fondé des efforts consentis jusqu'à présent par les armées pour la préparation opérationnelle des unités relevant de mon commandement[2]. »

Le colonel Jacques Hogard, un ancien de la Légion étrangère et des forces spéciales, reconverti en expert en sécurité et fin connaisseur du Sahel, ajoute : « Ce raid a montré que la France ne se laissait plus faire. Malgré l'échec, c'est-à-dire la

---

1. Rapporté à Bruno Le Maire par François Fillon : Bruno Le Maire, *Jours de pouvoir*, *op. cit.*, p. 124.
2. Compte rendu de l'opération Archange foudroyant par le général de division Frédéric Beth, commandant des opérations spéciales, à l'amiral Édouard Guillaud, chef d'état-major des armées, 4 février 2011, déclassifié par le ministère de la Défense.

mort de nos deux jeunes otages, le message de fermeté a été reçu cinq sur cinq par AQMI et les pays voisins[1]. »

Le bilan est pourtant mitigé. D'autant plus qu'AQMI ne va cesser, au cours des mois suivants, de se renforcer au Sahel, jusqu'au déclenchement de l'opération Serval par François Hollande en janvier 2013. Arme secrète des présidents, les forces spéciales n'ont pas fini d'être en première ligne.

---

1. Entretien avec l'auteur, juillet 2014.

16

AQMI : les ratés d'une guerre

« On va casser le plus possible de ces connards[1] ! » Début 2013, dans l'entourage du ministre de la Défense, Jean-Yves Le Drian, les commentaires sur le début de l'opération Serval ne laissent guère de place au doute : l'heure est bien à l'« éradication » des « groupes terroristes » qui ont eu l'affront de vouloir foncer sur Bamako, la capitale du Mali. Pour la première fois depuis des décennies, les militaires reçoivent des instructions radicales visant un ennemi : pas de quartier. C'est la version française des consignes données aux troupes américaines sur les théâtres de guerre depuis 2001 : *search and destroy*, « rechercher et détruire ». L'urgence semble commander.

Dès le 8 janvier, la DGSE informe l'Élysée que des hordes de pick-up appartenant aux factions djihadistes qui occupent déjà la moitié nord du Mali sont en train de se rassembler autour de Konna en vue d'une probable offensive. Celle-ci débute deux jours plus tard. François Hollande et ses conseillers demandent aussitôt aux états-majors de se préparer à intervenir pour éviter l'effondrement du fragile pouvoir malien, en lambeaux depuis un putsch de généraux en mars 2012.

L'opération, baptisée Serval, est officiellement lancée le 11 janvier. Un Conseil restreint de défense se tient à l'Élysée à 11 h 30, durant lequel le président de la République, entouré notamment de son chef d'état-major particulier, le général Benoît Puga, du chef d'état-major des armées, l'amiral

---

1. Rapporté notamment par Jean-Dominique Merchet, « Mali : la guerre secrète contre AQMI », blog « Secret Défense », 25 janvier 2013.

Édouard Guillaud, du ministre de la Défense, Jean-Yves Le Drian, et du ministre des Affaires étrangères, Laurent Fabius, avalise les plans militaires. L'objectif est de stopper la poussée djihadiste, de détruire les « terroristes » et de restaurer la souveraineté du Mali. François Hollande adopte une posture guerrière, suivant en cela les conseils de son fidèle ami Jean-Yves Le Drian, un républicain laïc, mais aussi du général Puga, un ex-légionnaire toujours prêt au combat, catholique traditionnel et très influent chez les militaires. « Ses ordres ont été très clairs[1] », confessera l'amiral Guillaud. Un général qui a suivi de près les préparatifs explique : « Les états-majors ont reçu l'ordre de tuer, avec des règles d'engagement offensif qui vont bien au-delà de la légitime défense : toute personne suspecte mettant le pied dans les zones interdites pouvait être visée[2]. »

Quelques heures après, épaulés par des raids aériens, des commandos des forces spéciales arrivés du Burkina Faso commencent à freiner l'avancée djihadiste à Sévaré, Konna et Diabali. Un accrochage a lieu le jour même entre deux hélicoptères Gazelle des forces spéciales et un convoi de rebelles : un des pilotes français, le lieutenant Damien Boiteux, est tué par un tir hostile. La France rend aussitôt hommage à cette première victime dans ses rangs.

Les opérations s'enchaînent ensuite à vive allure. Les frappes de quatre Mirage 2000-D venus du Tchad détruisent des bâtiments à Konna dans la nuit du 11 au 12 janvier. Le surlendemain, quatre Rafale partis de France ciblent des centres logistiques près de Gao. Des soldats français déjà présents au Sénégal, au Gabon, en Côte d'Ivoire et au Tchad rejoignent rapidement le Mali dans le cadre d'un dispositif d'alerte permanent baptisé Guépard.

En quelques semaines, la boucle du fleuve Niger est reconquise : l'opération Serval est une réussite. Le déploiement

---

1. Rapporté dans Jean-Christophe Notin, *La Guerre de la France au Mali*, op. cit., p. 175.
2. Entretien avec l'auteur, mars 2013.

français a repoussé les ennemis et détruit certains de leurs sanctuaires, notamment dans le massif de l'Adrar des Ifoghas, au nord du pays.

En réalité, cette opération éclair n'a pas « éradiqué » le phénomène djihadiste dans la zone sahélienne. Tout juste a-t-elle bloqué une offensive et chassé les ennemis un peu plus loin, notamment aux confins du Niger, du Mali et dans le Sud libyen. Leur enracinement dans la région est ancien. Serval est arrivé bien tardivement, après plus d'une décennie d'atermoiements et de guerres clandestines menées de manière intermittente et sans véritable cohérence. Une succession d'opérations avortées et de vaines tentatives d'endiguement qui n'ont jamais été racontées.

« En vérité, sur AQMI, le réveil a été très dur en 2013, révèle un ancien responsable de la DGSE. Nous aurions pu combattre AQMI depuis des années avec plus de force et de constance. Pendant douze ans, nous avons vu croître la menace, observé son influence grandissante dans toute l'Afrique de l'Ouest, comme des métastases. Mais nous avons eu peur d'intervenir. Nous avons tenté d'aider les gouvernements des pays concernés par de la formation et un encadrement des forces spéciales et des gardes présidentielles. Le bilan a été catastrophique, avec une corruption galopante et des armées locales inefficaces. Pire, avec les prises d'otages, nous avons payé des rançons et renforcé le phénomène[1]. »

Belmokhtar était dans le viseur français dès fin 1999

En effet, dès la fin des années 1990, la menace est parfaitement identifiée par les services de renseignement français. Après les attentats de 1995 en France et l'enlèvement des moines de Tibhirine en Algérie au printemps 1996, revendiqués par le Groupe islamique armé (GIA), la DST et la DGSE auscultent régulièrement l'évolution de cette mouvance

---

1. Entretien avec l'auteur, octobre 2013.

islamiste extrémiste, avec ses factions « algérianiste » et « internationaliste ». Les relations demeurent difficiles avec les services algériens, qui préfèrent les contacts noués historiquement avec la DST aux ingérences supposées de la DGSE. L'infiltration du GIA par la sécurité militaire algérienne (DRS) a même provoqué des tensions et des doutes jusqu'au plus haut sommet de l'État français, notamment au moment du dramatique épilogue du rapt des moines, en mai 1996, avant la mort du principal émir du GIA, Djamel Zitouni[1].

Après des années de guerre civile, les généraux algériens ont installé à la tête de l'État leur candidat favori, Abdelaziz Bouteflika, qui promulgue une loi de « concorde civile » mi-1999. Mais les plus durs des islamistes du GIA, repliés principalement dans les maquis de Kabylie, n'ont pas abandonné le combat. Après une scission au sein du GIA, les partisans du djihad international ont créé en 1998 le Groupe salafiste pour la prédication et le combat (GSPC), sous la direction de Hassan Hattab et Abderazak El Para, deux anciens parachutistes de l'armée algérienne. Une partie d'entre eux restent en Algérie. D'autres partent s'entraîner dans des camps en Afghanistan, aux côtés d'Oussama Ben Laden.

Parmi les leaders de cette mouvance, plusieurs figures apparaissent, comme Abdelmalek Droukdel, un ingénieur algérien né en 1970, spécialiste des explosifs, parti combattre en Afghanistan et fervent partisan du rapprochement avec Al-Qaïda. Il va s'allier avec Mokhtar Belmokhtar, dit « le Borgne », ancien chef de la zone 9 du GIA dans le Sud algérien. Né en 1972, ce dernier, blessé à l'œil lors de combats en Afghanistan, prospère notamment grâce à des réseaux de contrebande de cigarettes dans la zone sahélienne, au point d'être surnommé « Monsieur Marlboro ».

Fin 1999, les services français le repèrent, avec une quarantaine de fidèles de sa *katiba*, au nord du Niger. « Nous surveillions leurs itinéraires, se souvient un cadre de la DGSE. Des écoutes laissaient penser qu'ils étaient armés, déterminés

---

1. Voir *supra*, chapitre 11, « Venger les moines de Tibhirine ».

à faire un carton sur le rallye Paris-Dakar. Le risque était majeur[1]. » L'alerte conduit la DGSE à ordonner discrètement la neutralisation d'une étape du rallye : un pont aérien sera organisé pour transporter les voitures et les participants de Niamey, au Niger, à Sebha, en Libye, afin d'éviter la zone dangereuse. Par ailleurs, la DGSE recommande des actions « de vive force » du SA et des militaires français pour éliminer directement le groupe de Belmokhtar. Dans les derniers jours de décembre 1999, des équipes du SA sont sur place et le ministère de la Défense mobilise des forces stationnées en Afrique pour un possible raid sur le camp du « Borgne ».

Pourtant, ni Jacques Chirac à l'Élysée ni Lionel Jospin à Matignon n'envisagent sérieusement de passer à l'action. La cohabitation, comme souvent, paralyse partiellement l'exécutif, le président ne pouvant engager d'opérations sans obtenir l'aval, au moins informel, de son Premier ministre. De plus, les autorités françaises craignent des représailles et des reproches de la part des Algériens, sourcilleux au sujet de tout ce qui se passe dans la zone sahélienne. « Nous pouvions éliminer Belmokhtar, et nous avons aussi eu El Para dans le viseur, mais le feu vert n'est pas venu, regrette un ancien du SA. Nous aurions pu éradiquer AQMI dès ce moment-là, alors qu'ils ne représentaient que deux cents personnes. Ce fut une grave erreur de ne pas s'en occuper à cette époque[2]. » Quelques mois plus tard, Mokhtar Belmokhtar rejoint officiellement le GSPC, dont l'ascension devient irrésistible.

Paris compte sur les Algériens et... les Libyens

Les attentats du 11 septembre 2001 renforcent l'aura d'Al-Qaïda auprès des combattants salafistes. Certains leaders du GSPC, comme Abdelmalek Droukdel, Abderazak El Para et Mokhtar Belmokhtar, veulent se mettre dans le

---
1. Entretien avec l'auteur, décembre 2013.
2. Entretien avec l'auteur, juin 2014.

sillage « internationaliste » d'Oussama Ben Laden, tandis que d'autres, comme Hassan Hattab, préfèrent se concentrer sur le combat en Algérie. En 2002, les Américains lancent leur Pan Sahel Initiative (PSI), dont l'objectif est de renforcer la sécurité des frontières et de combattre le terrorisme dans la région. Cependant, les moyens dévolus à ce plan demeurent limités. La CIA et le Pentagone aident secrètement les forces armées mauritaniennes et nouent des relations étroites avec les Algériens. Des avions de reconnaissance des forces spéciales américaines sont notamment basés à Tamanrasset.

De leur côté, les services français surveillent aussi les filières djihadistes du Sahara, sans pouvoir intervenir très directement. Mi-2002, avant de quitter ses fonctions en juillet, le directeur de la DGSE, Jean-Claude Cousseran, effectue une tournée dans les pays africains concernés par la menace grandissante du GSPC et de ses affidés, du Niger à la Mauritanie, afin de proposer un plan d'actions coordonnées. Après des années de méfiance réciproque, la DGSE a même renoué des contacts opérationnels avec les services algériens, leur fournissant des renseignements précis sur des filières islamistes qui permettent aux Algériens de les traquer, y compris sur leur territoire. Mais ce « plan Sahel » français s'enlise dans les sables.

En vérité, Paris compte d'abord sur Alger pour mettre de l'ordre dans sa zone d'influence. Les ministres de la Défense qui se succèdent en 2002, Alain Richard et Michèle Alliot-Marie, donnent, par exemple, leur accord pour vendre aux Algériens des appareils de vision nocturne afin d'aider les forces armées à traquer les « terroristes » dans le désert. Pour plus de discrétion, les livraisons doivent être « fractionnées ». En mai 2003, juste avant d'entreprendre un voyage à Alger avec un responsable de la lutte antiterroriste de la DST, le général Philippe Rondot, conseiller de la ministre de la Défense, recommande de procéder à ces envois de manière « progressive et discrète[1] », *via* la DGSE.

---

1. Note à la suite d'un entretien entre Philippe Marland et le général Philippe Rondot, à 8 h 15, le 27 mai 2003, carnets du général Rondot.

Pour lutter contre le terrorisme dans le Sahel, Paris espère également, de façon plus surprenante, pouvoir collaborer avec le colonel Kadhafi et ses services de renseignement, dirigés par l'un de ses proches, Moussa Koussa. Peu de temps auparavant, le régime libyen était encore considéré comme pestiféré. Il était soupçonné d'avoir orchestré des actes terroristes, notamment les attentats contre le vol de la Pan Am près de Lockerbie, en décembre 1988, et contre l'avion d'UTA au-dessus du Ténéré, en septembre 1989. De patientes négociations, en marge des procédures judiciaires, ont amené Kadhafi à reconnaître sa responsabilité dans ces deux attentats. Fin 2003, le régime libyen versera près de 3 milliards de dollars aux familles des victimes de l'accident de Lockerbie et 170 millions aux cent soixante-dix familles touchées par l'attentat du Ténéré. Ces paiements conduiront l'ONU à lever les sanctions économiques contre la Libye.

Parallèlement, Kadhafi négocie avec les services occidentaux l'arrêt de son programme d'armes de destruction massive, en échange d'un retour progressif de son pays dans le concert des nations. Confiant dans cette évolution, le ministre français des Affaires étrangères, Dominique de Villepin, donne son aval, dès octobre 2002, à l'intégration de Moussa Koussa au sein de ce que la DGSE appelle le « Club Med », une alliance secrète de services de renseignement des pays du pourtour méditerranéen, de l'Italie au Maghreb[1]. « Les Libyens étaient d'accord pour surveiller leur zone et nous donner un coup de main pour infiltrer des filières djihadistes, et ils ont commencé à s'en occuper sérieusement[2] », se souvient un dirigeant de la DGSE.

---

1. Note à la suite d'un entretien entre Dominique de Villepin et le général Philippe Rondot, à 18 heures, le 3 octobre 2002, carnets du général Rondot. Le Club Med, ou Med Club, a été créé au printemps 1982 à l'initiative des patrons des services de renseignement italiens. Réunissant les Italiens, les Français et les Espagnols, ce club de directeurs s'est ouvert aux discussions avec leurs homologues du bassin méditerranéen, principalement les Marocains, les Tunisiens, les Égyptiens et parfois les Algériens.
2. Entretien avec l'auteur, septembre 2013.

AQMI prospère grâce au business des otages

Malgré ces initiatives, le GSPC commence à se manifester de manière spectaculaire au Sahel. En février 2003, au nord du Mali, un commando du groupe d'Abderazak El Para enlève trente-deux touristes européens, dont une majorité d'Allemands. Un assaut des forces spéciales algériennes permet d'en libérer dix-sept. Des tractations s'engagent sur le sort des autres. Anticipant son programme de livraisons, la France envoie en urgence dix lunettes de vision nocturne et deux radars pour aider les Algériens à localiser les derniers otages dans le Sud saharien. Finalement, ils sont libérés en août 2003, moyennant le paiement de rançons estimées à 5 millions de dollars.

Contacté par les responsables des services secrets allemands (BND), le général Rondot leur conseille de procéder au « versement de la rançon à travers une aide au Mali[1] ». Le « business » des prises d'otages renforce mécaniquement le leadership des groupes djihadistes qui les organisent, accentuant aussi les rivalités entre leurs chefs. De 1998 à 2012, selon les services de renseignement français, l'« industrie » de l'enlèvement leur rapportera environ 100 millions de dollars[2].

La montée des périls provoque aussi des accrochages. Des commandos américains appuient les soldats nigériens et tchadiens lors de combats violents avec des membres du GSPC en mars 2004. Abderazak El Para est capturé par l'armée tchadienne, puis remis aux Libyens, qui l'extradent vers l'Algérie en octobre 2004. Cependant, lorsque le Pentagone localise Mokhtar Belmokhtar et se prépare à frapper avec des missiles tirés depuis des drones, l'ambassadrice américaine au Mali, Vicki Huddleston, bloque l'opération, la jugeant trop risquée.

---

[1]. Note à la suite d'un entretien entre Philippe Marland et le général Philippe Rondot, à 12 heures, le 21 août 2003, carnets du général Rondot.

[2]. Rapporté dans Mériadec Raffray, « Les rébellions touarègues au Sahel », *Les Cahiers du Retex*, Centre de doctrine d'emploi des forces, janvier 2013.

L'année suivante, les Américains transforment leur plan d'aide de 2002 en Trans-Saharan Counterterrorism Initiative (TSCTI), avec un volet militaire doté d'une centaine de millions de dollars par an, répartis entre une dizaine de pays, dont l'Algérie. Mais le TSCTI se révèle inefficace et s'embourbe à son tour.

Quant au GSPC, il multiplie les attaques, comme celle d'une caserne de l'armée mauritanienne en juin 2005, qui provoque la mort de dix-huit soldats. Le groupe est désormais dirigé par l'émir Abdelmalek Droukdel, qui, basé en Algérie, recrute des combattants venus de Mauritanie, de Libye, de Tunisie, du Maroc, du Mali et du Niger. Ils sont formés dans des camps d'entraînement. « Les stagiaires sont insérés dans des *katibas* et initiés aux kalachnikovs et aux explosifs artisanaux[1] », notent, fin 2006, les services de renseignement français, qui jugent la situation dans le nord du Mali « potentiellement explosive ». L'émir Droukdel est secondé par des chefs de *katiba*, principalement le Touareg malien Abdelkrim al-Targui, le vétéran Mokhtar Belmokhtar et son nouveau rival Abou Zeid, un ancien bras droit d'El Para à la réputation d'idéologue et de chef de guerre brutal.

Fort de ses succès, le GSPC fait allégeance à Ben Laden. En janvier 2007, il change de nom et devient Al-Qaïda au Maghreb islamique (AQMI). Les attentats suicides se multiplient, y compris à Alger, tandis que l'armée algérienne mène des combats en Kabylie. AQMI veut surtout frapper de plus en plus fort au Sahel. Son ennemi désigné : la France.

---

1. Gérard Davet et Piotr Smolar, « Les maquis algériens inquiètent la France », *Le Monde*, 14 novembre 2006. Sur la genèse d'AQMI, voir notamment Groupe Orion, « AQMI : un problème régional », Fondation Jean-Jaurès, janvier 2011.

Le Paris-Dakar menacé

La menace se précise. Comme chaque année, la sécurité du rallye Paris-Dakar occasionne un véritable casse-tête pour la DGSE. « Nous craignions toujours des prises d'otages et des attentats, se souvient un de ses responsables. Nous avons déployé des moyens importants, avec des écoutes, des images, des patrouilles aériennes et terrestres, y compris en bloquant des routes sur le trajet. Nous avons ainsi pu déjouer plusieurs attaques et embuscades[1]. » À plusieurs reprises, les services français demandent aux organisateurs, la société Amaury Sport Organisation (ASO), d'annuler la course. En vain. En 2006, une étape est supprimée au Mali, la première depuis l'édition 2000. L'année suivante, deux étapes maliennes sont également suspendues, entre Néma et Tombouctou.

Le 24 décembre 2007, à quelques jours du départ de l'édition 2008 du rallye automobile, la tension monte d'un cran. Quatre touristes français tombent dans une embuscade et sont tués près d'Aleg, dans le sud de la Mauritanie, lors d'une attaque commanditée, semble-t-il, par Mokhtar Belmokhtar. Cinq jours plus tard, un communiqué d'AQMI profère des avertissements contre la Mauritanie, qui accueille huit des quinze étapes de la course. Le patron de la DGSE, Pierre Brochand, s'agace de devoir remobiliser ses agents pour sécuriser une épreuve sportive organisée par un opérateur privé. « Nous ne pouvions mobiliser autant de moyens humains et financiers au profit d'une entreprise commerciale, se souvient l'un de ses proches collaborateurs. Début janvier 2008, nous avions des indications précises sur des attaques possibles du convoi du rallye par des membres d'AQMI qui se dirigeaient vers les zones du parcours en Mauritanie. Il a fallu taper du poing sur la table pour que l'organisateur entende raison[2]. »

---

1. Entretien avec l'auteur, octobre 2013.
2. Entretien avec l'auteur, mars 2013.

Cette fois-ci, la société ASO se voit intimer l'ordre d'annuler le rallye « pour raisons d'État ». Le 4 janvier 2008, alors que deux mille cinq cents participants attendent le départ à Lisbonne, au Portugal, les organisateurs annoncent que l'épreuve n'aura pas lieu. Ils transporteront leur course en Amérique du Sud les années suivantes.

Par ailleurs, le directeur de la DGSE donne pour consigne au SA de retrouver les auteurs présumés de la tuerie du 24 décembre 2007. Certains ont été arrêtés par la gendarmerie mauritanienne, mais trois sont toujours en fuite. Des interceptions de communications et des avions dépêchés dans la zone permettent de repérer deux des djihadistes, Sidi Ould Sidna et Mohamed Ould Chabarnou, au Sénégal, puis en Gambie. À bord d'un avion militaire, des agents du SA les suivent à la trace jusqu'en Guinée-Bissau, où ils les interpellent en janvier 2008 dans un hôtel. Les deux suspects sont transférés *manu militari* dans une prison de la capitale mauritanienne, en attendant leur procès. Mais Sidi Ould Sidna, un ancien soldat âgé de vingt et un ans, s'évade du palais de justice de Nouakchott le 2 avril 2008. Une fois de plus, il est traqué par la DGSE, qui le localise dans une petite maison du quartier d'Arafat, où la police mauritanienne le retrouve le 29 avril. En mai 2010, la cour criminelle de Nouakchott condamnera une dizaine de personnes, dont les trois assassins présumés, à de lourdes peines de prison.

Opérations secrètes au Sahel

Au vu des dangers qui planent sur la zone sahélienne, Paris décide de remonter d'un cran le niveau de sa politique sécuritaire. D'une part, des équipes de la DGSE commencent à intervenir de manière plus directe en Mauritanie et ailleurs. Ainsi, selon des sources concordantes, un petit groupe d'agents du SA participe à Nouakchott, le 7 avril 2008, à l'assaut donné par les troupes mauritaniennes contre une maison d'un quartier résidentiel de la capitale où se sont réfugiés des djihadistes. La fusillade, suivie d'une course-poursuite en voiture, se solde par la mort d'un policier et de deux djihadistes. Dans la maison, les services français découvrent des composants d'explosifs, des vidéos et des plans d'attaque de plusieurs lieux stratégiques de Nouakchott. Ce raid débouche, quelques semaines plus tard, sur l'arrestation de plusieurs chefs djihadistes dans la capitale mauritanienne.

Ces opérations ne freinent pas les attentats : en septembre 2008, douze militaires mauritaniens sont victimes d'une embuscade dans le nord du pays ; en août 2009, un kamikaze meurt lors d'une attaque suicide contre l'ambassade de France à Nouakchott. La DGSE, en lien avec les services mauritaniens et ceux des pays voisins, poursuit ses missions visant à la « neutralisation » de certaines cibles. Au total, ses agents auraient contribué à l'arrestation ou à l'élimination de près de quatre-vingts djihadistes en trois ans[1].

Par ailleurs, Nicolas Sarkozy décide d'envoyer des forces spéciales dans la région, officiellement pour former les armées locales. Cette *task force* secrète, baptisée Sabre, opère à partir de 2009 en Mauritanie, puis au Mali, au Burkina Faso et, dans une moindre mesure, au Niger. Ce nouveau « plan Sahel » demeure embryonnaire, car les armées africaines sont peu coopératives, voire carrément inopérantes.

En 2009, profitant de ces faiblesses, Abdelmalek Droukdel, l'émir algérien d'AQMI, qui subit des assauts répétés dans son fief kabyle, transforme le nord du Mali en zone de repli pour certains de ses affidés. Avec ses lieutenants, principalement Abou Zeid, il décide de multiplier les enlèvements afin de financer le djihad grâce aux rançons. Cette menace n'est pas immédiatement perçue à Paris. « Dès 2008-2009, nous avons prévenu les autorités locales et françaises que la menace s'intensifiait au Nord-Niger et que les risques de prises d'otages devenaient de plus en plus grands dans la région. On nous répondait qu'il

---

1. Rapporté dans Jean-Christophe Notin, *La Guerre de la France au Mali, op. cit.*, p. 83. Cet ouvrage n'a pas été contesté par les autorités militaires, ni par le ministère de la Défense, qui a la tutelle de la DGSE.

ne fallait pas dramatiser et créer la psychose[1] », se souvient le colonel Jacques Hogard, président-fondateur de la société Épée, qui conseillait le groupe Areva au Niger.

Les alertes se concrétisent rapidement à travers une série de kidnappings : le Britannique Edwin Dyer, capturé puis exécuté par le groupe d'Abou Zeid en juin 2009 ; un couple d'Italiens et trois touristes espagnols, kidnappés en Mauritanie fin 2009 ; le Français Pierre Camatte, disparu au Mali et libéré en février 2010 ; l'ingénieur Michel Germaneau, pris en otage en avril 2010 au Niger et tué par les lieutenants d'Abou Zeid en juillet ; sept employés, dont cinq Français, enlevés sur le site d'Areva à Arlit, au Niger, en septembre ; pour finir par le rapt des deux jeunes Français à Niamey en janvier 2011.

Les pays occidentaux peinent à faire face à ces crises répétées. Des raids de la DGSE et des forces spéciales effectués pour tenter de libérer certains de ces otages se soldent – comme nous l'avons vu – par des échecs. Lorsqu'un détachement de la *task force* Sabre basé à Ouagadougou repère, grâce à des écoutes de la DGSE et à une surveillance aérienne, deux pick-up roulant à vive allure vers Tombouctou avec un otage à bord, le feu vert pour intervenir ne vient pas[2]. La prudence est de mise. Des tractations secrètes sont engagées avec Abou Zeid, le ravisseur des sept employés d'Areva à Arlit. Plusieurs réseaux se mobilisent, quitte à se faire concurrence. Un ancien colonel du SA, Jean-Marc Gadoullet, bon connaisseur du Sahel, tente d'obtenir la libération des otages. En février 2012, une femme, Françoise Larribe, ainsi qu'un Malgache et un Togolais sont relâchés. Jean-Marc Gadoullet sera mis hors jeu par les autorités françaises début 2013, laissant deux autres réseaux à la manœuvre : celui de la DGSE et celui du ministère de la Défense, qui travaille avec Pierre-Antoine Lorenzi, un ancien de la DGSE reconverti dans la sécurité privée, et avec Mohamed Akotey, un Nigérien proche du président du Niger. Les derniers otages

---

[1]. Entretien avec l'auteur, juillet 2014.
[2]. Voir Jean-Christophe Notin, *La Guerre de la France au Mali*, *op. cit.*, p. 141.

d'Arlit ne seront libérés qu'en octobre 2013, moyennant le paiement d'une rançon importante[1].

Entre les raids militaires et les négociations secrètes, la France peine à définir une ligne de conduite claire à l'égard d'AQMI et de ses différentes factions alliées, notamment Ansar Dine et le Mouvement pour l'unicité et le jihad en Afrique de l'Ouest (Mujao), qui s'enrichissent grâce à des trafics de toutes sortes. La chute du régime libyen, durant l'été 2011, aggrave la situation. Des centaines de Touaregs qui étaient intégrés dans l'armée libyenne redescendent vers le sud avec un arsenal militaire pillé dans les stocks de Kadhafi. « Ils apportent avec eux des transports de troupes blindés, des 4 × 4, des lance-roquettes de type Katioucha, des missiles sol-air portables, des bulldozers, et même, selon certaines sources, des hélicoptères en pièces détachées[2] », avancent les experts du ministère français de la Défense.

Les leaders d'AQMI et leurs alliés accueillent ces hommes à bras ouverts. Ils en profitent pour passer à l'offensive, prenant, début 2012, le contrôle total du nord du Mali avec les Touaregs du Mouvement national de libération de l'Azawad (MNLA), qui sont rapidement marginalisés. Malgré une assistance française et américaine renforcée depuis 2009, l'armée malienne est en déroute, ce qui révèle l'échec patent de la coopération militaire avec ce pays. À Bamako, le 22 mars 2012, un putsch militaire conduit par le capitaine Amadou Haya Sanogo renverse le président Amadou Toumani Touré, accentuant encore le délitement du pouvoir.

DGSE et forces spéciales obligées de coopérer

À peine installé à l'Élysée, François Hollande se rend compte que le Mali risque de sombrer. Lors d'un premier Conseil restreint de défense, le 31 mai 2012, il prend l'avis de

---

1. Voir Jacques Follorou, « Otages d'Arlit : les dessous d'une libération », *Le Monde*, 30 octobre 2013.
2. Mériadec Raffray, « Les rébellions touarègues au Sahel », art. cité.

son ministre, Jean-Yves Le Drian. Ce dernier prône une intervention militaire afin de porter un « coup d'arrêt à la progression d'AQMI[1] ». Selon lui, la stratégie visant à isoler AQMI a échoué, la prudence dans les opérations pour libérer les otages ne mène à rien, le Mali est hors de contrôle, et il faut obtenir rapidement l'aval de l'ONU et de l'Europe pour constituer une Mission internationale de soutien au Mali sous conduite africaine (MISMA). Hollande donne son feu vert à ce plan. Mais les palabres diplomatiques prennent de longs mois, alors que la situation ne cesse d'empirer au Mali.

Pendant ce temps, dans le plus grand secret, le contingent des forces spéciales françaises du dispositif Sabre dans la région est renforcé. Les états-majors actualisent le « plan Requin », mis au point dès 2009 pour attaquer le nord du Mali[2]. Les Américains leur font discrètement savoir qu'ils pourront apporter une aide logistique en cas d'intervention militaire directe. Or celle-ci devient vite inévitable. Début décembre 2012, Jean-Yves Le Drian l'annonce de manière à peine voilée : « Plusieurs centaines d'hommes occupent le nord du Mali, sabotent ses institutions et menacent de constituer un sanctuaire terroriste international à mille deux cents kilomètres de la Méditerranée. Cette menace est directe sur nos ressortissants et nos intérêts en Afrique, mais aussi sur le territoire français. Ils prospèrent sur le trafic d'hommes, de drogues, d'armes. Notre parole et nos initiatives sont claires : la France et l'Europe ne laisseront pas faire[3]. »

Jusqu'aux premiers jours de 2013, les autres pays occidentaux restent indécis, alors que les djihadistes lancent, dans la nuit du 9 au 10 janvier, une offensive au sud de la boucle du Niger, avec peut-être en ligne de mire la prise de Bamako.

---

1. Voir notamment Romain Rosso, « Comment Paris conduit la guerre », *L'Express*, 30 janvier 2013.
2. Voir Isabelle Lasserre et Thierry Oberlé, *Notre guerre secrète au Mali. Les nouvelles menaces contre la France*, Fayard, 2013.
3. Propos recueillis par Jean-Louis Tremblais, « Mali : la France ne laissera pas faire », *Le Figaro Magazine*, 7 décembre 2012.

François Hollande, sollicité de manière urgente par le président malien par intérim, est contraint de décider seul, avec un mandat de l'ONU. L'opération Serval, pilotée par le général Grégoire de Saint-Quentin, un ancien des forces spéciales, est déclenchée tambour battant. Plus de cinq mille soldats et un arsenal complet sont mobilisés de manière rapide. Les opérations aéroportées permettent de reprendre le contrôle du nord du pays en quelques semaines.

Pour une fois, la DGSE et les états-majors militaires travaillent de concert pour repousser les djihadistes, détruire leurs bases logistiques et tuer leurs chefs – les High Value Targets, cibles de haute valeur –, tout en essayant de retrouver les otages d'Arlit, selon les consignes édictées par l'Élysée. La guerre au Mali, qui mélange de manière singulière des combats classiques et des opérations de contre-terrorisme semi-clandestines, impose une telle coopération, inédite. Entre les services secrets et les forces spéciales, les relations demeurent souvent tendues, chacun cherchant à préserver jalousement son pré carré, mais l'urgence commande d'échanger des renseignements et de confier aux commandos du COS, déjà déployés, l'essentiel des missions de « neutralisation ».

Ayant installé depuis de longs mois un dispositif d'écoutes au Burkina Faso, la DGSE s'occupe plus particulièrement des otages d'Arlit et renoue des liens avec les Touaregs du MNLA, qui se retournent contre les djihadistes. De leur côté, près de cinq cents membres des forces spéciales de la *task force* Sabre mènent les opérations les plus pointues, notamment les frappes ciblées et la reprise des villes de Diabali, Konna, Gao, Kidal et Tessalit[1]. Selon un rapport parlementaire, ces forces ont aussi « mis en œuvre leurs savoir-faire pour capturer ou éliminer certaines High Value Targets, c'est-à-dire de hauts responsables des groupes armés djihadistes[2] ».

---

1. Voir notamment Jean-Marc Tanguy, « Sabre, le fer de lance de l'opération Serval », *Raids*, juin 2013.
2. Christophe Guilloteau et Philippe Nauche, « Mission d'information sur l'opération Serval au Mali », Assemblée nationale, 18 juillet 2013,

« Pas question de créer un Guantánamo au Mali »

Malgré la présence sur place de plusieurs centaines de journalistes, les armées prennent soin de ne livrer aux médias aucune image gênante qui pourrait mettre en doute le message d'une opération réussie. « Nous sommes en train de casser les reins d'AQMI », résume le chef d'état-major de l'armée française, l'amiral Édouard Guillaud, le 4 mars 2013 sur Europe 1. « Les états-majors et le ministère ont parfaitement verrouillé la communication en ne montrant aucun combat ni aucun cadavre[1] », constate, presque admiratif, un officier supérieur. Les forces françaises déplorent six morts dans leurs rangs, mais le nombre de victimes dans le camp ennemi n'est pas connu : officiellement, il est question de deux cents morts. Selon le général Bernard Barrera, commandant de la brigade Serval, le bilan officieux est plutôt de six cents à mille morts du côté des rebelles, sur un total estimé de deux mille combattants. Ce chiffre, peut-être sous-évalué, est impossible à vérifier. « Lorsqu'on balance des bombes incendiaires sur des véhicules et que la température monte à deux mille degrés, il est difficile de compter les cadavres, même si nous avons envoyé des équipes sur place pour contrôler après les frappes[2] », explique un ancien haut responsable du ministère de la Défense.

Une chose est sûre : les combats ont été âpres. Des soldats français et leurs alliés tchadiens ont eu la surprise de devoir affronter au corps-à-corps des djihadistes prêts à tout, notamment, à la mi-janvier, à Diabali, et, en février et mars, dans la vallée d'Ametettai, au cœur de l'Adrar des Ifoghas, bastion de pierres naturel au nord du Mali où plusieurs centaines de combattants se sont réfugiés. Les légionnaires du 2ᵉ REP dépêchés sur place ont vu des rebelles se faire sauter avec des ceintures d'explosifs et se battre

---

p. 94. Pour la liste des High Value Targets ciblées au Mali, voir *supra*, prologue, « La liste de Hollande ».
1. Entretien avec l'auteur, mars 2013.
2. Entretien avec l'auteur, octobre 2013.

jusqu'à la dernière seconde. Globalement, les forces françaises et tchadiennes n'ont pas fait beaucoup de prisonniers dans cette zone. « Beaucoup de djihadistes ont préféré mourir, témoigne un expert militaire français. De toute façon, il n'était pas question de créer un "Guantánamo" au Mali dont nous n'aurions pas su quoi faire[1]. » Les rares prisonniers ont été confiés à l'armée malienne, à charge pour elle de s'en débrouiller.

Plus surprenant, les forces françaises ont été confrontées à des dizaines d'enfants-soldats enrôlés par les factions djihadistes. Des légionnaires ont parfois sciemment tiré à côté de ces jeunes combattants, souvent drogués à la kétamine, en espérant qu'ils se rendent. Certains d'entre eux ont été capturés et remis aux autorités maliennes et à l'UNICEF. Mais d'autres ont mené des attaques kamikazes. Et beaucoup n'ont pas été épargnés par les bombardements et les tirs des soldats français, ce qui a quelquefois traumatisé ces derniers[2]. Le centre de décompression des forces françaises, basé dans un hôtel à Chypre, avait déjà beaucoup servi lors du conflit en Afghanistan ; il a vu passer en quelques mois un millier des soldats éprouvés par les combats au Mali.

L'hydre AQMI n'est pas vaincue

Au-delà des succès immédiats de l'opération Serval, salués par les experts, les faiblesses du dispositif apparaissent rapidement. Côté français, les matériels ont énormément souffert à cause des conditions climatiques extrêmes. La logistique a

---

1. Entretien avec l'auteur, mai 2013.
2. Voir notamment Ava Djamshidi et Frédéric Gerschel, « Au Mali, les Français ont combattu des enfants-soldats », *Le Parisien*, 26 avril 2013. Sur l'enrôlement des enfants-soldats, voir Human Rights Watch, « Mali : Islamists Should Free Child Soldiers », 15 janvier 2013. Amnesty International a également documenté des cas de détention arbitraire d'enfants dans les prisons maliennes : voir « Mali. Des enfants forcés à combattre, détenus avec des adultes et torturés », juin 2013, et « Mali. Les adolescents continuent de payer un lourd tribut dans le conflit », août 2014.

souvent eu du mal à suivre. Une mission d'information parlementaire a parlé, en juillet 2013, d'une « victoire militaire indéniable » et d'un dispositif militaire réactif, tout en pointant du doigt de sérieuses « lacunes capacitaires[1] », ainsi que la dépendance à l'égard des Américains en matière de renseignement et de transport. Côté malien, l'armée, mal entraînée et peu encadrée, s'est rendue coupable de nombreuses exactions en marge de l'opération Serval, en toute impunité, tandis que les forces africaines et onusiennes appelées en renfort peinaient à prendre le relais[2]. De plus, l'État malien reste à reconstruire : le président Ibrahim Boubacar Keïta, entré en fonction en juillet 2013, est loin d'avoir réussi le processus de « réconciliation nationale » permettant de régler la question touarègue au nord du pays.

Du côté des djihadistes, une fois passée la surprise des attaques françaises, la guérilla a repris. Bon nombre de combattants se sont repliés vers les zones voisines du Nord-Niger et du Sud libyen, où ils ont pu reconstituer leurs forces. Certains chefs ont été éliminés, mais ces pertes n'ont pas affecté l'organisation elle-même, qui a remplacé les leaders morts au combat. « On a évidemment neutralisé des chefs et des sous-chefs, a déclaré Jean-Yves Le Drian dès mars 2013. Cela ne réglera pas tout. AQMI est un tout. C'est l'ensemble de la structure qu'il faut mettre à bas, et non pas tel ou tel leader[3]. » Même affaiblis, AQMI et ses alliés gardent une capacité d'action importante.

---

1. Christophe Guilloteau et Philippe Nauche, « Mission d'information sur l'opération Serval au Mali », *op. cit.*

2. Human Rights Watch et Amnesty International ont dénoncé, en juin 2013, certaines de ces exactions, ainsi que celles des groupes djihadistes et des groupes touaregs du MNLA. Le 23 janvier 2013, Human Rights Watch avait écrit au président Hollande pour l'alerter sur les risques liés à l'intervention française aux côtés des forces maliennes. L'ONG a également écrit, le 21 mars 2014, aux autorités maliennes pour que justice soit rendue sur toutes les exactions, dont celles des forces maliennes (26 exécutions sommaires, 11 disparitions et 70 cas de torture infligée à de présumés rebelles djihadistes, tous documentés). Voir aussi Human Rights Watch, « Collapse, Conflict and Atrocity in Mali », mai 2014.

3. Interview de Jean-Yves Le Drian, « La fin de Serval doit coïncider avec la solution politique au Mali », *Le Monde*, 11 mars 2013.

Si AQMI a perdu une bataille au Mali, il n'a pas perdu la guerre. La menace est si grande que les états-majors français ont dû prolonger Serval par une nouvelle opération régionale contre-terroriste, baptisée Barkhane et censée contenir l'hydre djihadiste sahélienne. Les militaires planchent sur des interventions à mener dans le Sud libyen, lequel est devenu un véritable « trou noir » où plusieurs milliers de combattants se sentent à l'abri.

Avec l'aide des Algériens, qui fournissent des renseignements, et des Américains, qui ont installé des bases et des drones au Niger, la DGSE et les experts de la Direction du renseignement militaire (DRM) surveillent de près les mouvements de ces groupes dans la région. Les forces spéciales, qui sont déjà intervenues à Agadès, au Niger, en mai 2013, pour mettre fin à une prise d'otages à la suite d'une attaque de djihadistes, se sont établies à demeure dans le pays, notamment à Niamey et à l'est d'Arlit, pour pouvoir frapper le plus discrètement possible. Les consignes venues de l'Élysée les autorisent toujours, ainsi que les agents du SA, à « neutraliser » toute cible désignée comme « terroriste ».

Tous les moyens sont bons pour « éradiquer AQMI ». Y compris les plus secrets et les plus radicaux.

Conclusion

Engrenages

Défendre le pré carré français. Répliquer aux attaques. Lutter contre le terrorisme. Depuis les débuts de la Ve République, les motivations des présidents pour mener les guerres secrètes peuvent se résumer à ce triptyque incontournable. Les trois raisons se déclinent de manière récurrente, se superposent et s'enchevêtrent. Chacun des locataires de l'Élysée a décidé, en fonction des circonstances et de son tempérament, des opérations clandestines censées répondre à ces trois défis.

De Gaulle était surtout confronté à la disparition de l'empire colonial en Afrique. Il a laissé ses conseillers utiliser toutes les méthodes possibles pour préserver l'influence française, y compris la violence d'État la plus extrême. Dans une ambiance de guerre froide, ses successeurs, Pompidou et Giscard, ont continué de s'activer en coulisses sur le continent noir, de manière brutale, sans se soucier des moyens employés. Avec l'élection de Mitterrand, l'ère du nouveau terrorisme moyen-oriental, souvent téléguidé par des États étrangers, a débuté, poussant le président français à des répliques urgentes, désordonnées, voire maladroites. Et il n'a pas pu s'empêcher d'intervenir secrètement en Afrique pour continuer de soutenir des régimes pourtant honnis.

D'entrée plus offensif, notamment en ex-Yougoslavie et en Afrique, mais entouré de conseillers souvent divisés, Jacques Chirac s'est rapidement résolu à des actions plus prudentes et moins visibles, tout en laissant parfois faire les services secrets, qu'il tenait à distance. Mais ce Cassandre peu écouté après les attentats du 11 septembre et durant la guerre d'Irak, de surcroît paralysé par la cohabitation, a vu ses marges de manœuvre internationales se réduire comme peau de chagrin. Plus impulsif, Nicolas Sarkozy s'est mué sur le tard en chef de guerres secrètes, en s'appuyant surtout sur des militaires – avec lesquels il n'avait, *a priori*, guère d'atomes crochus – qui ont su le convaincre du bien-fondé de leurs opérations spéciales.

François Hollande, quant à lui, multiplie les actions sur tous les fronts, assumant davantage les représailles, les assassinats ciblés et les guérillas. Il envoie de plus en plus d'agents et de soldats sur des terrains minés, sans que les objectifs soient toujours évidents et avant que toutes les solutions politiques et diplomatiques aient été bien soupesées. Après la guerre secrète menée au Mali, il a ainsi donné son aval, à la mi-2014, à des infiltrations de commandos du SA et des forces spéciales au sud de la Libye pour cibler des leaders d'AQMI, ainsi qu'en Syrie et en Irak pour aider les combattants kurdes à affronter Da'esh.

Reste que, si on le regarde de plus près, le bilan de ces décennies d'actions clandestines n'est pas très glorieux. L'influence française n'a cessé de décliner au Moyen-Orient et en Afrique. Les répliques intermittentes n'ont pas empêché les attaques contre les intérêts français. Et le terrorisme, contenu de manière inégale, frappe toujours à nos portes. Quant aux moyens utilisés pour tenter, en secret, d'agir au nom d'une raison d'État changeante, ils demeurent sujets à caution. Sans être tous contestables, ils ont conduit à des dérapages, qu'il s'agisse du contre-terrorisme d'État, du soutien à des dictateurs ou de l'emploi de supplétifs sulfureux, voire de criminels de guerre.

Malgré certains succès durant la guerre froide ou en matière d'aide à des rébellions alliées, les services extérieurs français, souvent jugés incontrôlables et soupçonnés d'incompétence, ont été ballottés par des présidents indifférents, indécis ou méfiants. Baignant dans une culture militaire dominante, ils ont longtemps privilégié l'action violente sur la recherche du renseignement[1].

---

1. Sur la culture et l'évolution du renseignement français, voir notamment Franck Bulinge, *De l'espionnage au renseignement. La France à l'âge de l'information*, Vuibert, 2012.

CONCLUSION

À défaut de directives précises et de stratégie claire, ils ont surtout navigué à vue, quand ils ne se sont pas fourvoyés dans des échecs patents, des querelles de clochers ou de sombres feuilletons de barbouzeries. Les réformes du renseignement – celle de 1989, inspirée par Michel Rocard, démilitarisant progressivement la DGSE, et celle de 2008, voulue par Nicolas Sarkozy, tentant de mieux coordonner depuis l'Élysée la DGSE avec la nouvelle Direction centrale du renseignement intérieur (DCRI) – ont esquissé un début de professionnalisation et de cohésion du système. Mais la France accuse encore un grave retard en la matière, et les pesanteurs demeurent nombreuses entre les différentes « chapelles » du renseignement français.

Pis, faute de moyens et de vision, la France s'est mise dans la roue des Américains. Or ces derniers développent, surtout depuis les attentats de 2001, une stratégie ultra-sécuritaire qui répond d'abord à leurs intérêts et soulève des questions quant à son efficacité réelle et à son emprise sur la démocratie. Les dispositions du Patriot Act ont restreint les libertés publiques. L'appareil de renseignement américain s'est déployé tous azimuts, sans prouver son efficience en matière de lutte contre le terrorisme. Et il s'est affranchi de nombreuses règles. En 2013, le lanceur d'alerte Edward Snowden en a livré un aperçu avec la publication de documents détaillant la surveillance de masse des communications mondiales opérée notamment par la National Security Agency (NSA), hors de tout contrôle. Les services secrets français sont intimement liés à cette machine américaine, avec des échanges de données organisés et une coopération méconnue. De plus, la montée en puissance du programme d'assassinats ciblés décidé par la Maison-Blanche conduit les États-Unis à mener ce que le journaliste Jeremy Scahill appelle leurs « sales guerres » dans le plus grand secret et sans en référer à quiconque[1]. Résultat : des milliers de morts aux quatre coins du monde, avec des dommages collatéraux majeurs et des menaces toujours résurgentes.

---

1. Jeremy Scahill, *Dirty Wars. Le nouvel art de la guerre*, Lux Éditions, 2014.

Comme le Royaume-Uni, la France s'est rapprochée, ces dernières années, de ce modèle. Au nom d'une lutte antiterroriste globale, qui amalgame des phénomènes de formes différentes, tous les moyens semblent bons face à des ennemis de plus en plus radicaux – l'application de la loi du Talion comme le déclenchement de raids ciblés. Mais leurs effets à long terme demeurent controversés, puisque la violence d'État nourrit, de manière inévitable, des antagonismes irréversibles.

Pour se distinguer des Américains, les officiels français laissent entendre que les forces armées et les services secrets conservent leur autonomie afin de ne détruire qu'à bon escient des cibles identifiées *de visu*. Ils ne le feraient que lors d'opérations chirurgicales, et non de frappes aveugles sur des « présumés terroristes ». La dissémination des menaces expliquerait en partie l'impérieuse nécessité, aux yeux de l'Élysée, de ces actions plus offensives, qu'elles soient déclarées ou plus souterraines. On est bien là dans cette étrange « guerre sans fin » contre le terrorisme annoncée dès 2004 par le chercheur Bruno Tertrais[1].

En dépit des qualités et du dévouement des hommes engagés dans ces missions périlleuses, les risques de dérapage sont nombreux, tant les opérations militaires et clandestines comportent d'aléas. La multiplication des interventions peut disperser les compétences, épuiser les équipes, accroître le nombre d'incidents et de victimes. La France s'expose surtout à se laisser entraîner dans des engrenages fatals, ceux de guerres secrètes incontrôlées, d'un enlisement dans des conflits inextricables, d'un terrorisme de plus en plus violent, d'une surenchère dans la vengeance et de dommages collatéraux inavouables.

Ce type d'orientation devrait à tout le moins faire l'objet d'une concertation dans les sphères du pouvoir, voire d'un débat public. Mais ce débat aura-t-il lieu ?

---

1. Bruno Tertrais, *La Guerre sans fin. L'Amérique dans l'engrenage*, Seuil, 2004.

Table des matières

Prologue : La liste de Hollande 7
   Un président belliqueux et des conseillers « faucons » 8
   Venger les morts d'Uzbin 11
   Frappes télécommandées en Somalie 13
   Décapiter les réseaux terroristes 14

Introduction : Côtés sombres 19
   « Nous ne sommes pas des barbouzes » 20
   L'application d'un « droit de représailles » 21
   Basses besognes au nom de la France 23
   Une raison d'État à géométrie variable 25

1 – Les lourds secrets de la guerre d'Algérie 27
   Objectif : semer la terreur 28
   Pleins pouvoirs et manipulations 29
   Pour les opérations Homo, on outrepasse les consignes 31
   Des listes secrètes validées à l'Élysée 32
   Signé « La Main rouge » 33
   Des cibles aux quatre coins de l'Europe 35
   Il ne fait pas bon être avocat du FLN à Paris 37
   De Gaulle lui-même n'est pas à l'abri 39

2 – Moi, Daniel, ancien tueur du SDECE 41
   Le tueur le plus sollicité du service 42
   « Quand cela me plaisait, j'y allais... » 43
   Des missions quasi quotidiennes pendant le conflit algérien .. 44
   Quand des tueurs se dégonflent 45
   Tuer, quelle que soit l'issue de la guerre 47

3 – Basses œuvres en Françafrique 49
   Une opération Homo commandée par le Cameroun 49
   Jacques Foccart, chef d'orchestre des affaires africaines 51

La valse des coups tordus 52
Au Cameroun, une guerre non déclarée 54
Bombardements et tortures en pays Bamiléké 57
Un opposant tchadien tué en plein Paris 58
Le choix de la solution expéditive contre le président congolais 59
Au Gabon, la France choisit son poulain : Bongo 61
Un crime couvert dans le Foccartland 63
De l'utilité des mercenaires 64
L'ancien bras droit de Denard se confie 66
Guerres par procuration au Congo 67
Une aide secrète à la sécession au Biafra 68

4 – **Les guerres secrètes de Giscard** 71
Giscard : une mentalité de tueur au sang froid 72
Mission : neutraliser Carlos 74
Guérillas sanglantes en Angola 77
Un club de services secrets contre l'URSS 79
Opération clandestine contre le Polisario en Mauritanie 80
Giscard, chef de guerre en Afrique 84
Représailles contre les Katangais 86
Giscard soutient le coup d'État de Denard aux Comores 89
Il faut avoir la peau de Kadhafi 91
Couper la tête du serpent 93

5 – **La valse des exécutions sous l'ère Mitterrand** 95
Un ambassadeur assassiné par les Syriens 97
Damas désigné coupable par l'Élysée 99
Mitterrand ordonne des représailles en série 101
Des tireurs d'élite à Beyrouth pour sauver Arafat 103
« Déclarer la guerre au terrorisme » 105
Feu vert pour tuer Carlos et Abou Nidal 106
La traque de Carlos 108
Tractations secrètes avec Abou Nidal 110

6 – **Le jour où Mitterrand a commandité un attentat** 115
La France et les États-Unis ne sont pas les bienvenus au Liban ... 116
Venger les victimes du Drakkar 117
Frapper vite et fort 119
Un premier essai avorté 121
Deuxième tentative, deuxième échec 123
Un ratage aux lourdes conséquences 125
« Il faut donner une gifle aux tueurs » 126
Opérations secrètes à Beyrouth 128

TABLE DES MATIÈRES

La traque de Moughnieh, suspect numéro un 130
Dans le collimateur de la DGSE, de la CIA et du Mossad.......... 133

7 – « Moi, mercenaire, employé par Mitterrand pour faire la guerre » 135
   « Nous avons besoin de vos services ».. 136
   Arrêter les Libyens à tout prix... 138
   Des salaires qui transitent par le Luxembourg............................. 140
   Des recrues venues de l'extrême droite.. 141
   « Nous avons pulvérisé des Libyens »... 143

8 – Le retour des commandos du 11ᵉ Choc................................. 145
   Mensonges en cascade autour du Rainbow Warrior 146
   La renaissance d'un régiment de choc 148
   Raid éclair contre les Libyens 150
   Des opérations en territoire français... 153
   « Vous avez un permis de chasse en Guyane » 156
   Le 11ᵉ Choc employé en Nouvelle-Calédonie 158
   Chirac presse la DGSE d'intervenir 161
   Ouvéa : vers une opération conjointe armée/DGSE................... 162
   Des morts et des actes inexcusables.. 164

9 – Naissance des Alpha, la cellule clandestine de tueurs 169
   Des « terroristes » en ligne de mire 170
   Des identités fictives pour plusieurs années................................ 172
   Une dizaine d'agents dont personne ne sait rien......................... 174
   Mitterrand : « Si vous échouez, je vous désavoue » 176
   Lâchés dans la nature sans filet 177
   Tuer sans laisser de trace 178

10 – Traques en ex-Yougoslavie 181
   Chirac, la règle et les exceptions 182
   Opération Balbuzard noir 184
   Inaction face au massacre de Srebrenica...................................... 185
   Une aide secrète aux forces spéciales croates 186
   Chirac et Clinton d'accord pour éliminer Karadžić et Mladić 188
   Une note de Chirac sur un assassinat ciblé 189
   Les raids franco-américains avortent 191
   Washington soupçonne Paris de liens avec Karadžić 193
   Rondot, chargé du dossier « criminels de guerre » 195
   L'élimination de Gagović... 196
   Un avertissement clair aux criminels de guerre 198
   Des moyens insuffisants pour retrouver « K » et « M » 200

Les commandos à deux doigts de piéger Karadžić 202
Paris protège un présumé criminel de guerre 203

11 – Venger les moines de Tibhirine 207
Zitouni, ennemi public numéro un 208
La DST main dans la main avec les services algériens 209
Zitouni ne déplaît pas aux services algériens 212
La DGSE écoute l'Algérie en direct 213
L'Algérie proche du « chaos » 215
Intox autour de la prise d'otages de l'Airbus d'Air France 216
Des avertissements avant les attentats de 1995 218
Les doutes de Chirac sur les commanditaires des attentats 220
De fausses pistes après l'enlèvement des moines 223
Un émissaire de la DST à Alger 224
À Paris, une cellule de crise impuissante 226
Zitouni échappe-t-il à tout contrôle ? 227
*Les Algériens pourraient bien régler « brutalement »
   ce « fait divers »* 229
Rondot : « Il faut éliminer Zitouni » 230
L'exécution de Zitouni bien reçue à Paris 232

12 – Quand Chirac envoie ses mercenaires en Afrique 235
Un nouveau putsch de Denard avalisé à Paris 236
*La « neutralisation » de Denard
   ne met pas fin à l'ère des barbouzes* 237
Il faut sauver le président Mobutu 240
Des Serbes peu recommandables en renfort 243
L'Élysée garde un œil sur les recrutements 245
Des exactions incontrôlées 247
Aider Sassou sur l'autre rive du fleuve Congo 248
Une société de mercenaires couvée par la DGSE 250
De l'aide clandestine au soutien assumé 253

13 – Notre guerre secrète contre Ben Laden 255
« Je veux la tête de Ben Laden dans une boîte ! » 256
Chirac agacé par l'affaire de son « compte japonais » 258
Le président français s'oppose à des assassinats ciblés 261
...mais le ministre de la Défense y semble favorable 262
Des carnets révélateurs de bien des secrets 264
Les tueurs Alpha mobilisés contre le terrorisme 265
L'Élysée ne donne pas son feu vert 268
*« Dites à la CIA que nous sommes ouverts
   à toute participation »* 269

TABLE DES MATIÈRES

La France, bon élève de la CIA 271
Oussama Ben Laden s'échappe 274
Une base secrète à Paris et un appui militaire à Djibouti 275

14 – Des tueurs Alpha coincés en Espagne 279
Secousse à la DGSE 280
Les Catalans dubitatifs 281
Le cauchemar du Rainbow Warrior *resurgit* 283
*L'affaire Alpha, dossier sensible
en pleine passation de pouvoirs* 285
Jusqu'où faut-il « éclairer » le juge espagnol ? 286
Remaniement au sommet de la DGSE 288
Rondot en mission spéciale chez le procureur catalan 289
Libérés, mais pas innocentés 291
L'arme ultime : le chantage 293
Les Alpha sur la touche 294
2005 : la DGSE propose à nouveau des assassinats 296

15 – Sarkozy frappe avec les forces spéciales 299
Kadhafi miraculeusement indemne 300
Des écoutes pour localiser l'ex-dictateur libyen 301
Sarkozy : « Je connais Kadhafi, il est fou ! » 303
Des commandos clandestins envoyés en Libye 305
Des forces spéciales aguerries au service de Sarkozy 307
Missions de « neutralisation » en Afghanistan 309
Raids contre des pirates somaliens 311
Sarkozy se convertit à la manière forte 313
Opération Archange foudroyant 314
Les otages de Niamey ont-ils été sacrifiés ? 316

16 – AQMI : les ratés d'une guerre 319
Belmokhtar était dans le viseur français dès fin 1999 321
Paris compte sur les Algériens et... les Libyens 323
AQMI prospère grâce au business des otages 326
Le Paris-Dakar menacé 328
Opérations secrètes au Sahel 329
DGSE et forces spéciales obligées de coopérer 332
« Pas question de créer un Guantánamo au Mali » 335
L'hydre AQMI n'est pas vaincue 336

Conclusion : Engrenages 339

*Mise en pages PCA
44400 Rezé*

Fayard s'engage pour l'environnement en réduisant l'empreinte carbone de ses livres. Celle de cet exemplaire est de : **1,100 kg éq. CO_2**
Rendez-vous sur
www.fayard-durable.fr

PAPIER À BASE DE FIBRES CERTIFIÉES

3635620/01

Dépôt légal: janvier 2015

Imprimé en Espagne par Industria Gráfica Cayfosa